Erbe und Auftrag

Das Institut der Englischen Fräulein in St. Pölten 1706–2006

Erbe und Auftrag

Das Institut der Englischen Fräulein in St. Pölten 1706—2006

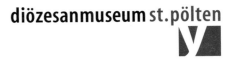

Impressum

Gefördert von:

Diözese St. Pölten

Bundesministerium für Bildung, Wissenschaft und Kultur

Amt der Niederösterreichischen Landesregierung,
Abteilung Kultur und Wissenschaft

Landeshauptstadt St. Pölten

Erbe und Auftrag
Das Institut der Englischen Fräulein in
St. Pölten 1706–2006
Katalogbuch zur Sonderausstellung des
Diözesanmuseums St. Pölten anlässlich des
300-Jahr-Jubiläums der Englischen Fräulein
in St. Pölten, 2006

ISBN 3-901863-25-7

Herausgeber
Diözesanmuseum St. Pölten
Dr. Johann Kronbichler
A - 3100 St. Pölten, Domplatz 1
www.dz-museum.at
© 2006

Konzeption
und wissenschaftliche Leitung
Johann Kronbichler

Redaktion
Ulrike Kirner,
Kathrin Mader,
Susanne Schmidt,
Eva Voglhuber

Grafische Gestaltung
Michael Kitzinger, DA
www.kitzinger.at

Druck
Grasl, Bad Vöslau
www.grasl.co.at

Abbildungsnachweis

Béziers, musée des beaux-arts: Kat. Nr. 5
Bundesdenkmalamt Wien: Abb. 52, 75, 88
Diözesanarchiv St. Pölten: Abb. 2, 14, 23, 24, 26, 32, 37–42, 47
Diözesanmuseum St. Pölten: Abb. 31, 76; Kat. Nr. 6
Graphische Sammlung Stift Göttweig: Abb. 25
Niederösterreichische Landesbibliothek: Abb. 11, 44, 45, 63
Stadtarchiv St. Pölten: Abb. 12, 21; Kat. Nr. 51
Wien Museum: Abb. 27
Alle übrigen Abbildungen und Kat. Nr.:
Diözesanmuseum St. Pölten, Johann Kronbichler

Inhalt

Vorwort

Kaiser Joseph I. bewilligte mit Schreiben vom 30. Juli 1706 an Richter und Rat von St. Pölten die Niederlassung der Englischen Fräulein in dieser Stadt. Wenige Wochen später kam die erste Oberin, Freifrau Maria Anna von Kriechbaum, mit sieben weiteren Schwestern von München nach St. Pölten, wo sie zunächst noch in einem Privathaus in der Linzer Straße Quartier bezogen. Bereits im Jänner des folgenden Jahres nahmen sie ihre wichtigste Aufgabe in Angriff, den Unterricht der Mädchen.

Ermöglicht wurde die Gründung des Institutes in St. Pölten hauptsächlich durch die Fürsprache einiger einflussreicher Persönlichkeiten, allen voran des Vizestatthalters der niederösterreichischen Regierung, des Freiherrn Johann Jakob Kriechbaum von Kirchberg. Er war neben der Gräfin Carolina Polyxena Kiesel, einer geborenen Gräfin Montecuccoli, auch einer der großen Wohltäter, die dafür gesorgt hatten, dass das Institut in der Linzer Straße ein entsprechendes Haus und eine Kirche bauen konnte. Es sollte nicht allzu lange dauern, bis diese Gebäude so dastanden, wie sie sich uns heute noch präsentieren. Bereits unter der dritten Oberstvorsteherin, der Maria Katharina Gräfin von Saint Julien, wurde die Kirche vergrößert und das Institutsgebäude erhielt die schöne barocke Fassadengestaltung. Diese Fassade in der Linzer Straße und der ausgezeichnete Ruf der Schulen gelten allgemein als die Markenzeichen der Englischen Fräulein in St. Pölten. Ihr Bekanntheitsgrad reicht jedoch weit über die Grenzen der Stadt hinaus, denn: In St. Pölten hatte das Generalat für das gesamte Gebiet der ehemaligen Monarchie des Habsburgerreiches über 200 Jahre lang seinen Sitz; von hier aus erfolgten zahlreiche Institutsgründungen, angefangen mit Krems, gefolgt von Prag und Budapest sowie später auch noch von Rovereto, Vicenza und einer Reihe weiterer Niederlassungen.

Nachdem das 300-jährige Bestehen der Englischen Fräulein in Österreich hinsichtlich ihres schulischen und spirituellen Wirkens bereits in einer eigenen Festschrift gewürdigt wurde, widmet sich das vorliegende Buch hauptsächlich der Geschichte des Institutes, der Bau- und Kunstgeschichte des Institutsgebäudes samt der Kirche und den zahlreichen verborgenen Kunstschätzen, die zum gegebenen Anlass im Diözesanmuseum St. Pölten gezeigt werden.

Zu den wohl gehüteten Kostbarkeiten des Institutes gehören in erster Linie ein ansehnlicher Bestand an liturgischen Geräten und Gewändern, die zum Teil an den hohen Festtagen auch nach wie vor noch verwendet werden. Darüber hinaus befinden sich im Besitz des Institutes eine Reihe von Gemälden und Skulpturen, die kaum bekannt, aber für ein kunstinteressiertes Publikum mit Sicherheit sehenswert sind. So sind unter den Gemälden beispielsweise ein Tafelbild von Lucas Cranach, ein zauberhaftes Marienbild von Daniel Gran, zwei höchst qualitätvolle Gemälde des Kremser Schmidt sowie einige Porträts besonders hervorzuheben, und von den Skulpturen eine Madonna aus dem ehemaligen Karmelitinnenkloster in St. Pölten sowie ein Engelspaar vom Heiligen Grab der Institutskirche zu nennen.

Viele der ausgestellten Gemälde, Skulpturen und liturgischen Geräte mussten für die Ausstellung restauriert werden. Ermöglicht wurde das durch die großzügige Unterstützung sowohl von Seiten des Bundesdenkmalamtes, des Amtes der Niederösterreichischen Landesregierung, des Kulturamtes der Landeshauptstadt St. Pölten als auch der Diözese St. Pölten. Allen diesen Stellen und den dafür verantwortlichen Leitern sei dafür der gebührende Dank ausgesprochen.

Zu danken ist an dieser Stelle auch allen wissenschaftlichen Mitarbeitern, die in kompetenter Weise dazu beigetragen haben, dass dieses Buch über einen bloßen Katalog der Exponate hinaus zu einer umfassenden Monographie des Institutes geworden ist.

In ganz besonderer Weise ist der Institutsleitung der Englischen Fräulein bzw. der Congregatio Jesu, wie sie seit 2004 offiziell heißen, zu danken, die sowohl alle gewünschten Leihgaben für die Ausstellung bereitwillig zur Verfügung gestellt als auch den wissenschaftlichen Mitarbeitern jedwede Arbeit im Haus und im Archiv ermöglicht und erleichtert hat.

Das Jubiläum richtet unseren Blick mit der Ausstellung im Diözesanmuseum und mit der vorliegenden Publikation zwar hauptsächlich zurück in die Vergangenheit, aber es gilt sehr wohl auch auf die Gegenwart und in die Zukunft zu schauen. Zunächst dürfen wir dankbar sein für das große Erbe, das sich in dem herrlichen Bauwerk des Institutsgebäudes, in der Kirche und den zahlreichen Kunstwerken widerspiegelt, und dankbar ebenso für das kulturelle Vermächtnis, denn dieses Institut hat bis in die Gegenwart für die Bildung und das religiöse Leben in der Stadt und in der Diözese sehr viel geleistet.

Gleichzeitig mit einem dankbaren Innehalten in Anbetracht einer 300-jährigen Tradition wird auch die Hoffnung für eine gute Zukunft gestärkt. So bleibt nur noch zu wünschen, dass das großartige Erbe weiterhin als Auftrag in das neue Jahrhundert hineinwirken möge.

Johann Kronbichler

1 Ansicht der landesfürstlichen Stadt St. Pölten aus dem Jahre 1757; Votivbild in der Wallfahrtskirche Sonntagberg

Seijnd drey und siebenzig der Jahren schon verflossen,
Da wir in Türcken-Krieg, dein Stärck und hülff genossen,
So würst Sanct Pölten sich, auffs Neu Vor deinen Throne,
Und sagt dem Vatter danck, nebst seinem Geist und Sohne.

Das er aUCh GnädIg hat, derstChLagen DIe GefaHr,
die uns durch Preyssens Wüth, mehr als gedroet war:
Drey-Einig Grosser Gott: beschürtze deine Statt,
die sich dir in den Bild mit Isaac ghschlachtet hat.

» Alles zur größeren Ehre Gottes « – die Anfänge der Englischen Fräulein in St. Pölten

Heidemarie Specht

Die Gründung 1706

Da wür anno 1706 den 12. October von Münichen allhier in St. Pölten mit 8 Persohnen ankommen.[1]

Dieser viel zitierte Satz aus dem 1736 angelegten Hausprotokoll des St. Pöltner Institutes markiert gleichsam den Beginn des Wirkens der Englischen Fräulein in St. Pölten. Verhandlungen über eine Niederlassung des Institutes in den habsburgischen Ländern fanden jedoch bereits im Jahre 1705 statt,[2] als Maria Barbara Bapthorpe, die in München residierende Oberstvorsteherin der Englischen Fräulein, Kaiser Joseph I. um eine Gründung in der landesfürstlichen Stadt St. Pölten bat: Dort würden ihnen *einige Patrone und Guttäter*[3] nicht nur beim Erwerb eines Hauses behilflich sein, sondern auch mit einem jährlichen Beitrag den Unterhalt von acht bis zehn Mitgliedern gewährleisten; die Stadt sei ohnehin *zimblich volkreich* sowie von vielen adeligen Familien umgeben und würde daher die besten Voraussetzungen für eine Tätigkeit in der Erziehung der Jugend bieten.[4] Eine Abschrift dieses Ansuchens wurde dem Stadtrat von St. Pölten mit einem Begleitschreiben des Vizestatthalters Johann Jakob Freiherr von Kriechbaum, der sich für eine Ansiedelung der Englischen Fräulein aussprach, vor-

gelegt.[5] Auch der Wahlkommissar Paul Christoph von Schlitter empfahl ihre Aufnahme, die in der Ratssitzung vom 14. August 1705 neben einem Gutachten des Propstes des Chorherrenstiftes St. Pölten besprochen wurde; man kam aber überein, dass der Kaiser eine Niederlassung der Englischen Fräulein verhindern möge und diese *an ein anders, von Adl nicht also iberheifftes und mehr nahrbahres Ort angewiesen werden möchten.*[6] In seinem Widerstand wurde der Rat auch durch die Weigerung des Propstes, die Englischen Fräulein in sein Klosterviertel aufzunehmen, sowie durch die gleichzeitige Ablehnung seitens der Stadt Krems[7] bestärkt.[8] Am 6. Oktober schließlich beschloss der Rat einstimmig, sich gegen eine Niederlassung auszusprechen.[9] Man war vor allem der Meinung, dass durch eine neue geistliche Stiftung weitere bürgerliche Häuser von der Steuerleistung ausgenommen werden würden; der Adel in der Stadt hatte zwar nur unter der Bedingung, die bürgerlichen Lasten zu übernehmen, Häuser erhalten, diese Abgaben aber zum Großteil nicht geleistet, weshalb die Stadt

1 IAStP, IA 1a: fol. 67.

2 Bis dahin bestanden im deutschsprachigen Raum Institute der Englischen Fräulein in München (1627), Augsburg (1662), Burghausen (1683) und Mindelheim (1701).

3 Damit sind in erster Linie wohl Gräfin Kiesel, geborene Gräfin Montecuccoli, und Gräfin Trautson, geborene Gräfin Spaur, gemeint, von denen es im Gedenkbuch I des IAStP (Sign. IA 1b) heißt: … *die uns eingeführt haben.*

4 StAStP, Allgemeine Urkundenreihe, Englische Fräulein.

5 Ausst.-Kat. Schallaburg 1981, 18.

6 StAStP, Ratsprotokolle 1688–1706: fol. 477.

keine bürgerlichen Häuser mehr an adelige Personen vergeben wollte. Ebenso käme man dadurch um die von Bürgerhäusern bei Todesfall oder anderen Veränderungen zufallenden Gebühren.[10] Für die mehrheitlich armen Bewohner der Stadt sei es außerdem nicht erforderlich, ihre Kinder in eine höhere Bildungsanstalt zu schicken, denn es genüge, wenn diese in der allgemeinen Schule lesen und schreiben lernten.[11] Letztendlich bestünden schon genug Klöster in und um St. Pölten, die in Kriegs- oder Pestnot der Stadt zum Opfer fallen würden, wobei die geplante Gründung eines Karmelitinnenklosters eine nicht unwesentliche Rolle spielte.[12]

Ende Oktober 1705 dürften die Verhandlungen über eine Niederlassung in Österreich dennoch so weit gediehen sein, dass die anscheinend schon damals designierte Oberin der neuen Stiftung, Maria Anna Freifrau von Kriechbaum, die dazu erforderliche kaiserliche Bewilligung in Kürze erwartete.[13]

Am 9. Dezember 1705 gab der Klosterrat ein positives Gutachten bezüglich der Gründung eines Institutes in St. Pölten ab, wobei hauptsächlich die Bedenken der Stadt relativiert wurden: Die Englischen Fräulein würden sich nur so lange in einem bürgerlichen Haus gegen einen jährlichen Zins aufhalten, bis sie ein Gebäude kaufen könnten, was der Stadt insofern einen beträchtlichen Nutzen brächte, als die meisten bürgerlichen Häuser ohnedies unbewohnt seien. Beim Erwerb einer Behausung müssten sie zunächst die kaiserliche Einwilligung einholen und wären dann verpflichtet, alle *Onera und gemeinerforderlichen Gaben und Anlagen* zu leisten sowie für die Erbauung und Erhaltung dieses Gebäudes zu sorgen. Das neue Institut würde nebenbei als Arbeitgeber für die in der Stadt lebenden Handwerker fungieren. Die Sorge der Bürgerschaft, dass die Englischen Fräulein zum Bau ihres Stiftes mehrere Häuser benötigen würden, wurde dahingehend abgeschwächt, dass diese kein eigenes Kirchengebäude zu haben pflegen, sondern andere Gotteshäuser zu ihrer Andacht aufsuchten, womit gleichzeitig der Besitz nur eines Hauses impliziert wurde. Nicht zuletzt käme die Einführung der Fräulein der großen Menge adeliger und nicht adeliger Jugend in der Stadt zu Gute, jedoch unbeschadet der Rechte der Landschulmeister, da der Adel seine Kinder ohnehin meist zu Hause unterrichten lassen.[14]

Der Bischof von Passau, Kardinal Philipp Graf Lamberg, mit dem die Oberstvorsteherin in München hinsichtlich einer Gründung korrespondierte – immerhin lagen die beiden für eine Niederlassung in Frage kommenden Städte in seiner Diözese –, schien keine Bedenken gegen eine Aufnahme zu haben,[15] und auch der Propst von St. Pölten entschied sich Ende 1705 positiv – vermutlich wegen der ihm angebotenen Aufsichtspflicht über das Institut. Ob der Bischof sein endgültiges Einverständnis vielleicht erst nach dem von Papst Clemens XI. am 5. März 1706 approbierten Breve *Emanavit nuper*, das die Jurisdiktion des jeweiligen Ortsbischofs über das Institut bestätigte, gab, muss dahingestellt bleiben.[16]

Wie oben angedeutet, wurde der Plan einer Neugründung in Österreich von einflussreichen Persönlichkeiten unterstützt, nicht zuletzt von der freiherrlichen Familie der Kriechbaum, die neben direkten Kontakten zum Kaiserhaus auch über ein beträchtliches Vermögen verfügte. Aus dem steirischen Beamtenadel stammend, hatten sie durch treue Dienste im Abwehrkampf gegen die Türken, im spanischen Erbfolgekrieg und durch Tätigkeiten in der Regierung die Gunst der jeweiligen Herrscher erworben. So war der Vater der späteren St. Pöltner Oberin, Sigmund Balthasar von Kriechbaum, Landrat und Landanwalt in Österreich ob der Enns sowie niederösterreichischer Regimentsrat, im Jahre 1676 mit zwei weiteren Familienmitgliedern von Kaiser Leopold I. in den Freiherrenstand erhoben worden. Nach seinem Tod dürfte der älteste Sohn, der schon genannte Johann Jakob von Kriechbaum, die Vormundschaft über seine minderjährige Schwester übernommen haben.[17] Als niederösterreichischer Regimentsrat hat er vielleicht 1690 anlässlich des Besuches von Leopold I. im so-

7   Der Stadtrat von Krems nannte unter anderem folgende Gründe gegen eine Aufnahme der Englischen Fräulein: Zunächst würden in und um die Stadt Krems – außer Graf Enckevoirth in Grafenegg – keine Adeligen siedeln. Die Bürgerschaft bestehe demnach vorwiegend aus armen Hauern und Handwerksleuten, die ihre Kinder *außer einen Druck zu lesen, eine Suppen zu kochen und eine gemeine Naherei zu machen, sonsten wenig lernen* lassen. Da die Englischen Fräulein eine eigene Schule halten, würde dies zum Nachteil der Bürgerschule gereichen; die dort lehrenden drei *Musicis* müssten, sollten ihnen zu viele Schulkinder und damit Schulgeld entzogen werden, von der Stadt besoldet werden. Daneben sei Krems und die nähere Umgebung mit Klöstern und geistlichen Stiftungen überhäuft, wobei besonders die Mendikanten durch fast wöchentliches Sammeln die Bürgerschaft belasten. Vgl. DASP, PfA Krems, Klöster 4.

8   Ratssitzung vom 21. August 1705; vgl. StAStP, Ratsprotokolle 1688–1706: fol. 478.

9   StAStP, Ratsprotokolle 1688–1706: fol. 480.

10   Da das Institut der Englischen Fräulein vorwiegend aus adeligen Mitgliedern bestand, fürchtete die Stadt – so wie bei anderen adeligen Hausbesitzern – diese finanziellen Einbußen.

11   StAStP, Allgemeine Urkundenreihe, Englische Fräulein. In St. Pölten bestanden zu dieser Zeit neben den sogenannten Winkelschulen, also behördlich nicht anerkannten, privat organisierten Schulen, eine deutsche Stadt- und eine Lateinschule. Vgl. Herrmann, St. Pölten, 1917, 613–621.

12   So gäbe es die Franziskaner in St. Pölten, die Serviten in Langegg, die Kapuziner in Scheibbs und Krems sowie die Karmeliter und Barmherzigen Brüder in Wien; StAStP, Allgemeine Urkundenreihe, Englische Fräulein.

13   IAStP, HA6 C8.

14   IAStP, HA6 C8.

15   Festschrift Englische Fräulein 1905, 2.

16   Vgl. Wright, Mary Wards Institut, 2004, 82.

17   1705 wurde er Vizestatthalter, 1718 Geheimer Rat und 1721 schließlich wirklicher Geheimer Rat; vgl. IAStP, HA9 D1.

2

Urkunde vom 19. September 1676 über die Erhebung von
Mitgliedern der Familie Kriechbaum in den Freiherrenstand
(Institutsarchiv St. Pölten)

genannten »Paradeiserhaus« in München das Institut der Englischen Fräulein kennen gelernt und nach dem Tod des Vaters seine damals 13-jährige Schwester Maria Anna in die dortige Schule gegeben; 1695 ist diese dem Institut jedenfalls als Mitglied beigetreten.[18]

Als Maria Barbara Babthorpe nun eine Gründung in den habsburgischen Ländern anstrebte, war es wohl kein Zufall, dass Maria Anna von Kriechbaum als Oberin des neuen Institutes fungieren sollte – man erhoffte vermutlich eine Unterstützung durch ihren prominenten Bruder, die letzten Endes auch nicht ausblieb.

Die prädestinierte Oberin selbst war aber ebenfalls nicht untätig: So richtete sie bereits im Oktober 1705 ein Ansuchen an den oberösterreichischen Herrenstand, in dem sie auf eine neue Gründung in Österreich Bezug nahm und – da *man bei diesen bayerischen Troublen … unbeschreiblichen Schaden erlitten*, weshalb die neue Stiftung kaum aus *aigenen Säckhl* zu finanzieren sei – um einen jährlichen Zuschuss bat; im Gegenzug garantierte sie die vorrangige Aufnahme von *allhiesigen Landeskindern* sowohl in das Internat als auch in das Institut. Schon im Jänner des folgenden Jahres kam es auf Empfehlung des Johann Jakob von Kriechbaum zur positiven Erledigung dieser Bitte.[19]

Unerlässlich für eine Niederlassung der Englischen Fräulein in den österreichischen Landen war aber die Bestätigung durch den Kaiser. Schon Leopold I. war dem Institut positiv gesinnt gewesen, was sich im Besuch mehrerer Institutshäuser und in verschiedenen Begünstigungen geäußert hatte.[20] Joseph I., seit Mai 1705 an der Regierung, hatte die Gesellschaft in München nach der Übernahme der Leitung durch Maria Barbara Babthorpe aufgesucht und dieser seine Unterstützung versichert;[21] er dürfte sich durch die Einführung des Institutes in seine Erblande eine Hebung des Unterrichtes, den er als Vertreter der frühen Aufklärung vielleicht als reformbedürftig ansah, erhofft haben.[22] Weiters ist eine Einflussnahme von Seiten seiner Mutter, Kaiserin-Witwe Eleonora, nicht von der Hand zu weisen, die eine Niederlassung der Englischen Fräulein in Österreich wünschte.[23] Ebenso wird man davon ausgehen können, dass Johann Jakob von Kriechbaum durch Verbindungen zum kaiserlichen Hof das Seinige zugunsten seiner Schwester beigetragen hat.

Die Tatsache, dass Joseph I. erst ein Jahr nach dem Bittgesuch der Oberstvorsteherin Babthorpe die Einführung der Englischen Fräulein in St. Pölten bewilligte, mag seine Ursache zum einen im anfänglichen Widerstand der Stadt selbst, zum anderen im damals gerade wütenden Spanischen Erbfolgekrieg (1701 bis 1714) haben, in dem sich der Kaiser und der bayrische Kurfürst Max Emanuel feindlich gegenüberstanden; Joseph I. mochte der Ansiedelung bayrischer Damen in Abhängigkeit von einer Oberstvorsteherin in München skeptisch gegenübergestanden sein. Daneben wird auch die allgemeine negative Einstellung kirchlicher und weltlicher Behörden gegenüber einer ausländischen Gewalt über geistliche Häuser innerhalb ihres Bereiches eine Rolle gespielt haben.[24] Die Unterwerfung Bayerns unter die kaiserliche Administration nach dem Sieg von Hochstädt im August 1704 und die Verhängung der Reichsacht über den Kurfürsten im April 1706[25] sowie das Einverständnis der für St. Pölten vorgesehenen Oberin Kriechbaum zu einer von Bayern unabhängigen Stellung des neuen Hauses dürften letztendlich ausschlaggebend für die Bewilligung der Niederlassung gewesen sein.

Das kaiserliche Dekret vom 1. Juli 1706,[26] das die Erlaubnis zur Errichtung eines Institutes in St. Pölten erteilte, berücksichtigte in besonderer Weise die Bedenken der Stadt und der Bürgerschaft: Die Englischen Fräulein sollten zusätzlich zu ihren für Institutszwecke benötigten Gebäuden keine weiteren Baulichkeiten und Grundstücke in oder vor der Stadt erwerben und von den erkauften bürgerlichen Häusern die jährlichen Steuern und Abgaben bezahlen sowie für Wacht, Quartier und andere »Personalbürden« aufkommen. Sie durften selbst oder durch Bedienstete kein Gewerbe betreiben und keine Almosensammlungen durchführen. Außerdem sollten sie von aller Superiorität denen das Justitum profitirenden Englischen Freylen in Bayrn allerdings frey und independent seyn.[27]

Der letzte Punkt dürfte neben dem Bischof von Passau als zuständigem Ordinarius zunächst nur der Oberin der neuen Gründung, Maria Anna von Kriechbaum, bekannt gewesen sein, was vermutlich mit ein Grund für die Konflikte nach deren Ableben im Jahre 1739 war. Auch die Oberstvorsteherin in München, Maria Barbara Babthorpe, erfuhr erst über ein Jahr später von dieser Abmachung, nachdem sie das Dekret vom Juli 1706, das angeblich an sie adressiert gewesen war, im Original erhalten hatte. Sie verurteilte die Vorgehensweise der Kriechbaum, ihr die kaiserliche Entscheidung so lange vorenthalten zu haben, da diese das Institut der Englischen Fräulein in seiner Gesamtstruktur betraf. Dass die Trennung des neuen Hauses von München ganz und gar nicht in ihrem Sinne war, bezeugt ein Schreiben vom Dezember 1710 an die Oberin von St. Pölten, in dem Maria Barbara Babthorpe gemäß den Richtlinien Mary Wards den Wunsch nach einer Vereinigung aller Häuser äußerte. Und da zu einer solchen niemhand mehrers beytragen kann, alß euer Gnaden selbst [Maria Anna von Kriechbaum], also ersuche sie bittlich, sie wolle ihr dieses werde bestermassen lassen recomendiert sein, wobei sie ihr die Beibehaltung aller obrigkeitlichen Rechte zusicherte.[28] Babthorpe korrespondierte in diesem Zusammenhang auch mit dem Propst von St. Pölten, den sie unter anderem um Meldung über die Vorgänge im Institut bat, insbesondere über die Kontakte der Maria Anna von Kriechbaum zum Passauer Konsistorium;[29] letzten Endes hat sie die Selbstständigkeit St. Pöltens wohl akzeptieren müssen.

18 Ausst.-Kat. Schallaburg 1981, 7f. • Fritzer, 300 Jahre Englische Fräulein in Österreich, 2005, 51f.

19 Die Stände bewilligten einen jährlichen Beitrag von 300 Gulden vom Zeitpunkt der Errichtung eines Institutes in Österreich bis zum Tod der Maria Anna von Kriechbaum; vgl. IAStP, HA6 C8.

20 Vgl. oben den Besuch des »Paradeiserhauses« im Jahre 1690, wo man sich auf Einladung des bayrischen Kurfürsten vom Wirken der Englischen Fräulein überzeugen konnte. Im gleichen Jahr intervenierte Kaiser Leopold I. beim Stadtrat von Augsburg zugunsten des Institutes, wodurch den Fräulein Bürgerstatus und Steuerfreiheit gewährt wurde. Vgl. Wright, Mary Wards Institut, 2004, 65.

21 StAStP, Allgemeine Urkundenreihe, Englische Fräulein. Babthorpe war im Jahre 1697 zur Oberstvorsteherin des Institutes gewählt worden.

22 Festschrift Englische Fräulein 1905, 2.

23 IAStP, HA6 C8.

24 Wesemann, Die Anfänge des Amtes der Generaloberin, 1954, 32.

25 Karl Vocelka, Glanz und Untergang der höfischen Welt. Repräsentation, Reform und Reaktion im habsburgischen Vielvölkerstaat, in: Herwig Wolfram (Hg.), Österreichische Geschichte 1699–1815, Wien 2001, 148.

26 Dieses war an Maria Anna von Kriechbaum als Oberin des Institutes in St. Pölten gerichtet und nicht an die Oberstvorsteherin in München (siehe weiter unten).

27 IAStP, HA2 B4.

28 DASP, Pfarrarchiv Krems, Klöster 4. Maria Barbara Babthorpe versuchte, die zentrale Leitung des Institutes, die seit der Aufhebung der Gemeinschaft durch Papst Urban VIII. im Jahre 1631 nicht mehr vorhanden war, wieder aufzurichten; das war es auch, die den Titel einer »Generaloberin« erneut einführte. Vgl. Wesemann, Die Anfänge des Amtes der Generaloberin, 1954, 31.

29 Vermutlich handelte es sich dabei um die Bemühungen der Maria Anna von Kriechbaum, die bischöfliche Bestätigung der Niederlassung in St. Pölten zu erhalten. Vgl. IAStP, HA13 E2.

Maria Anna Freiinn von Kriechbaum Stifterin und Oberstvorsteherin der Engl. Fräulein Institute im Kaiserthum Österreich re. gierte von 1706. bis 1739.

Maria Anna von Kriechbaum (1706 – 1739) – Konsolidierung und Ausbau des Institutes

Einige Monate nach der kaiserlichen Bewilligung, am 12. Oktober 1706, traf Maria Anna von Kriechbaum als Oberin des neuen Hauses mit sieben weiteren Mitgliedern aus München in St. Pölten ein: Fräulein Ursula Schmidin, Fräulein Maria Theresia von Sickhenhausen, Fräulein Margaretha von Lampfritzheim und ihre Schwester Maria Barbara, Fräulein Maria Anna von Mayrhofen, Fräulein Maria Anna von Hörwarth sowie Theresia Grasmanin.[30] Sie bezogen vorerst ein bürgerliches Privathaus in der Linzerstraße, das für sie angemietet worden war.[31] Anfang Jänner 1707 überließ ihnen der St. Pöltner Stadtrichter Lorenz Kayser um einen jährlichen Betrag von insgesamt 150 Gulden den oberen Stock von seinem Wohnhaus – aus zwei Stuben, zwei Kammern und einem Stall bestehend – sowie sein daneben liegendes Haus, zum Schwarzen Adler genannt;[32] vermutlich dort nahmen die Englischen Fräulein am 15. Jänner 1707 mit einer *auswändtigen Schuellen*, einer Tagesschule für Bürgermädchen aus der Stadt, ihre Lehr- und Erziehungstätigkeit auf.[33] Diese Privatwohnung diente ihnen aber auch zum Zwecke geistlicher Verrichtungen: So wurde am 9. März 1707 mit dem damaligen Propst des St. Pöltner Chorherrenstiftes, Christoph Müller von Prankenheim, die erste Messe in einem eigens dafür eingerichteten Oratorium gefeiert.[34] Aufgrund der großen Entfernung vom bischöflichen Konsistorium in Passau und auf Anfrage der Maria Anna von Kriechbaum, wer ihnen denn nun vor Ort als geistliche Obrigkeit vorstehen solle, wurde zur *Aufrechterhaltung der geistlichen Ordnung, Tugend und Ehrbahrkeit* eine Kommission in loco eingerichtet, wobei der Propst von St. Pölten die Funktion eines Kommissars übernahm. Er sollte die Fräulein gemäß ihrer Bitte in die bischöfliche Jurisdiktion aufnehmen und ihnen als Zeichen des vom Bischof bestätigten Institutes das *Diploma confirmationis* übergeben.[35] Diese bischöfliche Bestätigung

3

über die Einführung der Englischen Fräulein in St. Pölten sowie die Errichtung eines Institutshauses und einer Kirche war bereits am 6. November 1707 erfolgt. Der Bischof begrüßte die Niederlassung der Anstalt in seiner Diözese, sei dies doch die beste Gelegenheit, *die zarte und fromme Jugend weiblichen Geschlechts neben der Andacht, Gottsforcht und Fromkheit zugleich in gueten Sitten, ehrbaren Wandl und Erlehrnung Lesen und Schreiben, auch mehr anderen … Künsten, Exerzitien und Übungen* zu unterweisen; die für die Haltung der Gottesdienste benötigten Priester sowie die Beichtväter sollten von der Diözese Passau approbiert sein.[36]

Die nächsten Monate dienten dazu, ein für Institutszwecke geeignetes Haus zu erwerben und entsprechend zu adaptieren. Dies ermöglichte unter anderem die Spende der Gräfin Carolina Polyxena Kiesel, geborene Gräfin Montecuccoli, die den Englischen Fräulein am 30. Jänner 1708 – da sie bis dato noch über kein eigenes Gebäude verfügten – 8000 Gulden stiftete.[37] Daraufhin konnte am 13. September von der Witwe des früheren Lilienfelder Hofrichters Elisabeth Wuschletitsch, geborene Mittermayrin von Waffenberg zu Oberranna, um 4000 Gulden ein Haus samt Garten in der Linzerstraße gekauft werden.[38] Ein Übereinkommen mit der Stadt verpflichtete das Institut zu einer jährlichen Zahlung von 30 Gulden, womit die fälligen Steuern und andere Sonderabgaben beglichen werden sollten.[39] Nach entsprechenden Umbauten, insbesondere musste eine Kapelle eingerichtet werden, bezogen die Englischen Fräulein am 23. Jänner 1709 ihr neues Wohnhaus.[40] Am 18. März wurde in der neuen Kapelle, die sich an der Stelle des späteren Refektoriums befand, in Anwesenheit des Adels das Allerheiligste durch den Propst von St. Pölten eingesetzt.[41] Mit landesfürstlicher Zustimmung gelang es den Englischen Fräulein wenig später, nämlich am 2. April 1710, diesen Besitz durch ein kleines Haus des Max Ebner nach Süden bis zur Stadtmauer zu erweitern.[42] Doch schon im Jahre 1714 reichte in Folge der steigenden Zahl an adeligen Zöglingen – und damit auch an

30 IAStP, IA 1a: fol. 67.

31 Ausst.-Kat. Schallaburg 1981, 8.

32 IAStP, HA6 C8.

33 IAStP, IA 1a: fol 67. Das Gedenkbuch I vermerkt hingegen, dass *anzunehmen ist, daß in dem jetzigen Pichler'schen Hause, damals Wutzl'sches Haus genannt, der erste Aufenthalt der Unsern gewesen ist*, wo 1707 die Schule eröffnet wurde.

34 IAStP, IA 1a: fol. 67f. Das bischöfliche Konsistorium hatte in diesem Sinne ein Dekret ausgestellt, das die Abhaltung von Messen im Oratorium des Institutes – ausgenommen an Hauptfeiertagen und ohne Nachteil der Pfarrkirche – gestattete. Vgl. IAStP, HA3 B5.

35 DASP, Pfarrarchiv Krems, Klöster 4. Diese *Confirmation unsers Allhiersein und Aufnahm under die pischoffliche Jurisdiction* fand am 13. Dezember 1707 im Oratorium statt; vgl. IAStP, IA 1a: fol. 68.

36 DASP, Pfarrarchiv Krems, Klöster 4. • IAStP, HA3 B5.

37 Sie übergab den Englischen Fräulein nicht ihr Wohnhaus, wie auf einem Gemälde (Abb. 4) beschrieben ist. Diese Spende war jedoch an gewisse Bedingungen geknüpft: Sollten die Fräulein um diese Summe ein Haus kaufen oder erbauen, haben sie die Stifterin mit einer Wohnung und mit einer *zur handthabendten Auffwarth-Magdt gebührlich* zu versehen, wofür diese einen entsprechenden Zins zu entrichten gewillt sei. Daneben sollen ihr die Englischen Fräulein beliebigen Zutritt zu *dero Recreationstuben, Refectorium wie auch deren Kostfr. und anderen Schulkindern Wohnung* gewähren. Vgl. IAStP, HA9 D1. Von den 8000 Gulden konnten insgesamt zwei Häuser erworben werden, vgl. IAStP, IA 1a: fol. 68. Es dürfte sich dabei um die Häuser der Elisabeth Wuschletitsch und der Johanna Dorothea Rossin handeln (siehe weiter unten).

38 StAStP, Allgemeine Urkundenreihe, Englische Fräulein; IAStP, IA 1a: fol. 68. • Ausst.-Kat. Schallaburg 1981, 8.

39 Die Englischen Fräulein mussten die *jährl. Landtanlagen, Steuer, Quatier, Durchzig, Jura incorporalia … erlegen, die Wachten aber per substitutos verrichten lassen und in Notzeiten einen proportionierlichen Beitrag thuen*; vgl. StAStP, Ratsprotokolle 1707–1723: fol. 36v, 37v, 38. In diesem Sinne erfolgte am 13. November der Revers der Maria Anna von Kriechbaum an den Stadtrat, die Abgaben hinsichtlich des erkauften Hauses richtig zu leisten, kein Gewerbe zu betreiben, keine weiteren bürgerlichen Gebäude oder Gründstücke zu erwerben, in Feindes-, Pest- und Feuersgefahr auf eigene Kosten einen Mann für den städtischen Wachdienst zu stellen und der Stadt das Vorkaufsrecht einzuräumen. Vgl. Herrmann, St. Pölten, 1917, 599f.

40 Bis Dezember 1708 wurde die Miete an Lorenz Kayser gezahlt.

41 IAStP, IA 1a: fol. 69. Der Propst hatte schon Monate vorher, noch im Jahre 1708, dem bischöflichen Konsistorium seine Zustimmung zur Aufbewahrung des Allerheiligsten in der neuen Hauskapelle angedeutet, da *sowohl die quaestionirte Kapellen in loco ab usu profano ganz situiret als auch sehr wohl geziert*; vgl. IAStP, HA3 B5.

42 Herrmann, St. Pölten, 1917, 600. • Ausst.-Kat. Schallaburg 1981, 9. • StAStP, Ratsprotokolle 1707–1723: fol. 112f. Dass der Stadtrat von St. Pölten hier und auch bei späteren Zukäufen von Grundstücken und Gebäuden keine Einwände vorbrachte – immerhin hatte man noch zwei Jahre zuvor gerade dieses verhindern wollen –, mag wohl daran liegen, dass die Englischen Fräulein alle anfallenden Abgaben leisteten. Noch 1784 wird angemerkt, dass die von der Bürgerschaft erworbenen Häuser versteuert werden müssen; vgl. IAStP, HA2 B4.

4

3 Porträt der ersten Oberstvorsteherin Maria Anna von Kriechbaum (1706–1739)

4 Porträt der Gräfin Carolina Polyxena Kiesel, einer großen Förderin des St. Pöltner Institutes; von Sp. Czapek 1907

Das englische Fräulein Stift zu Krems.

5

5   **Historische Ansicht des Institutes der**
      Englischen Fräulein in Krems;
      Aquarellmalerei, bez. *Leopold Bundigam*
      gezeichnet 1836.

Englischen Fräulein – das damalige Haus, das aus einer drei Fenster umschließenden Straßenfront bestand, für die zunehmenden Bedürfnisse nicht mehr aus. Außerdem sollte zur leichteren Benutzbarkeit statt der bisherigen Kapelle im Hoftrakt ein von der Straße aus direkt erreichbares Gotteshaus erbaut werden.[43] Durch den Kauf einer im Holzviertel gelegenen bürgerlichen Behausung von Johanna Dorothea de Rossin und Anna Maria de Barbier[44] war die Möglichkeit gegeben, an den gewünschten Bau einer Kirche zu schreiten, der von Beginn an von kaiserlicher Seite unterstützt wurde.[45] Die Arbeiten dauerten über zwei Jahre an, bis Weihbischof Raimund Graf Lamberg am 12. Oktober 1717 die neue Kirche, die im Bereich der Fassade völlig in das Haus eingegliedert worden war, mit drei Altären weihen konnte.[46] Am 3. Dezember wurde sie schließlich der Benützung übergeben, indem das Allerheiligste in feierlicher Weise durch den Propst von St. Pölten von der alten Kapelle übertragen wurde.[47]

Mit diesem Kirchenbau beendete Maria Anna von Kriechbaum die erste Phase der Erwerbungen und damit verbundenen Umbauten – das Institut in St. Pölten war für die Aufgaben der nächsten Jahre gerüstet. Die finanzielle Belastung des Institutes war dabei nicht nur durch die zahlreichen Kapitalien – das Hausprotokoll spricht von insgesamt 92 000 Gulden, die immerhin 1084 Gulden an jährlichen Zinsen abwarfen –, sondern auch durch Spenden von Seiten des Johann Jakob Kriechbaum, durch das Vermögen neu eintretender Mitglieder aus dem Adelsstand, durch diverse Stiftungen[48], durch Mittel aus dem Hofzahlamt[49] oder Zahlungen der Stände ob der Enns abgedeckt.[50]

Die niederösterreichischen Stände hingegen förderten das Institut in anderer Hinsicht: Im Dezember 1711 legte ein Vertrag mit Maria Anna von Kriechbaum die Errichtung von sechs Stiftungsplätzen für mittellose *Landmannstöchter* zum Besuch der Internatsschule fest.[51] Die drei oberen Stände hatten jährlich je zwei Mädchen zu präsentieren, die aus einer gültigen

Ehe stammen, zwischen 6 und 14 Jahre alt sowie körperlich und geistig gesund sein mussten. Sie wurden drei Jahre lang im Institut erzogen und ausgebildet, unter Umständen konnte auch um eine Verlängerung des Aufenthaltes angesucht werden. Diese Stiftung bestand von 1712 bis 1863, insgesamt kam sie 150 Mädchen zugute. Die Namen der Zöglinge deuten darauf hin, dass nicht unmittelbar finanzielle Bedürftigkeit für eine Aufnahme ausschlaggebend war;[52] oftmals dürften der frühe Tod eines Elternteiles oder ganz einfach gute Beziehungen eine Rolle gespielt haben.[53] Die »Kostschule«, wie das Internat zu dieser Zeit genannt wurde, ist vermutlich bald nach der Übersiedlung in das neue Wohngebäude eröffnet worden. Jedenfalls haben sich 1711 schon etwa 20 Kostkinder im Institut der Englischen Fräulein aufgehalten, darunter auch Mädchen aus dem Land ob der Enns.[54]

Die Niederlassung der Englischen Fräulein erfreute sich bald regen Zuspruchs – bis 1724 konnte man immerhin zwölf neue, vorwiegend adelige Mitglieder zählen –, sodass die Oberin Maria Anna von Kriechbaum um 1720 / 1721 an die Gründung eines Noviziatshauses in Krems dachte. Sie erhoffte von den dort lebenden Jesuiten die geistliche Betreuung der Kandidatinnen, waren doch die Institutsregeln der Englischen Fräulein *fast in allen Punkten denen Regeln der Patres Societatis gleichförmig, welche auch derentwillen in allen unsern Häusern die geistliche Gewissensdirection*[55] *zu führen pflegen, allhier in St. Pölten aber wür solcher beraubt seind.* Magistrat und Bürgerschaft von Krems dürften ihre Meinung über das Wirken der Englischen Fräulein inzwischen geändert haben, da einige Mitglieder des Stadtrats ihre Töchter in deren Schule nach St. Pölten schickten. Weil auch die zahlreichen Ordensgemeinschaften in der Stadt keine Einwände bezüglich einer Ansiedelung der Englischen Fräulein in Krems vorbrachten, wurde am 6. Juli 1722 vom Schneidermeister Christian Sibly um 800 Gulden ein Haus am Hohen Markt gekauft; die kaiserliche Bestätigung dieser Erwerbung erfolgte im Oktober.[56] Die baulichen

Adaptionen dauerten einige Zeit an, bis schließlich am 5. August 1725 fünf Englische Fräulein unter der Leitung einer Vikarin ihre Tätigkeit dort aufnahmen;[57] die Tagesschule für Mädchen konnte am 27. August eröffnet werden.[58] Bereits 1728 war der Ankauf eines weiteren Hauses am Hohen Markt notwendig geworden. Am 4. November desselben Jahres verstarb auch Johann Jakob von Kriechbaum, der seine Schwester als Universalerbin einsetzte, wodurch der Umbau des neu erworbenen Gebäudes ermöglicht wurde.[59]

Das Kremser Haus war, da es kein eigenes Vermögen besaß, in finanzieller und wirtschaftlicher Hinsicht gänzlich von St. Pölten abhängig. Die jeweilige Oberin besaß die Oberhoheit über die dortigen Mitglieder und war dementsprechend berechtigt, nach Belieben eine Vikarin und Professen einzusetzen. Die Kremser Fräulein waren hingegen verpflichtet, nach dem Tod einer Oberin der Wahl einer Nachfolgerin beizuwohnen. Unter der Bedingung, dass das Haus zu Krems *seine erforderliche Subsistenz von selbsten und ex propiis betreiben könnte*, sollte eine von St. Pölten unabhängige Verfassung erlangt werden.[60]

Als Maria Anna von Kriechbaum am 9. März 1739 starb, endete die erste wichtige Periode der Englischen Fräulein in St. Pölten. Durch ihre starke Persönlichkeit und resolute Art hatte sie sowohl in finanzieller als auch in baulicher und geistlicher Hinsicht bedeutende Schritte gesetzt, die für die weitere Entwicklung des Institutes maßgeblich waren.[61] Am 11. März 1739 wurde sie in der Institutsgruft beigesetzt.[62]

43   IAStP, HA3 B6: ... *auch dermahligen die Cappellen, in welcher täglich unterschiedliche Messen gelesen werden, in den innersten Hof befindlich, derentwillen auch iedwederer so die Cappelle frequentiern will, mit nit geringer Beschwärnus meiner Untergebenen durch beede Hauspforten zu gehen benöthiget ist.*

44   IAStP, IA 1a: fol. 69 und HA6 C8. Die Kaufsumme betrug 2525 Gulden. Die kaiserliche Bestätigung des Kaufes erfolgte am 28. September 1714 unter der Bedingung, dass man auch von diesem Hause die jährlichen städtischen Abgaben entrichtete; vgl. StAStP, Ratsprotokolle 1707–1723: fol. 176v.

45   Das bezeugt ein Eintrag im Hausprotokoll, dem zu Folge Johann Jakob von Kriechbaum als Vertreter der Kaisergattin Elisabeth Christine am 29. April 1715 den Grundstein zum Kirchenbau legte. Dieselbe spendete zu diesem Anlass auch zwei Kleider und ein Kelchtuch; vgl. IAStP, IA 1b.

46   Die Fassade wies im Erdgeschoß zwei Portale und im Obergeschoß sechs Fenster auf; zwischen den beiden Portalen wurden die Plastiken eines Schutzengels, einer Immakulata auf einer Weltkugel und des Auge Gottes angebracht. Vgl. Ausst.-Kat. Schallaburg 1981, 9.

47   IAStP, IA 1a: fol. 69–71.

48   Vgl. IAStP, HA2 B1.

49   Am 12. Jänner 1711 wurde das Ansuchen der Englischen Fräulein um Beihilfe zum Kirchen- und Klosterbau mit einem Beitrag von 1000 Gulden genehmigt; vgl. IAStP, HA2 B4.

50   1711 bewilligten die Stände einen Zuschuss von 500 Gulden; vgl. IAStP, HA6 C8.

51   Auch hier ist eine Einflussnahme von Seiten des Johann Jakob Kriechbaum anzunehmen – immerhin fungierte er bei diesem Vertrag als Zeuge.

52   Z. B. von Auersperg, von Althan, von Lamberg, von Montecuccoli, von Sinzendorf, von St. Julien zu Wallsee, von Kuenberg, von Hoyos uam. Vgl. IAStP, HA8 C14 und SchA 1.

53   Beispielsweise wurde Johanna Fabrizin auf Verlangen des Grafen von Lamberg und seiner Frau aufgenommen; vgl. IAStP, HA2 A12.

54   IAStP, HA6 C8.

55   Damit sind Beichthören, Exerzitien und gelegentliche Vorträge gemeint. Vgl. Fritzer, 300 Jahre Englische Fräulein in Österreich, 2005, 53.

56   DASP, Pfarrarchiv Krems, Klöster 4.

57   Nämlich Fräulein Barbara von Lampfritzheim als Vikarin, Fräulein Aloisia von Scherfenberg, Fräulein Maria Anna Willingerin, Fräulein Catharina Tschernin und Jungfrau Eleonora Duracinin; vgl. IAStP, IA 1a: fol. 72.

58   Fritzer, 300 Jahre Englische Fräulein in Österreich, 2005, 53.

59   IAStP, IA 1a: fol. 73.

60   ... *so solle mit Consens und Approbation des hochfürstl. H. Ordinarii solches von dem zu St. Pölten alsdan separirt und bey denselben eine besondere Oberin erwehlt und vorgestellet werden*; dieser Fall trat im Jahre 1808 ein. Vgl. DASP, Pfarrarchiv Krems, Klöster 4.

61   Neben den oben genannten Bautätigkeiten sind die Aufrichtung einer Judas Thaddäus-Statue beim Wilhelmsburger Tor im Jahre 1734 und die zahlreich erhaltenen Ablässe, der Erwerb von Reliquien, die Aufnahme von insgesamt 31 neuen Mitgliedern oder die öffentliche Verehrung des Allerheiligsten zu nennen. Die strenge Amtsführung der Maria Anna von Kriechbaum wird weiter unten näher veranschaulicht.

62   IAStP, IIE 1b (»Alte Chronik« fol. 1 und IA 1b).

Caroline von Asseburg 2te
Oberstvorsteherin vom Jah„
re. 1739. bis 1748.

Karoline von Asseburg (1739–1748), **das österreichische Generalat und eine Gründung in Prag**

Nach dem Tod der Freifrau von Kriechbaum brach zwischen den Häusern in St. Pölten und Krems wegen der Wahl einer Nachfolgerin ein die nächsten Jahre prägender Konflikt aus.[63] Denn gemäß den Institutsstatuten sollte eine jede Lokaloberin durch die Generaloberin in München auf drei Jahre ernannt und nicht von den Mitgliedern gewählt werden, was die Englischen Fräulein aus Krems nun forderten. Doch schon Maria Anna von Kriechbaum war in Folge bischöflicher Bewilligung als Oberin auf Lebenszeit bestätigt worden, und auch jetzt hatte man in St. Pölten die kaiserliche Bestimmung von 1706 vor Augen und schritt daher in Anwesenheit einer Abordnung des Klosterrates zu einer Neuwahl. Zwar waren elf Kremser Fräulein bei dieser Wahl am 21. Mai 1739 anwesend, sie weigerten sich aber, eine Stimme abzugeben, da dies ihren Gelübden widersprechen würde, die sie dem Englischen Institut der Mary Ward und nicht dem »Kriechbaumrischen« abgelegt hätten.[64] Von den 17 Englischen Fräulein aus St. Pölten hatten jedenfalls 15 ihr Votum für Karoline Freifrau von Asseburg, eine gebürtige Sächsin, die 1724 in das Institut getreten war, abgegeben; damit wurde sie die neue Oberin der Englischen Fräulein in Österreich.

Dies konnten die Mitglieder des Kremser Hauses jedoch nicht akzeptieren. Sie richteten ein Protestschreiben an Karoline von Asseburg, in dem sie nicht so sehr ihre Person selbst, als vielmehr die Vorgehensweise bei der Wahl kritisierten; des weiteren wünschten sie eine Trennung von St. Pölten und die Ausfolgung ihrer Mitgift.[65] Eine Bittschrift an den Kaiser, den Bischof von Passau und das bischöfliche Konsistorium, die eine Delegation von vier Fräulein nach Wien brachte, sollte zur Ungültigkeit der geschehenen Wahl führen. Der Protest wurde aber als ungesetzlich zurückgewiesen, da zu dieser Reise weder eine Erlaubnis vom Konsistorium noch von der Oberin in

St. Pölten eingeholt worden war; zudem sah man den Wunsch nach einer Unterwerfung unter das Münchner Institut als eine Verletzung der kaiserlichen und bischöflichen Jurisdiktionsgewalt an.[66] Daraufhin versuchte Maria Anna von Willinger im Namen des Kremser Institutes, die niederösterreichische Regierung und das Passauer Offizialat in einem aus 24 Punkten bestehenden Schreiben von ihrem Standpunkt zu überzeugen, was zu einem neuerlichen Verweis von Seiten des Konsistoriums führte.[67] Inzwischen hatte sich auch das Verhältnis mit Karoline von Asseburg zugespitzt, die persönlich nach Krems kam, um die Missverständnisse aufzuklären.[68] Da keine Einigung in Aussicht war, suchten sechs Kremser Fräulein im Juni 1740 um Entlassung nach Bayern an,[69] während sich andere Mitglieder zu den Zölestinerinnen in Steyr bzw. zu den Ursulinen in Wien verfügten. Da die Oberstvorsteherin in München diese jedoch nur unter der Bedingung, dass sie ihre Mitgift dorthin mitbringen, aufnehmen wollte, Karoline von Asseburg aber die Ausfolgung ablehnte – immerhin handelte es sich um 13 000 Gulden Kapital –, appellierte man in einem letzten Schritt an die Kaiserin persönlich, was aber letztlich ohne Wirkung blieb.[70] Die Auseinandersetzungen dürften sich jedenfalls mit der Zeit von selbst aufgelöst haben.[71]

Die rechtliche Lage des St. Pöltner Institutes war trotz der Beilegung dieses Streites noch nicht geklärt, weshalb sich Karoline von Asseburg um eine diesbezügliche Entscheidung an den Papst wandte; sie bat um die Bestätigung der Unabhängigkeit der österreichischen Häuser unter der Oberin von St. Pölten, der Gültigkeit der dort abgelegten Gelübde sowie der Klausurregeln. Diese Petition wurde sowohl von Kaiserin Maria Theresia als auch vom apostolischen Nuntius am Kaiserhof unterstützt. Am 25. Mai 1742 erließ Papst Benedikt XIV. das Breve *Exponi nobis*, das den ersten Antrag der Asseburg genehmigte und die Entscheidung über die beiden anderen Punkte dem Bischof von Passau übertrug.[72]

6 **Porträt der Oberstvorsteherin Karoline von Asseburg (1739–1748)**

66 Diese kaiserliche Entscheidung vom 12. Juni 1739 nennt die Kremser Fräulein *infame Persohnen*, denen mit *scharffen Copellirungsmitl* gedroht werden solle; vgl. DASP, Pfarr- und Klosterakten, Englische Fräulein.

67 Diese Punkte betrafen insbesondere die Widersprüche zu den von Papst Clemens XI. 1703 approbierten Institutsregeln, die mit der Gründung in St. Pölten und der Leitung der Maria Anna von Kriechbaum in Zusammenhang standen, wie die Trennung von der Oberstvorsteherin in München, die Leitung einer *ewigen Hausoberin*, die Abhängigkeit vom bischöflichen Konsistorium, die Einsetzung einer Vikarin in Krems usw.; vgl. DASP, Pfarrarchiv Krems, Klöster 4. • IAStP, HA1 A2.

68 Ihre Vorgehensweise wird folgendermaßen beschrieben: [Sie hat] *gleich bey Eintritt in das Haus gesagt: Nun wollen wir sehn, wem das Haus zugehöre, hernach gegen unser vorgesetze Hausmeisterin und uns allen allen Respect, all geistl. Anständigkeit verlohren, uns getrohet mit Arm und Pein … all Schlissl mit Gewalt zu sich genohmen, auch das Sigl der Hausmeisterin mit samt den Schriften aus dem Zimer entzogen …. Sie wollte auch* die Stadtschule auf einige Zeit sperren lassen und einige Mitglieder mit nach St. Pölten nehmen; vgl. DASP, Pfarr- und Klosterakten, Englische Fräulein.

69 Maria Anna Willingerin, Catharina von Hohenfeld, Josepha Jaquier, Eleonora Duracinin, Maria Anna Khabesin, Caecilia Perlisauerin.

70 IAStP, HA13 E2. Maria Theresia verhielt sich wohl aufgrund der Unstimmigkeiten mit Bayern hinsichtlich der Anerkennung der Pragmatischen Sanktion und des in Folge ausbrechenden Österreichischen Erbfolgekrieges diesem Anliegen gegenüber reserviert und unterstützte später verstärkt die Unabhängigkeitsbestrebungen der Karoline von Asseburg.

71 Letzten Endes sind nur Maria Barbara von Lampfritzheim nach München sowie Josepha Jaquier nach Augsburg übergetreten. Die anderen Fräulein dürften in Krems verblieben sein. Vgl. auch Henriette Peters, Der Anfang des österreichischen Generalates, maschinenschriftliches Manuskript, undatiert, 15.

72 Diese päpstliche Entscheidung legitimierte nicht zuletzt die zentrale Leitung des Institutes und anerkannte damit die Stellung der Generaloberin in einer Gemeinschaft von Frauen mit einfachen Gelübden. Vgl. Wright, Mary Wards Institut, 2004, 94.

63 Siehe dazu vor allem IAStP, Henriette Peters, Der Anfang des österreichischen Generalates, maschinenschriftliches Manuskript, undatiert.

64 DASP, Pfarr- und Klosterakten, Englische Fräulein. Die Mitglieder des Kremser Hauses betonten im Laufe der Auseinandersetzung immer wieder, von der kaiserlichen Bedingung der Unabhängigkeit von Bayern nichts gewusst zu haben.

65 IAStP, HA13 E2.

Damit war gleichsam ein zweites, österreichisches Generalat entstanden, das der St. Pöltner Oberin die gleichen Rechte wie der Oberstvorsteherin in München zusprach.[73] Diese schien in der Angelegenheit nicht konsultiert worden zu sein, vielleicht weil ihre Autorität rechtlich nicht anerkannt war, vielleicht aber auch, weil man den Fall als einen Streit zwischen zwei Häusern in der Diözese Passau ansah.[74]

Noch während Karoline von Asseburg auf eine päpstliche Entscheidung in der obigen Causa wartete, wurden sie und ihr Institut in die Wirren des Österreichischen Erbfolgekrieges hineingezogen, in dessen Verlauf im Oktober 1741 eine Abordnung der mit Bayern verbündeten französischen Armee auch zum Kloster der Englischen Fräulein in St. Pölten kam; das rücksichtsvolle Verhalten der Soldaten wurde zum Teil auf den Umstand zurückgeführt, dass das Haus von München aus gegründet worden und noch mit bayrischen Mitgliedern besetzt war.[75]

Seit dem Jahre 1738 hatte Maria Theresia Gräfin von Auersperg, 1733 in das St. Pöltner Institut eingetreten, Aussicht auf eine bedeutende Erbschaft in Böhmen, die ihr aber von ihrer Schwester Maria Anna und deren Mann, Leopold Grafen von Salm, streitig gemacht wurde.[76] Die Oberin Asseburg griff in diesem Zusammenhang die Frage der Erbfähigkeit von Mitgliedern des Englischen Hauses auf und erklärte, dass es *eine landkündige Sache ist, dass die Engl. Fräulein des Institutes Mariae durchaus und in allen Ländern deren zeitlichen Erbschaften und Gütern fähig sein.*[77] Nach langen Verhandlungen kam auf Intervention Kaiserin Maria Theresias am 25. August 1744 ein Vergleich zu Stande, in dem Karoline von Asseburg und Maria Theresia von Auersperg gegen eine Zahlung von 29 000 Gulden auf alle Erbansprüche verzichteten. Mit einer Prunkurkunde vom 18. Februar 1745 bestätigte Maria Theresia diesen Vergleich und erteilte gleichzeitig die Erlaubnis, von dieser Summe ein neues Institut in der Stadt Prag zu errichten. Im Juli 1746 wurde ein auf der Kleinseite in der Karmelitergasse

gelegenes Haus vom Grafen Lazansky gekauft, entsprechend adaptiert und im darauf folgenden Jahr von acht Fräulein unter der Leitung von Isabella Gräfin Wurmbrand bezogen;[78] am 14. März 1747 begann die Aufnahme von Zöglingen, am 22. Mai konnte die Tagesschule eröffnet werden.[79] Am 27. Juli erfolgte schließlich die bischöfliche Bestätigung durch Erzbischof Gustav Moritz Graf Manderscheid-Blankenheim.[80]

Auf der Rückreise von Böhmen erlitt Karoline von Asseburg, die in der schwierigen Anfangsphase helfend zur Seite gestanden war, einen Unfall, an dessen Folgen sie am 8. Mai 1748 starb. In den neun Jahren ihrer Regierung konnte sie verhältnismäßig viele Mitglieder für ihr Institut gewinnen, unter anderem bedeutende Angehörige des hohen Adels.[81]

73 Wesemann, Die Anfänge des Amtes der Generaloberin, 1954, 35f.

74 Wright, Mary Wards Institut, 2004, 94.

75 Festschrift Englische Fräulein 1905, 14f. Die »Gründergeneration« war mit Margaretha von Lampfritzheim und Maria Anna von Mayrhofen vertreten.

76 Das 1666 errichtete Testament des Ferdinand Grafen von Wertenberg betraf die Herrschaft Namiest in der Markgrafschaft Mähren und sah nach dem Absterben der männlichen Linien der Wertenberg und Enckevoirth eine weibliche Nachfolge der beiden Häuser vor; von Seiten der Enckevoirths betraf dies die Töchter der Anna Theresia Gräfin von Auersperg, einer geborenen Enckevoirth, nämlich Maria Anna, verehelichte Gräfin zu Salm, und Maria Theresia, Englisches Fräulein. Die gesamte Erbschaftsangelegenheit s. IAStP, HA10 D1 und 2.

77 Maria Theresia von Auersperg versuchte, das Argument, eine Person im geistlichen Stand könne doch nicht erben, dahingehend zu relativieren, dass sie ja einen solchen nicht angenommen habe, sie habe lediglich beschlossen, ihr weiteres Leben im Institut zu verbringen, das keine feierlichen Gelübde fordere.

78 1783 wurde dem Prager Hause von Joseph II. das Kloster der aufgehobenen Karmelitinnen zu St. Joseph auf der Kleinseite unentgeltlich überlassen; vgl. IAStP, HA14 E3.

79 Festschrift Englische Fräulein 1905, 18f.

80 IAStP, HA14 E3.

81 Die »Alte Chronik« des Institutsarchivs spricht von insgesamt 16 Personen, darunter die spätere Oberstvorsteherin Katharina Gräfin von St. Julien, Theresia Gräfin von Khevenhüller, Josepha Gräfin von Herberstein, Maria Anna Gräfin von Hoyos, Theresia Gräfin von Draschkowitz sowie – aus dem bürgerlichen Stand – die Tochter des Daniel Gran, Maria Anna. Vgl. auch IAStP, IA 1a: fol. 100–103.

82 IAStP, IA 1b und HA3 B5.

83 Ausst.-Kat. Schallaburg 1981, 12.

84 IAStP, IA 1b.

85 Das Haus umfasste ein Stockwerk, das aus zwei Zimmern an die Gasse und drei in den Hof bestand. Der Kauf dieses Gebäudes geschah nicht ohne Grund: So war der Backofen desselben über die Kellerstiegen des Institutes gebaut, sodass die ausströmende Wärme den Weinvorrat im Stiftskeller gefährdete; die Seitenmauern waren so dünn gebaut, dass man fast jedes Wort hören konnte; desgleichen ging von den Rauchfängen eine ständige Feuersgefahr aus. Vgl. IAStP, HA6 C8.

86 IAStP, HA4 B8. • StAStP, Ratsprotokolle 1744–1756: fol. 275vf. Im Erdgeschoß befindet sich die Statuengruppe der hl. Mutter Anna mit Maria als Kind, im oberen Stock eine Plastik des hl. Joseph.

87 Festschrift Englische Fräulein 1905, 22.

Maria Katharina Gräfin S.aint Julien 3.te Oberstvorsteherin vom Jahre 1748 bis 1784

Katharina von St. Julien (1748–1784), die »zweite Stifterin«

Wenige Wochen nach dem Tod der Karoline von Asseburg versammelten sich am 17. Juni 1748 die 34 wahlberechtigten Professen in St. Pölten, um die Wahl einer neuen Oberstvorsteherin vorzunehmen. Im dritten Wahlgang ging die im Jahre 1740 in das Institut eingetretene Katharina Gräfin von St. Julien mit 20 Stimmen als Generaloberin hervor.[82] Sie wird in der Literatur als eine »zweite Stifterin« des St. Pöltner Hauses gerühmt, da ihre Amtszeit von bedeutenden Erwerbungen, Erweiterungen und Umbauten gekennzeichnet war; das Institutsgebäude erhielt damals auch sein jetziges Aussehen. Katharina von St. Julien war am 10. Juli 1709 als Tochter des Johann Albrecht Graf von St. Julien, Reichsgraf von Waldsee auf Stopfenreuth, Hof an der March, und der Maria Antonia von Stubenberg geboren und um 1720 der Erzherzogin Maria Theresia als Hofdame zugewiesen worden.[83] Diese Verbindung zum Kaiserhof äußerte sich später in Besuchen der Kaiserin in St. Pölten, eine Tatsache, die nicht zuletzt dem Ruf des Institutes und seiner Schule zu Gute kam.[84]

Eine der ersten Tätigkeiten der neuen Oberstvorsteherin war der Erwerb eines weiteren Gebäudes, da sich wegen der günstigen Entwicklung der Anstalt die Raumverhältnisse mit der Zeit als unzulänglich erwiesen: 1749 kaufte man um 3000 Gulden das im Osten an das bisherige Institut anschließende Haus der Maria Magdalena von Mitterbach, Witwe eines Stadtrichters und Apothekers; es sollte vor allem der Vergrößerung der Stadtschule und der Errichtung eines Krankenzimmers für die adeligen Zöglinge dienen.[85] Nach der kaiserlichen Bestätigung erfolgte 1751 die Angleichung der Fassade durch Herausrückung der Grundsteine sowie das Anbringen einer Statue.[86] Die so erreichte beträchtliche Tiefe des Gebäudes ermöglichte die Anlage einer Bibliothek, die durch ein hohes Kuppeldach mit vier Fenstern Oberlicht erhielt.[87]

PROSPECT
Des
LILIENHOFF
von der Morgen-Seite.

8

8 **Historische Ansicht des Lilienhofes von Osten;**
aquarellierte Federzeichnung, um 1800

Am 28. Oktober 1755 wurde ein Kontrakt über den Kauf des Lilienhofes in Stattersdorf als Meierhof und Erholungsort für die Fräulein und die adelige Kostjugend geschlossen. Dieses Landgut war lange Zeit im Besitz des Chorherrenstiftes St. Pölten gewesen und 1704 an die adelige Familie von Lysek verkauft worden. Katharina von St. Julien erwarb den Hof um 6000 Gulden vom Vormund der minderjährigen Lysek'schen Erben, Franz Anton von Sacken, unter Vorbehalt gewisser, dem Stift verbleibender Rechte, und ließ diesen in Stand setzen. Der Lilienhof bestand damals aus einem Gutshaus mit vier Zimmern, einem Kabinett und einem Vorhaus, einer Kapelle, diversen Wirtschaftsgebäuden, einer Taverne sowie aus zahlreichen Gärten, Äckern und Wiesen. Im Jahre 1806 wurde er übrigens aufgrund der schlechten finanziellen Lage des Institutes auf zwölf Jahre an Anna Köller verpachtet.[88]

Nachdem man schon im Jahre 1750 mit Jakob Reisinger und seiner Frau ein Kaufgeschäft eingegangen war – es ging um ein Stück Grund vor deren Haus –, kam es 1757 zu einem neuerlichen Vertrag: Nun verkaufte die inzwischen zur Witwe gewordene Juliana Barbara Reisingerin der Oberstvorsteherin um 3500 Gulden ihr im Westen an das Institut anstoßendes Haus. Das erworbene Gebäude wollte man zur Vergrößerung der Kirche nutzen, da diese für die Fräulein und die Schulkinder nicht mehr genügend Platz bot.[89] Der Umbau begann jedoch erst 10 Jahre später, nachdem eine großzügige Spende der Baronin Maria Antonia von Pfeffershofen, die das Institut übrigens in ihrem Testament von 1803 als Universalerben einsetzte, die finanziellen Schwierigkeiten bei Seite geräumt hatte. Das Reisingerische Haus wurde abgerissen und der daraus entstandene Raum für die Herstellung eines Kirchenschiffes verwendet, die bisherige Kirche wurde zum Chor.[90] Ende August 1769 weihte der Propst des Chorherrenstiftes St. Pölten, Matthias Alteneder, die provisorisch fertiggestellte Kirche.[91] Ob dies in direktem Zusammenhang mit dem angekündigten Besuch von Kaiserin Maria Theresia am 2. September stand, mag dahin gestellt bleiben. Jedenfalls wohnte diese mit ihren Töchtern Maria Anna, Maria Elisabetha und Maria Antonia dem 50-jährigen Professjubiläum der Aloisia von Scherfenberg bei, wo aufgrund der Zufriedenheit über die Einrichtung und Erziehungsmethoden des Institutes die Gründung eines Hauses in Ungarn beschlossen wurde.[92] Von der tiefen Verbundenheit der Kaiserin zu ihrer ehemaligen Bediensteten Katharina von St. Julien zeugt auch die Widmung auf der Rückseite eines von Maria Zell als Geschenk überbrachten Andachtsbildes.[93]

Dem Wunsche Maria Theresias entsprechend kam es am 10. Jänner 1770 zur Stiftung eines Institutes der Englischen Fräulein in der Stadt Ofen. Als Unterkunft diente ein Teil der Königsburg, denn 12 Zimmer des Schlosses sollten für Witwen oder alte ledige Personen freigehalten werden, die ihren Lebensabend in einem Kloster zu verbringen gedachten. Acht Fräulein hatten unter der Aufsicht der Oberstvorsteherin zu St. Pölten ab dem 13. Mai ein Internat und eine Tagesschule zu führen, wobei *keine andere Jugend aufgenommen werden könne, welche nicht von uns selbsten benennet seyn, ... jedoch sollen hierzu die Convertiten Kinder Vorzug haben.* Das Kaiserhaus stiftete auch Kapital zum Unterhalt von acht Mädchen.[94] Im Jahre 1777 übersiedelte man in das von Kardinal Migazzi zur Verfügung gestellte Theresianum nach Waitzen und durch Vermittlung Kaiser Josephs II. am 15. August 1787 schließlich in das 1785 aufgehobene Dominikanerkloster zu Pest.[95]

Dem St. Pöltner Institut hätte sich aber bereits im Jahre 1763 die Möglichkeit einer Ausbreitung geboten, als die Regierung die Bitte stellte, das Haus zu Günzburg, das 1758 von Augsburg aus gegründet worden und bereits in tiefe Schulden geraten war, durch einen finanziellen Beitrag zu unterstützen und gegebenenfalls zu inkorporieren. 1768/69 wurde Katharina von St. Julien konkret die Oberdirektion sowohl über das Haus in Günzburg als auch über jenes in Meran angetragen. Kaiserin Maria Theresia spielte mit dem Gedanken, das Institut zu Meran aus der Abhängigkeit der Münchner Oberstvorsteherin zu

nehmen. Der Plan scheiterte letztendlich am Widerstand der St. Julien, deren Bedenken vor allem in Richtung der zu erwartenden Unkosten gingen.[96]

Die Regierung von Joseph II., dem Sohn der 1780 verstorbenen Kaiserin, war von tiefgehenden und umfassenden Reformen geprägt, die auch das kirchliche Leben in St. Pölten beeinflussten. 1782 wurde das Kloster der Karmelitinnen aufgehoben, einige Besitztümer desselben fanden daraufhin ihren Weg in das Haus der Englischen Fräulein.[97] 1782 war aber auch insofern ein für die Gesellschaft bedeutsames Jahr, als Papst Pius VI. am 22. April auf der Rückreise von seinem Besuch beim Kaiser in St. Pölten Station machte, um in der Institutskirche das Allerheiligste anzubeten.[98] Das Haus selbst blieb von den josephinischen Klosteraufhebungen verschont, wurde es doch durch die Führung der Schulen als eine dem Staat nützliche Einrichtung angesehen. Joseph II. hatte auch mehreren Instituten der Englischen Fräulein einen Besuch abgestattet, so dem St. Pöltner am 24. Mai 1761, dem Institut in Waitzen 1784 und der neuen Unterkunft im Prager Karmeliterkloster 1785.[99] Zu den letzten Verfügungen vor seinem Tod gehörte in diesem Sinne eine Anweisung auf Unterstützung der Institutshäuser in Krems und Prag.[100]

Katharina von St. Julien starb am 5. Februar 1784 und wurde als letztes Mitglied der Englischen Fräulein in der Gruft bestattet, da kurz nach ihrem Tod zwei kaiserliche Dekrete eine Beerdigung innerhalb von Städten verboten haben. Sie sorgte während ihrer 36-jährigen Amtszeit nicht nur für das Wohl ihres eigenen Hauses, indem sie außer den genannten baulichen Maßnahmen zahlreiche Kirchengeräte und Messgewänder anschaffte, Ablässe erneuerte oder neue Festtage einführte, sondern widmete sich mit gleicher Sorgfalt den Töchterinstituten in Krems und Prag.[101] Für diese Tätigkeiten war natürlich eine große Summe an Geld notwendig, die zum Großteil durch Spenden und diverse Stiftungen akquiriert wurde.[102] Eine wichtige Errungenschaft der Oberstvorsteherin war in diesem Zu-

88 Festschrift Englische Fräulein 1905, 21. • IAStP, HA6 C13.

89 Auch hier haben besondere Umstände zum Kauf geführt: So habe die Institutskirche von dieser *anrainenden Behausung sehr viel Ungemach zu leiden, da bei dem Seitenaltar und Oratorium der Unrat durch die Mauern schlagt, auch wegen dünner Mauern jedes Wort und Kindergeschrei zur Zeit des Gebetes und unserer geistl. Übungen gehört wird.* Vgl. IAStP, HA6 C8.

90 Zwei Rechnungsbücher gewähren einen guten Einblick in die einzelnen Bauphasen: IAStP, G 1a und 1b.

91 Ausst.-Kat. Schallaburg 1981, 12f.

92 IAStP, IIE 1b 18f. Die Wertschätzung von Seiten Maria Theresias ist wohl dadurch zu erklären, dass die Mutter der Aloisia Scherfenberg oberste Hofmeisterin am kaiserlichen Hof war.

93 IAStP, IA 1b. Den Wortlaut der Widmung siehe Kat. Nr. 12.

94 IAStP, HA15 E4.

95 IAStP, IA 1b. • Ausst.-Kat. Schallaburg 1981, 14.

96 IAStP, HA3 B6 und HA15 E5.

97 So die Statuen der Hll. Joseph und Theresia sowie eine lebensgroße Figur der Muttergottes. Vgl. Festschrift Englische Fräulein 1905, 35f.

98 Festschrift Englische Fräulein 1905, 36–38. Ein roter Marmorstein links im Presbyterium erinnert noch heute an diesen Besuch (siehe Kat. Nr. 21).

99 Ausst.-Kat. Schallaburg 1981, 15.

100 IAStP, IA 1b.

101 Im Gedenkbuch I des Institutes findet sich eine Eintragung über die Ausgaben, die Katharina von St. Julien während ihres Amtes für diese Häuser gemacht hat: So betrugen die Kosten für das St. Pöltner Institut insgesamt 56 500 Gulden; davon hat das Mitterbach'sche Haus 9000 Gulden, das Reisingerhaus mit dem Bau der Kirche und der Einrichtung 22 000 Gulden verschlungen; die Renovierung des Lilienhofes belief sich auf 4000 Gulden, der Bau eines Kanals im Institutsgarten auf 1000 Gulden. Für das Kremser Haus mussten jährlich 3000 Gulden *Mundhalt* gegeben werden; es erhielt außerdem einen Brunnen um etliche 100 Gulden. Das Prager Haus wurde mit 8100 Gulden unterstützt. Dahingegen war für die Instandhaltung der ungarischen Gründung nichts beizusteuern, da zum einen der Aufenthalt der Fräulein dort nur sieben Jahre währte, zum anderen das Schloss nicht Eigentum des Institutes war, und daher die ungarische Hofkammer für eventuelle Schäden an der Kirche, der Wasserleitung oder dem Gebäude aufzukommen hatte.

102 Zu nennen ist an dieser Stelle die Stiftung der Franziska Antonia von Engelshofen, die der Maria Anna von Kirchberg eine lebenslängliche Nutznießung von 4000 Gulden Kapital zusprach; nach deren Tod aber sollte davon bei den Englischen Fräulein oder auch einem anderen Frauenkloster eine Stiftung errichtet werden, um von den jährlichen Zinsen ein armes Fräulein aus dem Geschlecht der Kirchbergerischen oder Engelshofischen bis zu einer Standesveränderung zu erhalten. Vgl. IAStP, HA2 B1, aber auch HA9 D1.

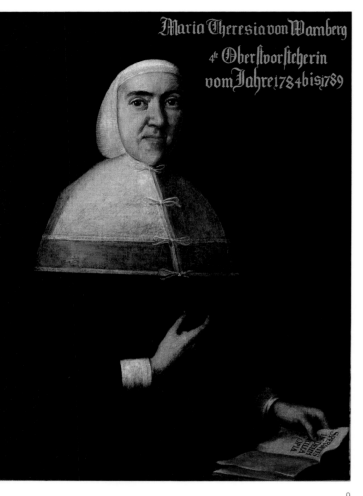

sammenhang der Erwerb der gesetzlichen Erbfähigkeit von Mitgliedern des Englischen Institutes durch ein Hofdekret vom 21. Mai 1774: Die einzelnen Personen der vier Stiftshäuser in St. Pölten, Krems, Prag und Ofen wurden von den bestehenden Amortisationsgesetzen ausgenommen und in Folge dessen *aller Acquisitionen per actus inter vivos et mortis causa sowohl ab intestato als ex testamento mit alleiniger Ausnahme einer Erwerbung quoad immobilia* – das bedeutet Herrschaften, Häuser oder Grundstücke – fähig.[103]

Katharina von St. Julien hatte noch vor ihrem Tod die gebürtige Niederländerin Theresia von Wamberg, deren Vater als Hauptmann in kaiserlichen Diensten gestanden und die 1743 in St. Pölten aufgenommen worden war, bis zur Wahl einer neuen Oberstvorsteherin als Generalvikarin bestimmt. Diese wurde dann auch am 7. Juli 1784 in Gegenwart von Bischof Ernst Grafen Herberstein gewählt.[104] Ihre kurze Amtszeit war von kirchenpolitischen Veränderungen – man denke nur an die Vielzahl josephinischer Reformen –, insbesondere aber der Aufhebung des Augustiner-Chorherrenstiftes und der Errichtung eines Bistums in St. Pölten im Jahre 1785 geprägt.[105] Die finanzielle Situation des Institutes dürfte zu dieser Zeit Grund zur Sorge gegeben haben: So suchte man im November 1784 um eine Verminderung der bei einer Wahl zu entrichtenden Taxen an; die Erhaltung der beiden Häuser in Krems und Prag würde zu viele Kosten verursachen. In der Folge wollte man das Haus in Krems sogar verkaufen und dessen Mitglieder nach St. Pölten versetzen,[106] da man diese ohnehin zur Erziehung der adeligen Internatsschüler benötigen würde.[107] Der vermehrte Bedarf an Lehrerinnen in St. Pölten dürfte mit dem 1775 gegründeten Theresianischen Offizierstöchterinstitut in Zusammenhang stehen, dessen Zöglinge den Unterricht bei den Englischen Fräulein besuchten.[108]

Theresia von Wamberg starb am 4. März 1789 und überließ ihrer Nachfolgerin, Franziska von Hayden zu Dorff, die Aufgabe, das Institut über die Jahrhundertwende und durch die Wirren der Napoleonischen Kriege zu führen.

9 **Porträt der Oberstvorsteherin Maria Theresia von Wamberg (1784–1789)**

10 **Oberstvorsteherin Franziska von Hayden zu Dorff mit Ansicht des Kremser Institutes; aquarellierte Federzeichnung, Gratulationsbillet vom 25. November 1800**

Einige Aspekte zum Leben der Englischen Fräulein in St. Pölten

Das Institut der Englischen Fräulein in St. Pölten stand zunächst unter der Leitung einer Hausoberin, die aber de facto die gleichen Rechte wie die Oberstvorsteherin in München ausübte – bis 1742 dieser Status durch die Schaffung eines eigenen österreichischen Generalates legitimiert wurde. Der Oberin gebührte Respekt und Gehorsam von Seiten der Mitglieder, sie nahm die Verteilung der geistlichen und weltlichen Hausämter vor und konnte beliebig Personen in andere Häuser verschicken oder aus anderen annehmen. Sie war zuständig für die Führung der Ökonomie, die Aufnahme von neuen Mitgliedern sowie die Verwaltung des Internats. Wichtigere Angelegenheiten sollte sie gemeinsam mit ihrer Stellvertreterin, der Ministerin, und zwei weiteren, der älteren Generation zugehörigen Fräulein beraten. Immer jedoch mussten der zuständige Kommissar als geistlicher Vertrauter und das bischöfliche Konsistorium über die Ereignisse im Institut benachrichtigt werden.[109]

Die für jedes Englische Haus typische Gliederung in verschiedene Klassen wurde von der Societas Jesu, an dessen Regeln man sich bei der Konstituierung des Institutes orientiert hatte, übernommen. Anders jedoch als bei den Graden der Jesuiten, die von den Fähigkeiten und der Einsetzbarkeit der Mitglieder abhingen, wurde bei den Englischen Fräulein die Zugehörigkeit zu den einzelnen Klassen von deren gesellschaftlichem Stand bestimmt. So bildeten Angehörige des Adels den ersten Grad und wurden »Fräulein« genannt, die des Mittelstands gehörten zum zweiten Grad der »Jungfrauen«, die Mitglieder des dritten Grades hießen hingegen einfach »Schwestern«.[110] Obwohl die Gründergeneration von St. Pölten mit Theresia Grasmanin wohl über eine solche Laienschwester verfügte, hat die erste Oberin Maria Anna von Kriechbaum den Quellen gemäß diese Klasse später aufgehoben – die Gründe

dafür liegen im Dunkeln. In Folge musste das Institut zur Erledigung der anfallenden Arbeiten Dienstmädchen gegen Entgelt einstellen, was die Motivation der Kriechbaum für eine derartige Änderung noch unerklärlicher erscheinen lässt.[111] Jedenfalls wurden die Hausämter entsprechend den beiden Graden vergeben: Die Fräulein sollten *die Jugend underrichten und den vornehmsten Ämbtern des Institutes vorstehen*, die Jungfrauen hatten sich neben der Hausarbeit und anderen Ämtern ebenfalls dem Unterricht zu widmen.[112]

Die Erziehung der weiblichen Jugend war ein wichtiger Punkt im Rahmen der ursprünglichen Zielsetzungen des Institutes, nämlich der Ausbreitung des katholischen Glaubens durch Dienste der christlichen Liebe an den Nächsten.[113] Die Englischen Fräulein übernahmen gewisse Funktionen im Schulbetrieb, wobei generell zwischen der Tagesschule für die Stadtkinder und der Kostschule für die vorwiegend adeligen Mädchen unterschieden wurde. Beiden Formen stand jeweils eine Schulpräfektin vor. Die Unterrichtsgegenstände wurden von sogenannten »Meisterinnen« – heutigen Fachlehrerinnen – besorgt und umfassten neben der Religionslehre als wichtigstem Fach auch Lesen, Schreiben, Rechnen und Handarbeiten. Die Internatsschülerinnen, die ein jährliches Kostgeld zu bezahlen hatten, bekamen zusätzlich Unterricht in der französischen Sprache, in Nähen und Sticken, in Zeichnen, in Geschichte und Geographie, in Gesang und Tanz. Auch Latein dürfte zumindest noch in der 1. Hälfte des 18. Jahrhunderts gelehrt worden sein. Im Jahre 1784 plante man überdies eine Einführung der Kostjugend in die »weibliche Ökonomie und Haushaltungskunst«: Die Zubereitung und Behandlung von Flachs sollte dabei ebenso Beachtung finden wie die Führung ökonomischer Rechnungen und die Aufzeichnung der erlernten Haushaltungskenntnisse in besondere Bücher. Da

103 IAStP, HA5 C1. • DASP, Pfarr- und Klosterakten, Englische Fräulein. 1805 wurde diese Erbfähigkeit auf das ganze Institut ausgedehnt. Vgl. auch IAStP, HA9 D1.

104 IAStP, IIE 1b fol. 12 und IA 1b.

105 Der Bischof von St. Pölten übernahm dementsprechend die Jurisdiktionsgewalt über die Englischen Fräulein.

106 Da sich in Krems kein einziges Kostfräulein befand, würde der Zweck des Institutes, nämlich die Erziehung des jungen, weiblichen Adels, nicht erfüllt werden; außerdem könnten die Mädchen der äußeren Schule ebensogut von der öffentlichen Normalschule übernommen werden. Krems erhielt erst im Jahre 1800 ein eigenes Internat. Die Regierung reagierte übrigens nicht auf dieses Ansuchen; es wurde lediglich die Bezahlung der Taxe nachgesehen. Vgl. IAStP, HA2 B4.

107 Das Personal bestand 1783 aus 27 Englischen Fräulein; vgl. IAStP, HA6 C7.

108 Festschrift Englische Fräulein 1905, 294. • IAStP, SchA 1 und HA13 D4. Dieses Institut wurde 1786 von Kaiser Joseph II. nach Hernals bei Wien verlegt.

109 DASP, Pfarr- und Klosterakten, Englische Fräulein.

110 Wright, Mary Wards Institut, 2004, 84f.

111 Die Institutsmitglieder bemängelten in diesem Zusammenhang vor allem die Tatsache, dass durch diese *weltlichen Menscher ... unser ganzes Thun und Lassen unter die Weltleut passieren mues.* IAStP, HA1 A2. • DASP, Pfarrarchiv Krems, Klöster 4.

112 DASP, Pfarrarchiv Krems, Klöster 4. Das Amt einer Oberin war beispielsweise nur der adeligen Klasse vorbehalten. Einige der prädestinierten Hausvorsteherinnen mussten dementsprechend vor ihrer Wahl noch in den Adelsstand erhoben werden, wie etwa Maria Mariacher von Friedensstern für Santa Croce oder Ludmilla Mally für Prag.

113 Wright, Mary Wards Institut, 2004, 40 und 46.

Englisches Fräulein Stift in St Pölten.

11

11 **Ansicht des Institutsgebäudes der Englischen Fräulein in St. Pölten, kolorierte Lithographie aus: Frast, Kirchliche Topographie, 1828**

das Institut über eine eigene Küche verfügte, sollten die Mädchen auch das Backen, Waschen, Schlachten, Einsalzen und Räuchern erlernen; der Hausgarten würde sich darüber hinaus für den Anbau von Gemüse eignen.

Hinsichtlich der Organisation des Internats ist noch anzumerken, dass zwei »Kammermeisterinnen« je einer »Kammer« von 10 Kostfräulein zugeteilt waren und über diese Aufsicht zu führen, besonders aber für deren Verpflegung zu sorgen hatten. Diese bestand – nach einem Verzeichnis des beginnenden 19. Jahrhunderts – aus einer Suppe mit Mehlspeise am Morgen, fünf Speisen zu Mittag, drei Speisen am Abend, einer Semmel zur Jause und Obst im Sommer. Die Kostfräulein wurden auch mit Beleuchtung und Beheizung, mit Wäsche und bei Krankheiten mit einem Medikus versehen.[114]

Neben der Funktion als Lehrerinnen zählten noch folgende Aufgabenbereiche zu den Tätigkeiten der Englischen Fräulein: Arbeiten im Hauswesen, in der Küche, in der Sakristei, an der Pforte, im Keller, in der Wäschekammer sowie bei den Novizen.

Die Novizenmeisterin hatte sich – wie der Name schon sagt – um die neu eingetretenen Mitglieder des Englischen Institutes zu kümmern. Das Noviziat dauerte zwei Jahre, doch sollten die Fräulein nach der Profess noch weitere drei Jahre unter der Aufsicht der Novizenmeisterin leben. Einige junge Frauen, die im 18. Jahrhundert in St. Pölten eingetreten waren, hatten auch die dortige Kostschule besucht; die Einflussnahme von Seiten der Erzieherinnen war in dieser Hinsicht aber nicht groß und vermutlich auch nicht gewollt. Die Aufnahme von Kandidatinnen erfolgte mit Einwilligung der ganzen Gesellschaft, wobei eine Befragung von Seiten des jeweiligen Kommissars vorgesehen war.[115] 1713 verfügte das Passauer Konsistorium, eine Aufnahme nur gegen *eine proportionirte Dotem von wenigst 2 bis 3000 fl.* zu genehmigen, und *ohne solch ausgewisenes Capital nit leuchtlich aine angenomen werde, es were dann Sach, daß ein Subjectum sich anmeldete, deren Particular Wissenschaften, Tugenten und Qualitäten den Abgang der Mitteln ersezeten oder aber … ein Disgusto des kayserl. Hofs oder einiger vornehmen Familien und Wohlthätter zu besorgen were.*[116]

Bei einem Eintritt in die Gemeinde der Englischen Fräulein mussten die drei einfachen Gelübde der Armut, des Gehorsams und der Keuschheit abgelegt werden, die aber nur so lange verbindlich waren, als die jeweilige Person im Institut verblieb. Demzufolge konnte man *aus erheblichen Ursachen* und mit bischöflichem Konsens wiederum aus dem Haus austreten bzw. hatte die Oberstvorsteherin das Recht, Personen *wegen grossen Verbrechen* aus dem Hause zu verstoßen. Daher sollte bei der Aufnahme einer Novizin *zu Verhietung aller Weithläuffigkeit und gerichtlichen Behölligungen* ein Vertrag über die bei einem eventuellen Austritt dem Institut zu verbleibende Summe geschlossen werden.[117]

Der Fall der Johanna Fabrizi, die 1726 das St. Pöltner Haus verlassen wollte, dokumentiert auf anschauliche Weise die möglichen Beweggründe eines Austritts und die damit verbundenen gegenseitigen Beschuldigungen und gibt nicht zuletzt Einblicke in die resolute Amtsführung der Maria Anna von Kriechbaum.[118]

Die einfachen Gelübde galten nur für die Dauer des Aufenthalts im Institut, um den Englischen Fräulein die Rückkehr in die Welt nicht zu erschweren.[119] Auch bei der Versetzung in ein anderes Haus wurde man aus den Gelübden entlassen – wie der Fall der Charlotta von Rosen verdeutlicht, die 1721 nach München geschickt werden sollte.[120] Der Grund dafür lag in verbotenen Korrespondenzen mit dem Propst von St. Pölten. Dies führt uns zu dem schon erwähnten Amt eines Kommissars, das bis zur Aufhebung des Augustiner-Chorherrenstiftes St. Pölten vorwiegend der dortige Propst inne hatte. Nach der Gründung des Bistums St. Pölten im Jahre 1785 übernahm Eusebius Uhlich, Dechant und Dompfarrer, diese Funktion.[121] Der Kommissar sollte den Englischen Fräulein in

114 IAStP, IIE 1b, HA1 A5, HA3 B6, HA7 C14 und SchA 1. Bei der Stiftung des ungarischen Hauses 1770 wurde gemäß den beiden gesellschaftlichen Graden der Englischen Fräulein auch innerhalb des Internats eine Unterscheidung zwischen Kindern der ersten und zweiten Klasse gemacht, je nach der Höhe der jährlichen Unterhaltskosten; IAStP, HA15 E4.

115 Dieses »gewöhnliche Examen« umfasste Fragen zur Person und zu den Beweggründen des Eintritts und sollte die Fähigkeit zu einem geistlichen Leben überprüfen. Das Examen wurde auch vor der Profess durchgeführt; vgl. IAStP, HA3 B5.

116 DASP, Pfarr- und Klosterakten, Englische Fräulein. Die in den Quellen angegebenen Dotierungen reichen von 1500 bis 10000 Gulden; vgl. IAStP, HA2 A8.

117 DASP, Pfarr- und Klosterakten, Englische Fräulein. In den meisten Fällen dürfte man sich gütlich geeinigt haben, doch hat das Institut im Laufe der Zeit durch die Rückzahlungsforderungen anscheinend finanzielle Einbußen erlitten, da viele Mitglieder das Kapital, das sie bei der Aufnahme übergeben hatten, bei einem Austritt zurückverlangten. Vgl. IAStP, HA2 A12.

118 Johanna Fabrizi hatte schon bei Ablegung der Profess nicht den Wunsch verspürt, im Institut zu verbleiben; später verstärkten sich ihre Bedenken besonders hinsichtlich des Gelübdes der Keuschheit. Die Oberin aber überredete sie mit Versprechungen und Schmeicheleien zum Bleiben; diese hätte in der Folge ihre Beichten gelesen, sodass man über ihren innerlichen Zustand Bescheid wusste. Neben allerlei Kränkungen verweigerte man ihr zunächst einen außerordentlichen Beichtvater, und als sie einen solchen bekommen hatte, wurde ihr ein Liebesverhältnis mit jenem angedichtet. Nach dem Verlassen des Hauses wurde sie von ihrem Beichtvater zurückgeführt, doch als sie die Oberin um Verzeihung bat, wurde sie von dieser zurückgewiesen und aus dem Institut verstoßen. Maria Anna von Kriechbaum bestritt diese Vorwürfe: Abgesehen davon, dass sie noch nie ein Mädchen aus der Kostschule zum geistlichen Stand überredet hätte, habe sie weder die Beichten der Fabrizi gelesen noch darüber geurteilt; sie habe sie auch nicht mit scharfen Worten abgewiesen, sondern ihr in Anwesenheit von zwei weiteren Fräulein nur kurz ihre Fehler vorgehalten. Sie habe Johanna Fabrizi außerdem zweimal gefragt, ob sie nicht doch bleiben wolle, worauf diese nach Windhaag zu gehen wünschte. Daraufhin habe sie einen Fuhrmann bestellt und ihm das Fuhrgeld bis dorthin bezahlt. Maria Anna von Kriechbaum kannte auch keine Alternative zu einem Rauswurf: Weder waren in St. Pölten oder Krems Kerker für solche Situationen vorhanden noch konnte sie Johanna Fabrizi in geistlichen oder weltlichen Kleidern im Institut behalten, da dies einen Aufruhr zur Folge gehabt hätte; desgleichen wäre es ihr unmöglich gewesen, sie zu den Kostkindern zu stecken. Die ganze Angelegenheit siehe IAStP, HA2 A12.

119 IAStP, HA2 B4 und HA3 B6. • DASP, Pfarr- und Klosterakten, Englische Fräulein.

120 IAStP, HA3 B5.

121 IAStP, HA3 B5. Die weitere Entwicklung dieses Amtes konnte im Rahmen des vorliegenden Beitrages nicht verfolgt werden.

Stellvertretung des Bischofs *in allen besonderen geistl. vorfallenten Begebenheiten an die Handt* gehen und ihnen in ihren *Beschwerden, Zweiffln und Anfragen* zur Seite stehen; nach Meinung der Oberin Maria Anna von Kriechbaum waren diese Befugnisse nur auf das Examen einer Novizin und die Profess beschränkt. Der damalige Propst, Johann Michael Führer, war aber des öfteren in das Institut gekommen, um *ein so anderen betrangten Gemüth und Schwachheit oder auch Tugend-Beförderung entweder mündlich oder auch schriftlich wider meine Gelegenheit und Naigung zu Hilff zu komen*, was zu heftigen Protesten von Seiten der Oberin führte. Die zuweilen schriftlichen Anfragen der Fräulein wären eine *wider das Institut lauffente Correspondentz und eine entweder wider das Haus gepflogene Verschwärjung oder der Gubernation einer Frau Oberin zuwider angestölte Volmacht*. Diese Unstimmigkeiten, die den Propst dazu veranlassten, an die Zurücklegung seines Amtes zu denken,[122] wurden später in einem Kompromiss beigelegt.[123]

Der bischöfliche Kommissar hatte auch den Beichtvater für das Institut zu stellen, viele Jahre lang versah der Dechant des Chorherrenstiftes diese Aufgabe. Die Englischen Fräulein hatten aber gemäß ihrer Gewohnheit auch das Recht, mit Erlaubnis des Kommissars und der Oberin einen fremden Beichtvater zu wählen.[124]

Die Gottesdienste in der Institutskirche wurden von den Chorherren, an Sonn- und Feiertagen von den Franziskanern gehalten.[125]

Die Verbindung der Englischen Fräulein zum Chorherrenstift war vermutlich mit ein Grund, dass Maria Anna von Hörwarth im Jahre 1712, als die Institutsgruft noch nicht fertig gestellt war, im Kreuzgang des Stiftes beerdigt wurde.[126]

Da das Institut der Englischen Fräulein kein Orden im kanonischen Sinne war, galten für dessen Mitglieder beschränkte Regeln hinsichtlich der Klausur. Das Ausgehen – etwa zu einem Spaziergang oder zum Besuch der Kirche – sollte jedoch nicht ohne Erlaubnis der Oberin geschehen. Der Kontakt zu männlichen Personen, ausgenommen den Beichtvätern oder dem Arzt, war außerhalb der Pforte nicht gestattet. Das Verlassen der Stadt musste dem bischöflichen Ordinariat mit Angabe der Ursache gemeldet werden.[127]

Ein letzter Punkt soll nähere Einblicke in die Wahl einer Oberin bzw. Oberstvorsteherin in St. Pölten geben. Nach dem Tod einer solchen musste zunächst das bischöfliche Konsistorium benachrichtigt werden, welches eine einstweilige Vorsteherin bestimmte und die Verhängung der Sperre in spiritualibus anordnete; später wurden diese sogenannten Generalvikarinnen von den Oberinnen noch vor deren Ableben selbst ernannt. Die niederösterreichische Regierung hatte die Erlaubnis zu einer Wahl zu geben, bei der neben Vertretern derselben auch ein bischöflicher Wahlkommissar anwesend war. Sobald ein Wahltag festgesetzt worden war, wurde dieser an die wahlberechtigten Englischen Fräulein aller untergebenen Häuser, jene also, die bereits die Profess abgelegt hatten, bekannt gegeben. Sollten einige Fräulein an der Wahl nicht persönlich teilnehmen können, mussten sie den anderen ihr schriftliches Votum verschlossen mitgeben. Nach der Wahl, die in den meisten Fällen mit Stimmzetteln vorgenommen wurde, bekam die neue Oberin einen Ring als Symbol der Vermählung mit dem Institut und dessen Mitgliedern sowie einen Schlüssel als Symbol der Verwaltung. Zuletzt wurden alle Fräulein angewiesen, der im Sessel sitzenden Oberin den Gehorsam anzugeloben.[128]

Das 18. Jahrhundert war für die Englischen Fräulein in St. Pölten eine bedeutende Periode, die in besonderer Weise von den vielfältigen Tätigkeiten der Oberinnen Maria Anna von Kriechbaum, Karoline von Asseburg und Katharina von St. Julien geprägt war. Sie förderten das Institut und seine Mitglieder mit den ihnen zur Verfügung stehenden Mitteln sowohl in geistlicher als auch in materieller Form und trugen damit wesentlich zu deren weiterer Entwicklung bei.

122 Johann Michael Führer beschreibt an dieser Stelle die Qualitäten eines zukünftigen Kommissars: Er müsste *zu einer leichten und öffteren Recursu entweder zu St. Pölten oder aber nicht weit davon wohnen und nebst einer wohlgegrünthen Pietet ein gelehrter, noch mehr aber beschaidener, in geistlichen Sachen et discretione spirituum wohl erfahrner, über dises unverdrossen mit überflissiger Zeit versehener Man und Geistlicher seyn, ohne Forht und zeitlichen Absehen, doch nicht (wan es thunlich) ohne adelichen Prädicat und villeicht freygöbig vermöglichen Handt.*

123 In einem Schreiben an die Oberin gesteht ihr der Propst die volle Autorität über ihre Untergebenen zu, stellt aber gewisse Bedingungen hinsichtlich seiner Besuche im Institut. Vgl. DASP, Pfarr- und Klosterakten, Englische Fräulein.

124 Im Fall der Johanna Fabrizi waren dies Jesuiten und Karmeliter. Nach der Aufhebung des Chorherrenstiftes stellte Bischof Johann Heinrich Kerens einen ehemaligen Jesuiten an; vgl. IAStP, HA3 B5.

125 IAStP, HA2 B1 und 2.

126 IAStP, IA 1b.

127 IAStP, HA1 A2 und HA14 E3. Vgl. auch Seite 12.

128 DASP, Pfarr- und Klosterakten, Englische Fräulein.

12 Historische Ansicht St. Pöltens von Süden,
   Aquarell von Johann Joseph Schindler, 1820

12

Kurzer Abriss der Geschichte der Congregatio Jesu (Englische Fräulein) in St. Pölten

Ingeborg Kapaun

Die Vorgeschichte

Mary Ward, die Stifterin der Congregatio Jesu, war 1585 in England in eine Familie hineingeboren worden, die trotz des staatlichen Drucks hartnäckig am katholischen Glauben festhielt. 1606 hatte sie ihre Heimat verlassen, um in St. Omer (heute in Frankreich) bei den Klarissen einzutreten – in den strengsten und abgeschlossensten Orden, den sie finden konnte. Aber Gott hatte sie auf verschlungenen Wegen dahin geführt, eine eigene Gemeinschaft zu gründen, die nach dem Vorbild und der Regel der Jesuiten mitten in der Welt apostolisch tätig sein sollte.[1]

Allerdings bemühte sie sich vergeblich um eine päpstliche Bestätigung. Sie gründete Häuser in St. Omer, Lüttich, Köln, Trier, Rom, Perugia und Neapel, und – nachdem die kirchlichen Behörden 1625 die italienischen Häuser geschlossen hatten – neue Niederlassungen in München, Wien und Bratislava. Ihre Schulen hatten viel Zulauf. Das Haus in Wien z. B. hatte bald über 400 Schülerinnen![2]

Doch Papst Urban VIII. hob trotz, – oder gerade wegen? – dieses offensichtlichen Erfolges im Jahre 1631 durch die Bulle *Pastoralis Romani Pontificis*[3] die Gemeinschaft dieser »Jesuitinnen« auf.

Denn nicht der Mädchenunterricht war es, der den Unwillen der Kirchenleitung hervorrief, sondern der Anspruch, eine geistliche Frauengemeinschaft zu gründen, die um der Seelsorge willen keine Klausur haben sollte.

Nach der Meinung der damaligen Theologen konnten Frauen, die als »schwach von Verstand und moralisch unzuverlässig« galten, keine Seelsorge ausüben, geschweige denn mitten in der Welt ohne den Schutz von Klostermauern ihre Tugend bewahren. Da das Konzil von Trient gerade wieder die strengste Klausur für alle Frauenorden eingeschärft hatte, erschien Mary Wards Ansinnen nicht nur überheblich, ja vermessen, sondern geradezu häretisch.

Entsprechend scharf und vernichtend lautete die päpstliche Bulle – wohl auch, um den Kurfürsten von Bayern und den Kaiser, die mächtigsten Förderer der Gemeinschaft, einzuschüchtern.

Mary Ward fügte sich dem Befehl zur Auflösung ihrer Werke, hielt jedoch an ihrem Auftrag fest und gab die Hoffnung auf eine zukünftige Bestätigung nie auf. Noch auf dem Totenbett – 1645 – mitten im Englischen Bürgerkrieg – be-

1 Zur Lebensgeschichte Mary Wards vgl. Peters, Mary Ward, 1991. • Immolata Wetter, Maria Ward, Augsburg 1991.

2 Peters, Mary Ward, 1991, 748.

3 Im vollen Wortlaut in Wright, Mary Ward's Institute, 1997, Appendix B, 190–193. • Oder in lateinischer Sprache in: Jakob Leitner, Geschichte der Englischen Fräulein und ihrer Institute, Regensburg 1869, Beilage Nr. 14, 761–767.

4 Maria Theodolinde Winkler, Maria Ward und das Institut der Englischen Fräulein in Bayern, München 1926, 21–36. • Wright, Mary Ward's Institute, 1997, 44–52.

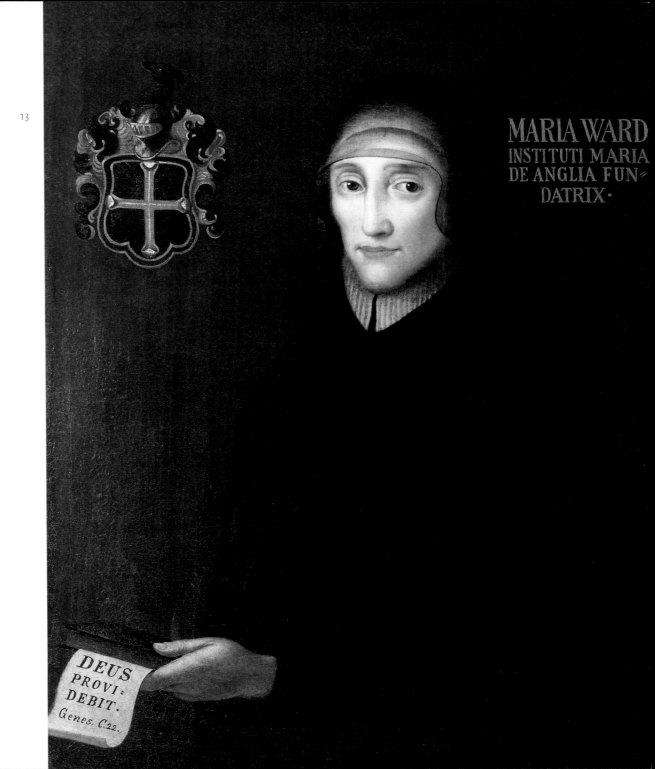

13 Bildnis der Mary Ward mit Wappen und Wahlspruch *Deus providebit;* vermutete Kopie (um 1900) eines nicht erhaltenen Porträts

MARIA WARD
INSTITUTI MARIA
DE ANGLIA FUN-
DATRIX ·

DEUS
PROVI-
DEBIT.
Genes. C.22.

schwor sie ihre Gefährtinnen, ihrer Berufung treu zu bleiben und ihre Lebensweise fortzuführen.

Zunächst aber schien alles zu Ende zu sein. Der junge Baum des Institutes war durch die Bulle an der Wurzel abgeschnitten worden. Doch die Wurzel war voller Lebenskraft. Ihre Gefährtinnen – die wenigen, die bei ihr ausgeharrt hatten – hielten durch: Das Unterrichten war ihnen in der Bulle nicht verboten worden, und Kurfürst Maximilian von Bayern ließ ihnen das Haus in München und sorgte für ihren Unterhalt.

So blieben sie beisammen, auch wenn sie 50 Jahre lang keinen rechtlichen Status und keinen Namen hatten. Sie waren einfach »die Engländerinnen« – eben die »Englischen Fräulein«. Sie sorgten für die vielen Waisenkinder, die der 30-jährige Krieg zurückgelassen hatte, unterrichteten unentgeltlich die Bürgermädchen und führten ein Pensionat für adelige Töchter. Und trotz ihrer völlig ungesicherten Situation schlossen sich immer wieder junge Frauen der Gruppe an, sogar neue Niederlassungen konnten gegründet werden: Augsburg 1662, Burghausen 1680 und Mindelheim 1701.[4]

Endlich 1703 bestätigte Papst Clemens XI. durch das *Breve Inscrutabili*[5] – nicht die Gemeinschaft selbst, aber doch die so genannten »81 Regeln«[6]. Diese waren allerdings ein recht verkürzter Auszug aus verschiedenen jesuitischen Texten, weit entfernt von der kühnen Vision Mary Wards.

Von Seelsorge für Erwachsene war nicht mehr die Rede. Aber es blieb als zentrale Aufgabe die Jugenderziehung. Die Englischen Fräulein wollten für Mädchen und Frauen das tun, was die Jesuiten für die Knaben schon seit über 150 Jahren taten: ihnen eine gründliche Bildung vermitteln, damit sie in Kirche und Gesellschaft *nicht nur Zuschauerinnen sein, sondern selbst etwas in die Hand nehmen*[7] könnten, wie sie es bereits am Anfang des 17. Jahrhunderts in einer *Kurzen Erklärung* der Institutsziele formuliert hatten.

Das *Institut Mariä* war zwar nach dem damaligen Kirchenrecht kein Orden, aber eine *geistliche Versammlung*, und die *Fräulein* durften zumindest einfache Gelübde ablegen, obwohl sie auf die Klausurfreiheit nicht verzichtet hatten. Nach 1703 breitete sich die Gemeinschaft, die offenbar einem echten Bedürfnis entgegenkam, schnell im ganzen süddeutschen Raum aus – und bald noch weit darüber hinaus.

1706 – Die Anfänge in St. Pölten

Die erste Gründung nach der päpstlichen Approbation der Regeln – nach langen Verhandlungen zwischen der Generaloberin Anna Barbara Babthorpe, dem Bischof von Passau, Graf Lamberg, und den Stadtvätern – entstand in St. Pölten.[8] Warme Unterstützung fand das Projekt durch einige adelige Damen, vor allem durch die Gräfin Kiesel, die das erste Haus schenkte, und natürlich durch den Bruder der ersten Oberin, Maria Anna von Kriechbaum, Hans Jakob, der als Vizestatthalter der Niederösterreichischen Regierung großen Einfluss hatte. Auch Kaiser Joseph I. unterstützte das Beginnen. Als typischer absoluter Herrscher verlangte er allerdings, dass das St. Pöltner

Haus von Bayern unabhängig und seinerseits das Mutterhaus für alle Häuser in der Monarchie sein sollte.

Dies führte dann beim Tod der Oberin Kriechbaum 1739 zu einer schweren Krise. Viele Mitglieder, denen die kaiserliche Bedingung nicht bekannt war, fühlten sich der Münchner Generaloberin verpflichtet, in deren Hände sie einst ihre Gelübde abgelegt hatten. Sie wollten nur eine von ihr eingesetzte Oberin anerkennen, denn sie wollten an der einheitlichen Leitung des Gesamtinstitutes festhalten, so wie Mary Ward diese gewünscht hatte.

Schließlich appellierte man an den Papst – damals war das Benedikt XIV. –, der 1742 mit dem Reskript *Exponi nobis* im Sinne der absoluten Fürsten entschied: Die Oberin des St. Pöltner Hauses sollte Generaloberin aller Häuser in der Monarchie sein, unabhängig von der Generaloberin in München.[9]

Das St. Pöltner Generalat

Gründungen im 18. Jahrhundert

Damit war Mary Wards Intention, so wie die Jesuiten eine Generaloberin für das Gesamtinstitut zu haben, zunichte gemacht – ab jetzt gab es zwei verschiedene Zweige.

Aber der zweite Zweig erwies sich als genauso lebenskräftig wie der erste.

In St. Pölten führte man seit Jänner 1707 eine unentgeltliche Tagschule für die Bürgermädchen und zumindest seit 1711 auch eine »Kostschule« für Töchter des Adels.[10] Noch im 18. Jh. entstanden vier neue Niederlassungen: 1722/25 noch unter Maria Anna v. Kriechbaum Krems[11], unter ihrer Nachfolgerin Karoline von Asseburg im Jahr 1747 Prag[12], und unter Maria Katharina Gräfin von St. Julien – auf ausdrücklichen Wunsch der Kaiserin Maria Theresia – Budapest im Jahre 1770[13].

Dazu kam Rovereto[14], welches seine Entstehung eigentlich dem Kaiser Joseph II. »verdankt«. Joseph, der so viele Klöster aufhob, war den Englischen Fräulein, diesen »nützlichen Wei-

14 **Ansicht der Institutsfassade in der Linzer Straße, Lithographie von Heinrich Ferstler, 1847**

5   13. Juni 1703, Breve Clemens XI. *Inscrutabili*. Vgl. Wright, Mary Ward's Institute, 1997, Appendix C, 194f.

6   Handschriftlich und gedruckt im Archiv der Congregatio Jesu, St. Pölten.

7   *Brevis Declaratio*, lateinische Handschrift im Archiv des Generalats der Congregatio Jesu, Rom. Hier zitiert nach Lopez, Mary Ward, Dokument Nr. 6. §7, D34.

8   Die Stadt Krems, wo wegen der Nähe zu den Jesuiten zuerst eine Gründung geplant war, hatte abgelehnt.

9   Wright, Mary Ward's Institute, 1997, 68f.

10   Aus diesem Jahr datiert ein Vertrag mit den niederösterreichischen Ständen über die Stiftung von sechs Freiplätzen für mittellose adelige Fräulein. IAStP, Schularchiv 1/1, Vertrag vom 3. bzw. 8. Dezember 1711.

11   Fritzer, 300 Jahre Englische Fräulein in Österreich, 2005, 50ff.

12   Festschrift Englische Fräulein 1905, 147ff.

13   Festschrift Englische Fräulein 1905, 167ff.

14   Festschrift Englische Fräulein 1905, 231ff.

bern«, wie er sie nannte, sehr gewogen. Er schenkte ihnen in Prag und Budapest die Häuser aufgelassener Orden, damit sie mehr und besseren Raum hatten, und er gestattete 1783 den Karmelitinnen in Santa Croce bei Rovereto nur, Haus und Schule zu behalten, wenn sie bereit waren, Tracht und Regel der Englischen Fräulein anzunehmen.

Allerdings verlangte er auch, dass sich diese an die staatlichen Schulgesetze hielten und den Vorschriften für »Normalschulen« entsprachen. Dies wurde zwar zuerst als Eingriff und Beschränkung der bisherigen Autonomie empfunden[15], war aber sicher ein wichtiger Anstoß, neue Entwicklungen des staatlichen Schulwesens stets wachsam aufzugreifen, die Ausbildung der Lehrerinnen ständig zu verbessern und in jeder Weise mit den öffentlichen Schulen Schritt zu halten, ja wenn möglich ihr Bildungsangebot zu ergänzen und zu verbessern.

Das 19. und die ersten Jahrzehnte des 20. Jahrhunderts

Diese Epoche war eine Zeit des Wachstums und des Aufbaus – aber auch der Krisen und Wagnisse, eine Zeit mutig genützter Chancen.

Der innere Ausbau der Schulen

Die Institutsschulen hielten mit der Entwicklung der staatlichen Schulen Schritt. Aus den Normalschulen wuchsen »Volksund Bürgerschulen«, die späteren Hauptschulen, hervor. Bald gab es auch schon »Kurse für Privatlehrerinnen«, und 1892 eröffnete man in Krems eine »Bildungsanstalt für Lehrerinnen«. Diese sollte vor allem die deutschsprachigen Institutshäuser der Monarchie mit Lehrkräften versorgen. Aber auch unzählige weltliche Lehrerinnen für ganz Niederösterreich und darüber hinaus wurden hier ausgebildet.

In St. Pölten gründeten die Schwestern 1911 die erste »Handelsschule« für Mädchen in dieser Region, und gleichzeitig war damals die Umwandlung der internen Bürgerschule in ein »Lyzeum« abgeschlossen. Lyzeen hatten nur sechs Klassen, und Latein war bloß ein Freigegenstand. Daher gewährte die erste Matura im Jahre 1910/11 den acht Maturantinnen noch keine volle Hochschulreife. Aber bereits 1921/22 wurde der Ausbau zu einem vollwertigen »Realgymnasium« begonnen. Seit 1875 hatte eine Schultype nach der anderen das Öffentlichkeitsrecht erworben und durfte staatlich anerkannte Zeugnisse ausstellen. [16]

Wachsende Geldnöte

Lange hatte man daran festhalten können, den Unterricht in den »Tagschulen« gratis zu erteilen. Nur die Internate hatten von Anfang an Kostgeld verlangt und waren daher zuerst auch nur von adeligen Mädchen besucht worden, bis das aufsteigende Bürgertum im 19. Jh. auch diese »eroberte«. Aber die Geldnot wurde immer bedrängender: die adeligen Gönner

15 Festschrift Englische Fräulein 1905, 177f.

16 Vgl. die Abschnitte über die Schulentwicklung bei Fritzer, 300 Jahre Englische Fräulein in Österreich, 2005.

17 Festschrift Englische Fräulein 1905, 73.

18 Festschrift Englische Fräulein 1905, 74ff.

19 Festschrift Englische Fräulein 1905, 76ff.

20 Zur Geschichte von Lodi und Vicenza vgl. Festschrift Englische Fräulein 1905, 83 sowie 85f.

21 Vgl. die Lebensbeschreibung von M. Mathilde Tischmann, Festschrift Englische Fräulein 1905, 332ff.

22 Vgl. *Ratio Instituti*, Archiv SJ Rom: Anglia 31/II, pp.675–685; übersetzt bei Lopez, Mary Ward, Dokument Nr. 3, § 9, D17.

23 Zur Geschichte von Eger vgl. Festschrift Englische Fräulein 1905, 238ff.

24 Zur Geschichte von Veszprém vgl. Festschrift Englische Fräulein 1905, 250ff.

waren selten geworden, die Mitgiften der Schwestern sicherten durch die ständige Geldentwertung nicht mehr deren Lebensunterhalt, und die Zuschüsse der Regierung aus dem Religions- und dem Normalschulfonds waren auch nicht mehr ausreichend. So musste man schließlich dazu übergehen, doch auch von den externen Schülerinnen Schulgeld zu verlangen. Die Schwestern waren aber immer bemüht, dieses auch für Durchschnittsverdiener erschwinglich zu halten und an Bedürftige möglichst Freiplätze zu vergeben.

Allen Problemen zum Trotz viele Neugründungen

Trotz der ständigen Geldknappheit breitete sich das Institut in dieser Zeit wirklich über die ganze Monarchie aus. Erst 1816 war der Anschluss der von Augsburg aus gegründeten Tiroler Häuser Meran und Brixen und von Rovereto an das St. Pöltner Generalat wirklich durchgeführt worden, und die junge Generaloberin Julie von Majláth, (1814–1863), eine gebürtige Ungarin, musste anfangs viel Geduld und ihre ganze bezaubernde Liebenswürdigkeit aufwenden, um nach und nach das Vertrauen der Südtiroler Schwestern zu gewinnen.[17]

Trotzdem war sie bereit, gleich wieder neue Aufgaben in anderen Ländern zu übernehmen, obwohl jede auch wieder neue, oft unerwartete Herausforderungen mit sich brachte.

Die ersten Niederlassungen in den 1815 von Österreich neu- oder wiedergewonnenen Gebieten in Italien waren Lodi und Vicenza.

1831 bat die englische Baronin Cosway darum, ihr Mädcheninternat in Lodi in der Lombardei zu übernehmen. Als die angeforderten »Fräulein« sich dann aber als Nonnen entpuppten, hatte die Baronin damit anfangs ziemliche Schwierigkeiten. Bald aber gewannen die Schwestern so sehr ihr Vertrauen, dass sie sogar darum bat, in der Tracht der Englischen Fräulein begraben zu werden.[18]

In Vicenza in Venetien hingegen, wohin Kaiser Franz die Schwestern 1837 rief, stießen die fünf entsandten Mitglieder zunächst auf Ablehnung, weil Italienisch nicht ihre Muttersprache war. Gott sei Dank konnte man damals schon »echte« Italienerinnen aus Lodi »ausborgen«.[19] Aber auch die deutschsprachigen Schwestern hatten keine Probleme, sich auf die Landessprache einzustellen. Man wollte ja nicht »deutsche Kultur« vermitteln, sondern christliche Gesinnung und allgemeine Bildung, weshalb Fremdsprachen in allen höheren Schulen des Instituts stets eine wichtige Rolle spielten.

Lodi und Vicenza blieben freilich nicht lange beim St. Pöltner Generalat.[20] Mitte des Jahrhunderts wurden sie selbständig, als sich Lombardei und Venetien von Österreich trennten. Aber die italienischen Schwestern führten die Häuser weiter – auch wenn die wenig kirchenfreundliche Regierung verlangte, dass sie Zivil trugen. Für die Schwestern war das damals ein schweres Opfer.[21]

Ordensfrauen ohne Ordenskleid?

Mary Ward hatte ja ursprünglich kein Ordenskleid gewollt. Ihre Schwestern sollten sich kleiden wie jede anständige Frau in der jeweiligen Umgebung.[22] Aber ihr Institut hatte in der Mitte des 19. Jahrhunderts doch schon sehr »klösterliche« Züge angenommen. Zivilkleidung war völlig »ungewohnt«, auch wenn sich die damalige Tracht der Englischen Fräulein von der damaligen Zivilkleidung wirklich fast nur durch den Schleier und den großen Kragen unterschied.

Doch auch in Italien durften die Schwestern bald wieder ihr Ordenskleid tragen. Die Frage der Zivilkleidung wurde erst wieder in der Hitlerzeit aktuell, wo die »in der Welt« arbeitenden Mitglieder Zivilkleidung tragen mussten. 1945 kehrte man wieder zur Tracht zurück, wenn auch die großen gestärkten Krägen, die im Krieg aus Sparsamkeit abgeschafft worden waren, nicht mehr eingeführt wurden. Aber nach dem Konzil brach die Frage nach dem Sinn des Ordenskleides dann wirklich auf. Heute tragen sehr viele Schwestern der Congregatio bewusst Zivilkleidung, um sich auch durch diese »Ununterscheidbarkeit« an die Seite all der Menschen und besonders der Frauen zu stellen, denen nahe zu sein Mary Ward auf die Klausur verzichtet hat. – Damals sah man das nicht so. Man wollte sich »unterscheiden«, um dadurch die ausschließliche Bindung an Gott und die Bereitschaft zum Dienst an den Menschen zu bezeugen.

Auch wenn aus der heutigen Sicht das Festhalten an einer Ordenskleidung eher als ein Hängen am Althergebrachten empfunden wird – die Institutsmitglieder des 19. Jahrhunderts waren alles andere als rückwärtsgewandt. Sie hatten einen Unternehmungsgeist und eine Bereitschaft, ständig irgendwo neu anzufangen, die auch für unsere an Mobilität gewöhnte Zeit recht beeindruckend sind. Immer waren es ganz wenige Schwestern, durchschnittlich sechs bis acht, die trotz aller Schwierigkeiten mit fremden Sprachen und Kulturen gut besuchte Schulen errichteten.

Neue Niederlassungen in Ungarn

1852 gründete Generaloberin Majláth auf Einladung des dortigen Erzbischofs Adalbert Bartakovics von Kiss-Appony ein Haus in Erlau – heute Eger – in Ungarn. Acht Fräulein übernahmen eine Schule von 500 Mädchen und begannen sofort auch mit einem Pensionat.[23] Schon 1860 rief Bischof Johann Nepomuk von Ranolder die Schwestern nach Veszprém.[24]

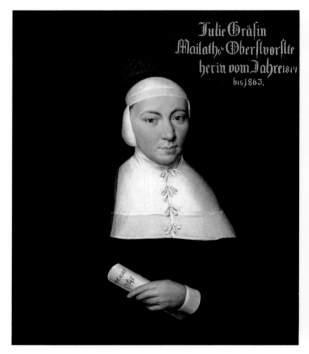

15

16

17

Prägende Persönlichkeiten

Oberstvorsteherin Julia von Majláth, relativ jung im Alter von 32 Jahren in dieses Amt gewählt, nützte mit ungeheurer Energie die langsam besser werdenden Reisemöglichkeiten, um die innere Verbindung zwischen den so weit verstreuten Häusern zu vertiefen. Ihre hohe Bildung, ihre Tatkraft und die aus einem frohen und tiefen Glauben erwachsende Liebenswürdigkeit und Charakterstärke bewirkten, verstärkt durch die lange Dauer ihrer Amtszeit, eine sehr günstige Entwicklung des Institutes.[25]

Ihre Nachfolgerin, Maria Mariacher von Friedensstern (1863–1878), die erste Bürgerliche in dieser Position – allerdings wurde sie bei ihrer Ernennung noch vorsorglich geadelt! – ist

15 **Porträt der Oberstvorsteherin Julia von Majláth (1814–1863)**
16 **Porträt der Oberstvorsteherin Maria Mariacher von Friedensstern (1863–1878)**
17 **Porträt der Oberstvorsteherin Josefine Gräfin Castiglione von Gonzaga (1879–1913)**

ein gutes Bespiel für die Beweglichkeit der Institutsmitglieder. Die gebürtige Tirolerin war nacheinander in St. Pölten, Lodi, Vicenza und Rovereto und zuletzt in Prag eingesetzt, bevor sie in St. Pölten zur »Oberstvorsteherin«, wie man damals die Generaloberinnen nannte, gewählt wurde.[26]

Sie regierte in besonders schwierigen Zeiten. Die Finanzlage war äußerst schlecht, denn in der liberalen Ära zeigte die Regierung wenig Bereitschaft, Ordensschulen zu unterstützen. Freilich hatten die Schulen nach wie vor mehr Anmeldungen, als sie aufnehmen konnten, aber gleichzeitig blieb der Ordensnachwuchs aus, was eine ständig steigende Belastung der immer älter werdenden Schwestern bedeutete.

Einen Umschwung konnte erst ihre Nachfolgerin herbeiführen. Josefine Gräfin Castiglione von Gonzaga, aus italienischem Adel, aber als Offizierskind in Lemberg (Polen) geboren, im St. Pöltner Institut erzogen und mit 20 Jahren eingetreten, war bei ihrer Wahl gerade Oberin in Veszprém.[27] In ihrer langen Regierungszeit (1879–1913) konnte sie in der ganzen Monarchie über 500 junge Frauen in das Institut aufnehmen. Was diesen Umschwung bewirkt hat, darüber kann man nur Vermutungen anstellen. Einerseits war es wohl ihr sehr gewinnendes Wesen. Sie ist das Urbild der »Révérende Mère« in Enrica von Handel-Mazzettis Romanen und war zeitlebens mit dieser Dichterin ebenso in Briefkontakt wie mit Marie Theresia Ledochowska und vielen anderen ehemaligen Zöglingen. Andererseits stellte sie hohe Anforderungen und scheute sich nicht, auch bei großer Personalnot ungeeignete Kandidatinnen wegzuschicken. Und Anforderungen ziehen junge Menschen immer an, wenn dahinter eine Persönlichkeit mit Format steht. Sie sorgte für eine ausgezeichnete Ausbildung der Lehrerinnen, und außerdem öffnete sie das Institut für Laienschwestern, was vielen jungen Menschen besonders aus dem Bauernstand den Zugang ermöglichte. Zwar schaffte man bereits 1953 diese Trennung zwischen Lehrerinnen und Arbeitsschwestern wieder ab, weil sie den neuen demokratischen Idealen nicht mehr ent-

sprach, aber am Ende des 19. Jahrhunderts bedeutete für viele der Eintritt in ein angesehenes Erziehungsinstitut sicher einen sozialen Aufstieg.[28]

Ihre wichtigsten Gründungen waren 1882 das Haus in Prešov[29] (damals in Ungarn, heute in der Slowakei) und 1906 zum 200-jährigen Jubiläum ein Haus in Zara – heute Zadar in Kroatien. Gerade die Geschichte von San Demetrio in Zara zeigt auch, wie sehr die Schwestern sich bemühten, jeder Nationalität – hier Italienern und Kroaten – gerecht zu werden, was ihnen in diesem Fall den Vorwurf eintrug, die Kroaten zu sehr zu bevorzugen. Dabei wäre es viel leichter gewesen, vor allem Italienisch, Deutsch und Französisch zu unterrichten, welche drei Sprachen die Schwestern aus Österreich und Südtirol gut beherrschten, während es anfangs an kroatischen Lehrkräften mangelte![30]

Über all diesen Gründungen wurde aber das Mutterhaus in St. Pölten nicht vernachlässigt. Hier wurden in dieser Zeit zwei große Trakte dazugebaut: Das zweistöckige Haus am linken Ende der Gartenfront und das Haus, in dem sich der Festsaal befindet, auf der rechten Seite des Altbaus.

25 Festschrift Englische Fräulein 1905, 69f.

26 Festschrift Englische Fräulein 1905, 90.

27 Zum Leben der Oberstvorsteherin Castiglione vgl. Festschrift Englische Fräulein 1905, 98ff.

28 Festschrift Englische Fräulein 1905, 100ff.

29 Zur Geschichte von Prešov (damals Eperjes) vgl. Festschrift Englische Fräulein 1905, 263ff.

30 Zur Geschichte des Hauses in Zara vgl. A. Richard Prilisauer, Verlorene, vergessene Bindungen: Österreich–Zara (Zadar), in: Nachrichten des Verbandes der Österreicher zur Wahrung der Geschichte Österreichs, Wien 1982. • Bisher unbearbeitete Unterlagen im Archiv der Congregatio Jesu, St. Pölten.

18

19

20

18 **Porträt der Generaloberin**
Maria Barbara Gottlieb (1913–1934)

19 **Porträt der Generaloberin**
Maria Gabriele Neuner (1934–1951)

20 **Porträt der Generaloberin Maria Wotypka (1951–1953)**

Das 20. Jahrhundert

war das vielleicht bisher dramatischste Jahrhundert in der Geschichte des Institutes.

Der Anfang dieses Jahrhunderts fand das Institutum Beatae Mariae Virginis (IBMV) in voller Blüte, in mehreren voneinander unabhängigen Zweigen über die ganze Welt ausgebreitet. 1877 hatte es endlich die päpstliche Approbation erhalten[31], und 1909 gestattete Papst Pius X., Mary Ward wieder als Stifterin zu bezeichnen[32], was seit 1749 verboten gewesen war[33].

Zurück zu den Quellen

Nun schien auch die Zeit reif, sich wieder um Konstitutionen zu bemühen, die Mary Wards ursprünglicher Intention besser entsprachen als die »81 Regeln«. Unter all den Entwürfen, die um die Jahrhundertwende vorgelegt wurden, war der St. Pöltner Vorschlag derjenige, welcher die meiste Zustimmung fand. Seit 1881 hatte hier P. Johannes Heller SJ an einer Neufassung der Regeln gearbeitet, die sich weit enger an die Konstitutionen der Jesuiten anschloss und schließlich von den verschiedenen Zweigen, allerdings in einigen Varianten, übernommen wurde.[34] Sie war auch Grundlage der Beratungen auf der römischen Konferenz von 1900.

Am 15. Juni 1903 approbierte Papst Leo XIII. diese Konstitutionen vorerst einmal für die Generalate Mainz und St. Pölten und für Lodi.[35]

Dies war nun wirklich eine ignatianische Regel, allerdings sehr stark bearbeitet und für einen weiblichen Schulorden adaptiert. Im Gegensatz zu den Konstitutionen des Ignatius wurde das Apostolat des Institutes auf Schulunterricht und religiöse Unterweisung von Frauen beschränkt. Es gab eine große Zahl von heute sehr zeitgebunden und z.T. recht eng anmutenden Einzelbestimmungen, alle Bereiche des täglichen Lebens betreffend, und nirgends wird z.B. vorausgesetzt, dass Vollmitglieder *geistliche Menschen sind* und für ihr religiöses Leben eigentlich keine andere Regel brauchen als das, *was die kluge Liebe ihnen gebietet*, wie es bei Ignatius heißt.[36] So fehlt die innere Dynamik von Sendung und eigenverantwortlicher Unterscheidung. Man war noch nicht am Ziel, aber die Heller-Konstitutionen waren doch ein wichtiger Schritt in die gewünschte Richtung.

Erste Einheitsbestrebungen

Zwischen 1903 und 1935 gab es mehrere Überarbeitungen dieser Konstitutionen, und die dazu nötigen Konferenzen und Besprechungen festigten das Zusammengehörigkeitsgefühl. Bereits im Jahre 1900 war ja ein ernsthafter Versuch unternommen worden, eine Union aller Institute auf den fünf Kontinenten zu erreichen. Aus nicht ganz geklärten Ursachen endete der Kongress in Rom ergebnislos.[37] Doch ein Anfang war gemacht.

Erster Weltkrieg und Zwischenkriegszeit.

Der Erste Weltkrieg brachte schwere Zeiten für alle, und besonders für das Generalat in St. Pölten, bewirkte doch der Zerfall der Monarchie tief greifende Veränderungen, auch wenn die Häuser in Südtirol und Ungarn vorerst im St. Pöltner Verband blieben. Und die Not der Nachkriegszeit war auch im Institut drückend.

Es ist daher erstaunlich, welch mutige Schritte Generaloberin Barbara Gottlieb (1913–1934) trotz der wirtschaftlich sehr schweren Lage wagte.

1928/29 baute sie, um der dringenden Raumnot in St. Pölten abzuhelfen, ein neues Schulhaus. Immerhin führte man damals ein großes Internat, einen Kindergarten und fünf Schultypen: Volksschule, Hauptschule, Hauswirtschaftsschule, Handelsschule und Gymnasium.

1931 kaufte die Kremser Kommunität Schloss Schiltern bei Langenlois und errichtete dort eine Heimvolksschule, eine Hauptschule, einen Hauswirtschaftlichen Kurs und später auch eine Sonderschule. Das alles bedeutete unendlich viel Arbeit und ständige Geldsorgen. Die Schwestern hatten kaum Butter aufs Brot, und manchmal nicht einmal genügend Brot. Nicht umsonst kursierte der Scherz, IBMV bedeute »in beständiger materieller Verlegenheit«.

Noch wichtiger, als neuen geeigneten Schulraum zu schaffen, war es aber, für eine optimale Ausbildung der Schwestern zu sorgen, die in diesen Schulen unterrichten sollten. Dazu musste man die jungen Mitglieder an Universitäten schicken. Anfangs war der bevorzugte Studienort Prag gewesen, da man dort Mitschwestern hatte. Später erwarb M. Gottlieb sogar ein Haus in der Nikolsdorfergasse in Wien, um den Studentinnen ein Heim zu schaffen, und ihre Nachfolgerin, M. Gabriele Neuner (1934–51), eröffnete dort auch gleich eine Schule.[38] Wie wichtig eine möglichst hochwertige Ausbildung war, zeigt u. a. die Frage der Schulleitung. Da den Schwestern anfangs noch die Qualifikation fehlte, waren z. B. die ersten Direktoren des 1908 begonnenen Gymnasiums noch Männer gewesen: HR Dr. Alexander Rosoll (1908–30), Studienrat Dr. Anton Sobota (1930–34) und HR Dr. Rudolf Suchanek (1934–37). Erst 1937 konnte schließlich Sr. Dr. Adeline Mossler als erste ordenseigene Lehrkraft dieses Amt übernehmen.[39]

31 Wright, Mary Ward's Institute, 1997, 118ff.

32 Wright, Mary Ward's Institute, 1997, 134ff.

33 Papst Benedikt XIV. hatte dadurch endgültig klar stellen wollen, dass in den Englischen Fräulein nicht die »Jesuitinnen« Mary Wards fortlebten.

34 Zur Geschichte der »Heller Konstitutionen« vgl. Wright, Mary Ward's Institute, 1997, 138 und 155ff. • Festschrift Englische Fräulein 1905, 121ff. und 134f.

35 Wright, Mary Ward's Institute, 1997, 155.

36 Vgl. Teil VI, Kapitel 3 der Konstitutionen der Jesuiten bzw. auch der Congregatio Jesu.

37 Wright, Mary Ward's Institute, 1997, 142–148. • Festschrift Englische Fräulein 1905, 128–131.

38 Zur Geschichte dieser und der anderen Wiener Niederlassungen siehe Hildegard Gersdorf, Die Wiener Niederlassungen, maschinschriftliches Manuskript im Archiv der Congregatio Jesu, St. Pölten, undatiert.

39 Festschrift Englische Fräulein 1956, 90f.

Die Entwicklung in den Jahren 1938–1945

Der Verlust der Schulen

1938 machte der Anschluss Österreichs an das Hitlerreich all diese Aufbauarbeit vorerst zunichte.[40] Schon am Tag nach dem Einmarsch Hitlers wurde dem Institut die Leitung sämtlicher Schulen aus der Hand genommen. Bis in den Herbst führten die Schwestern einen heißen aber naturgemäß aussichtslosen Kampf um die Schulen. Sie hofften umsonst, der neue Gauleiter Dr. Jury werde ihnen helfen, war doch seine Tochter selbst Schülerin des Instituts gewesen. Auch hatte er als Lungenfacharzt die Schwestern stets umsonst behandelt – dem Institut also viel Wohlwollen gezeigt. Aber sogar wenn er gewollt hätte, die Schulpolitik des NS-Staates war längst festgelegt: Weder waren die neuen Machthaber an höherer Mädchenbildung interessiert – das Gymnasium wurde sofort in eine »Oberschule« umgewandelt – noch war man gesonnen, kirchlichen Kreisen irgendeinen Einfluss auf die Jugend zu lassen. Jeder Kontakt wurde strikt verboten. Die Oberin von Krems, Mater Teschko, und ihre Prokuratorin, M. Ludwig, wurden 1939/40 sogar mehr als zwei Wochen in Untersuchungshaft genommen, weil man ihnen »staatsgefährdende« Kontakte mit Jugendlichen anlastete.[41] Hätte man ihnen wirklich etwas nachweisen können, wäre es möglicherweise schlimm ausgegangen. Denn natürlich suchten Schülerinnen den Kontakt, vielleicht gerade weil es verboten war. »Wir waren täglich bei M. Mossler«, berichtete eine ehemalige St. Pöltner Schülerin.

Die Situation spitzte sich immer mehr zu. Am Beginn des Schuljahres 1939/40 mussten alle 80 Kremser Mitschwestern das Haus verlassen – nur ganz wenige durften zum Putzen dort bleiben. Dasselbe geschah in Schiltern, und auch in St. Pölten und auf dem Lilienhof wurden die meisten Räume beschlagnahmt. Hätte der braune Spuk noch länger gedauert, hätten die Schwestern wohl auch hier gehen müssen.

Die Lage war schlimm: Nicht nur waren die Schwestern ihres Wirkungskreises beraubt – denn ab Herbst 1938 durfte keine mehr unterrichten –, es waren ihnen auch der Lebensraum und die wirtschaftliche Grundlage entzogen. Das neu gebaute Schulhaus war noch nicht abgezahlt, und die Miete, die zu zahlen der Staat sich schließlich bereit fand, war bei weitem nicht ausreichend, um die Schulden zu tilgen und den Lebensunterhalt zu sichern. Die arbeitsfähigen Schwestern mussten also »draußen in der Welt« für sich und die Alten und Kranken das Brot verdienen.[42]

Neue Wege

Und doch – was fast wie ein Ende aussah, erwies sich auch als eine positive Herausforderung: Auf einmal sah man sich in einer Lage, die der Mary Wards und ihrer Gefährtinnen zur Zeit der Katholikenverfolgung in England ziemlich genau glich: Die Schwestern arbeiteten in Zivilkleidung – viele natürlich in kirchlichen Einrichtungen: in Pfarren (als Kanzleikräfte, Organistinnen und Chorleiterinnen oder Messnerinnen, bzw. als Seelsorgehelferinnen und in der pfarrlichen Sozialarbeit als Hauskrankenpflegerinnen). Im Seelsorgsamt der Erzdiözese Wien war in fast jedem Referat eine Schwester des Institutes tätig. Besonderen Mut erforderte wohl der Dienst in der »Wandernden Kirche«, einer Organisation, die z. B. die Mädchen beim Reichsarbeitsdienst betreute. Das war echte Untergrundarbeit, die einen leicht mit der Gestapo in Konflikt bringen konnte.

Die Schwestern arbeiteten aber auch in Firmen, bei Familien …, und oft wussten die, mit denen sie arbeiteten, gar nicht, dass sie es mit Ordensfrauen zu tun hatten.

Es war ein weites Tätigkeitsfeld mit unendlich vielen Möglichkeiten, anderen Gutes zu tun und ihnen Gott näher zu bringen. Und auch mit unendlich vielen Möglichkeiten, den eigenen Erfahrungshorizont zu erweitern.[43]

21

Die Entwicklung seit 1945 –
in Österreich und im Gesamtinstitut

Die Schulen

Nicht allen fiel 1945 die Rückkehr in die Schulen leicht, und aus heutiger Sicht war es wohl wirklich ein Fehler, nicht wenigstens einige in den sozialen und pastoralen Tätigkeiten, in die sie sich so gut eingearbeitet hatten, zu belassen. Aber man brauchte eben jede Hand (und jeden Kopf und jedes Herz), um in den z. T. ziemlich beschädigten und zumindest ausgeräumten Häusern neu anzufangen.

Und es geschah ja auch in den Schulen Beachtliches: Die Schülerinnen waren trotz oder gerade wegen der sieben Jahre NS-Erziehung offener und aufnahmebereiter, als man erwartet hatte. Sie waren ausgehungert nach Bildung, die nicht durch die nationalsozialistische Ideologie geprägt war.[44] Die Schulen nahmen einen raschen Aufschwung, und im Kremser Kindergarten entfaltete M. Schörl ihre weit über Österreich hinaus sehr beachteten Methoden.[45]

Dass in den 70er-Jahren der Staat die Bezahlung sämtlicher Lehrkräfte übernahm, war eine große Hilfe, zumal damals die Zahl der jungen Frauen, die als Schwestern eintreten wollten, stark zurückging. Trotz dieser Finanzhilfe mussten schließlich aus Mangel an eigenen Kräften Reutte und Schiltern aufgegeben werden, ebenso wie die Kindergärten und Hauswirtschaftsschulen und die traditionsreiche Handelsschule, und in den verbleibenden Schulen gab es schon 1990 nur mehr ganz wenige Schwestern.

Allerdings hatte das Institut das Glück, stets ausgezeichnete weltliche Mitarbeiter zu finden, denen es ein Herzensanliegen war – und ist – die Tradition Mary Wards weiterzuführen. Sowohl Gymnasium bzw. ORG als auch Hauptschulen und Volksschulen konnten die Schülerzahlen beachtlich steigern und haben heute eher das Problem, zu wenig Raum für die Schülerinnen – und seit 1989 auch Schüler – zu haben.

Die Einführung der Koedukation erfolgte auf den Wunsch der Eltern, die auch ihre Söhne zu den »Englischen« schicken wollten, und aus dem Wunsch, durch gemeinsame Erziehung ein partnerschaftlicheres Verhältnis zwischen Mädchen und Burschen zu fördern. Denn das Recht der Mädchen auf Bildung muss man heute nicht mehr verteidigen, wohl aber wäre an der Art des Umganges mit dem jeweils anderen Geschlecht noch viel zu verbessern.

Mit der Schaffung des Ökologie-Zweiges am ORG in Krems und der Umwandlung des St. Pöltner Wirtschaftskundlichen Realgymnasiums in ein Gymnasium mit dem Schwerpunkt auf alten und neuen Sprachen wurden weitere wichtige Schritte in die Zukunft gesetzt.

Ein neuer Träger für die Schulen.

Die Diözese gab ab 1991 sowohl personell als auch finanziell Hilfestellung. Die Herren des Kuratoriums, allen voran Weihbischof Dr. Fasching als Vorsitzender, standen dem Institut mit Rat und Tat zur Seite. Im Jahre 2000 aber war es klar, dass eine noch umfassendere Lösung gesucht werden musste. In der Vereinigung von Ordensschulen Österreichs konnte ein Träger gefunden werden, der die gesamte Verwaltung vollständig übernahm und sich zusammen mit den Direktorinnen und Direktoren und der ganzen Belegschaft bemüht, die Tradition Mary Wards lebendig zu erhalten. Die »Schulen Englische Fräulein« florieren, und Mary Ward schaut gewiss sehr wohlwollend auf dieses Werk.

21 **Hakenkreuzfahne am Institutsgebäude anlässlich der Durchreise Adolf Hitlers in St. Pölten am 12. März 1938**

40 Zu den Ereignissen des Jahres 1938 gibt es ausführliches Material in der Hauschronik und in einem Tagebuch der Internatspräfektin; beides im Archiv der Congregatio Jesu, St. Pölten.

41 Fritzer, 300 Jahre Englische Fräulein in Österreich, 2005, 70.

42 Vgl. die Hauschroniken von St. Pölten und Krems in den Archiven der beiden Häuser.

43 Über diesen »Außendienst« gibt es zahlreiche Berichte im Archiv der Congregatio Jesu, St. Pölten.

44 Anne Marie Schmid Schmidsfelden, Insel der Wahrheit, Kulturphänomen »Englische Fräulein«, Erinnerungen einer Schülerin, St. Pölten 2006.

45 Zu M. Schörl vgl. Brigitta Riedel, in: Franziska Mitschke u. Michael Spautz (Hgg.), Selber denken macht gescheit. Pädagogisch arbeiten im Kindergarten, Ein Facharbeitsbuch zur Schörlpädagogik, Bad Salzdetfurth 2003.

Das Institut: Aufbruch zu neuen Ufern

Aber auch für die Schwestern der österreichischen Provinz war die Zeit seit 1945 nicht einfach eine Zeit des langsamen Sich-Zurückziehens, wenn ihre Zahl (so wie in allen Provinzen West- und Mitteleuropas) auch ständig kleiner wurde.

Die aus dem Schuldienst ausgeschiedenen Schwestern setzten sich nicht einfach zur Ruhe, sondern nützten die neu gewonnene »Freiheit« zu verschiedensten pastoralen und sozialen Einsätzen: Seelsorge in Altenheimen, Dienste im Haus der Frau und in der Telefonseelsorge, professionelle Lebensberatung, Exerzitienarbeit oder ganz einfach Hilfe für unbemittelte Ausländer beim Erlernen der deutschen Sprache – das Spektrum ist groß und vielfältig. Die zwei »jüngsten« Schwestern arbeiteten von Anfang an in der Krankenpastoral bzw. an einer theologischen Fakultät.

Und diese Erweiterung des Tätigkeitsbereiches entspricht ganz der Tatsache, dass auch das Gesamtinstitut immer mehr entdeckt, dass Mary Ward nicht einfach einen Schulorden gründen, sondern nach dem Vorbild der Jesuiten bereit sein wollte, alle Dienste zu übernehmen, die Frauen in der Kirche tun können. Sie hatte schon im 17. Jahrhundert an Seelsorge gedacht. Damals war die Zeit dafür nicht reif. Heute sind, nicht zuletzt Dank ihrer und ihres Institutes Pionierleistungen, die Wirkungsmöglichkeiten von Frauen weit vielfältiger. Zwar sind Schule und Jugenderziehung nach wie vor ganz wichtige Anliegen, aber sogar in Ländern wie Indien und Afrika setzen sich unsere Schwestern inzwischen auch für Menschenrechte und besonders Frauenrechte, ganz allgemein für Frieden und Gerechtigkeit und immer mehr auch für die Bewahrung unserer Lebenswelt ein.

Das Gesamtinstitut hat in diesem 20. Jahrhundert fast so etwas erlebt wie

Eine zweite Gründungsphase:

1953 vereinigten sich die Generalate von München, Mainz und St. Pölten zum »Römischen Zweig«. Seither hat die Generaloberin ihren Sitz in Rom – und St. Pölten war bis 2004 Provinzhaus.

2002 kam es zur Union zwischen dem Amerikanischen und dem Irischen Generalat des Loreto-Zweiges des IBMV, und die beiden verbliebenen Generalate stehen in bestem Einvernehmen und arbeiten z.B. in internationalen Projekten eng zusammen.

Dass die St. Pöltner Provinz seit 2005 ein Teil der »Mitteleuropäischen Provinz« geworden ist und ihre Provinzleitung wieder wie ursprünglich in München hat, passt eigentlich genau in das Muster dieser »Rückkehr zur Einheit des Anfanges«.

Je mehr die Schwestern sich mit den Gedanken und Zielen der Gründerin auseinandersetzten, desto stärker empfanden sie auch den Auftrag, den ganzen Reichtum ihres Erbes auszuschöpfen. Nach dem 2. Vatikanischen Konzil fühlten sie sich ermutigt, doch noch einmal zu versuchen, die vollen jesuitischen Konstitutionen zu erlangen. Und diesmal fanden sie offene Ohren, sowohl bei den Jesuiten als auch bei der Kurie. Die Generalkongregation 2002 in Spišská Kapitula konnte einen Jahrhunderte dauernden Prozess glücklich zum Abschluss bringen: Sie beschloss die Übernahme der Konstitutionen des hl. Ignatius »ad maximum«, d.h. im vollen Wortlaut – nur mit Ausnahme der Bestimmungen, die sich auf das Priestertum beziehen, und mit »Ergänzenden Normen«, welche die eigene gewachsene Tradition berücksichtigen. Und sie beschloss, sich nach dem Namen Jesu zu nennen, so wie Mary Ward es immer wieder betont hatte: … *that the denomination of these must be of Jesus!* [46] Am 7. Juni 2003 bestätigte Papst Johannes Paul II. diese Beschlüsse.

Die Congregatio Jesu

ist sich bewusst, dass sie ein reiches Erbe weiter zu tragen hat und dass dieser Name Auftrag und Herausforderung ist, immer mehr in das hinein zu wachsen, was sie nach dem Willen Mary Wards sein soll – und ja auch in aller menschlichen Begrenzung immer schon ein wenig gewesen ist.

46 Fridl, Englische Tugend, 1732 (I).

22

22 Historische Ansicht des Lilienhofes von Osten, aquarellierte Federzeichnung, um 1800

Antependium (Detail)

Institut oder Orden: Englische Fräulein und Ursulinen im 17. und 18. Jahrhundert

Christine Schneider

1 Zu den Frauenorden vgl. Gisela Muschiol, Die Reformation, das Konzil von Trient und die Folgen. Weibliche Orden zwischen Aufklärung und Einschließung, in: Conrad, Frauen in der Zeit der Reformation und der katholischen Reform, 1999, 172–198.

2 Zur Gründung und zu den Anfängen des Jesuitenordens vgl. O'Malley, Die ersten Jesuiten, 1995, 37ff.

3 Vgl. Conrad, Zwischen Kloster und Welt, 1991, 64f. • Zur Rolle der Frauen im Umfeld der Gesellschaft Jesu vgl. Conrad, Stifterinnen und Lehrerinnen, 2000, 205–225.

4 Anne Conrad, Das Konzil von Trient und die (unterbliebene) Modernisierung der kirchlichen Frauenrollen, in: Paolo Prodi u. Wolfgang Reinhard (Hgg.), Das Konzil von Trient und die Moderne (= Schriften des Italienisch-Deutschen Historischen Instituts in Trient 16, Berlin 2001), 327–341, 334ff.

5 Zitiert nach Conrad, Ordensfrauen, 1986, 32.

6 Zur Geschichte der Klausurgesetzgebung vgl. Hofmeister, Von den Nonnenklöstern, 1934, 3–96 u. 353–437, 61ff.

7 Zu Beispielen, wie sich Konvente gegen den Zwang zur Klausur bzw. gegen die Verschärfung der Klausurbestimmungen zur Wehr gesetzt haben, vgl. Silvia Evangelisti, We do not have it, and we do not want it: Women, power, and Convent Reform in Florence, in: Sixteenth Century Journal, 34, 3 (2003), 676–700, 693ff. • Für Deutschland vgl. Ulrike Strasser, Cloistering women's past: conflicting accounts of enclosure in a seventeenth-century Munich nunnery, in: Ulinka Rublack (Hg.), Gender in Early Modern German History, Cambridge u.a. 2002, 221–246, 223ff.

Ausgehend von der Kritik der Reformation setzten es sich die männlichen und weiblichen Reformorden des 16. und 17. Jahrhunderts zum Ziel »durch eine Reform des Klerus und der Orden und durch Hebung des Bildungsniveaus der Geistlichen und Laien den Katholizismus aufzuwerten und so die Voraussetzungen sowohl für eine innere Reform des Katholizismus als auch für eine adäquate Auseinandersetzung mit dem Protestantismus zu schaffen«.[1] Die in dieser Hinsicht bahnbrechendste Gemeinschaft war die Gesellschaft Jesu.[2] Um ihrem Apostolat, der »Arbeit am Seelenheil des Nächsten« besser gerecht werden zu können, verzichteten die Jesuiten auf die Klausur, das Chorgebet und das Tragen einer Ordenstracht. Für Frauen war ein unmittelbarer Anschluss an die Jesuiten ebenso wenig möglich wie eine exakte Nachahmung.[3] Im Umfeld der Gesellschaft Jesu entstanden jedoch zahlreiche semireligiöse Frauengemeinschaften, die sich nicht in die Klausur eines Klosters zurückziehen, sondern in der Welt als Seelsorgerinnen, Glaubensverkünderinnen und Lehrerinnen wirken wollten.[4] Mary Ward, die Gründerin der Englischen Fräulein, schrieb: *So fühlen auch wir uns von dem frommen Wunsch… beseelt, in den geistlichen Stand zu treten und uns gleichzeitig nach Maß unserer geringen Kräfte der Ausübung jener Werke der Nächstenliebe hinzugeben, die innerhalb der Klöster nicht unternommen werden können.*[5]

Dieser Anspruch war jedoch mit den verschärften Klausurbestimmungen des Konzils von Trient (1545–63) nicht in Einklang zu bringen, wonach es bei Strafe der Exkommunikation niemandem *cuiuscumque generis aut conditionis, sexus vel aetatis* gestattet war, ohne schriftliche Erlaubnis des zuständigen Bischofs oder Ordensprälaten die Klausur von Nonnenklöstern zu betreten. Die Schwestern ihrerseits durften die Klausur nur aus gewichtigen Gründen und mit Erlaubnis ihres Bischofs verlassen. Wenige Jahre nach dem Konzil verschärfte Papst Pius V. durch die Konstitution *Circa pastoralis* (1566) die Klausurgesetzgebung weiter. Er verpflichtete auch

23 **Andachtsbildchen mit Maria Ward, der Gründerin des Institutes der Englischen Fräulein, Kupferstich von Franz Schaur, 1770**

23

die Tertiaren mit feierlichen Gelübden zur Klausur. Gemeinschaften mit einfachen Gelübden, die nicht zur Annahme der Klausur bereit waren, durften keine Kandidatinnen mehr aufnehmen und waren damit zum Aussterben verurteilt.[6] Längst nicht alle Klöster und schon gar nicht die semireligiösen Gemeinschaften waren bereit, ihre traditionellen Freiheiten aufzugeben und ihre Lebensweise umzustellen.[7]

Aus dieser jesuitisch geprägten semireligiösen Frauenbewegung gingen unter anderen das Institut der Englischen Fräulein (Congregatio Jesu) und der Ursulinenorden hervor. Im Folgenden soll, mit Betonung von Gegensätzlichkeiten und Parallelen, die Gründungs- und Entwicklungsgeschichte der Englischen Fräulein und Ursulinen kurz dargestellt werden, um hernach auf den Instituts-/Klosteralltag im 18. Jahrhundert einzugehen.

Mary Ward (1585–1645) stammte aus einer katholischen Landadelsfamilie in Yorkshire.[8] Die unmittelbare Erfahrung der bedrängten Lage der Katholiken in ihrer Heimat und die Begegnung mit Jesuiten, den Hauptträgern der Untergrundseelsorge, weckten in Mary Ward das Bewusstsein ihres Auftrags für den katholischen Glauben in England.[9] 1606 kam sie als eine der »Refugees« nach St. Omer, einer Kleinstadt in den Spanischen Niederlanden, wo sie als Laienschwester in einen Klarissenkonvent eintrat, den sie aber noch vor Ablauf ihres Noviziatjahres verließ. 1607/1608 gründete sie selbst ein Klarissenkloster, das ausschließlich für Engländerinnen bestimmt sein sollte, konnte sich aber nicht entschließen, selbst einzutreten.[10] Mary Ward legte zwar ein Gelübde ab, Ordensfrau zu werden, … *doch verpflichtete ich mich nicht zum Eintritt in einen bestimmten Orden, da es mich weder zu dem einen noch zu anderen hinzog und ich in keinem das fand, was ich suchte.*[11] Nach einem Aufenthalt in England kehrte sie mit einer Gruppe englischer Frauen und Mädchen, die sich ihr angeschlossen hatten, um *dort Ordensfrauen zu werden und gemeinsam zu leben, wo ich sein würde*, nach St. Omer zurück. Wie ihre gemein-

8   Für wichtige Hintergrundinformationen danke ich Sr. Ingeborg Kapaun CJ. Zur Biographie Mary Wards vgl. Peters, Mary Ward, 1991.

9   Hallensleben, Theologie der Sendung, 1994, 42.

10   Conrad, Zwischen Kloster und Welt, 1991, 84f.

11   Zitiert nach Conrad, Zwischen Kloster und Welt, 1991, 86.

schaftliche Lebensform konkret aussehen sollte, war immer noch nicht klar. *Verschiedene geistliche und gelehrte Männer legten uns die Annahme einer schon bestätigten Regel nahe. Unsere Freunde besorgten uns etliche Regeln aus Italien und Frankreich, und wir wurden ernstlich bedrängt, eine von ihnen auszuwählen. Doch schienen sie nicht das zu sein, was Gott getan haben wollte. Die Weigerung, eine anzunehmen, brachte viel Verfolgung ein, umso mehr, als ich alle ablehnte, aber nicht sagen konnte, was ich eigentlich wünschte oder wozu ich mich berufen fühlte.*[12] Endgültige Klarheit fand Mary Ward 1611 in einer »intellektuellen Eingebung«, in der sie die Worte *Take the same of the society* vernahm. Sie verstand dies so, *dass wir das gleiche* (wie die Gesellschaft Jesu) *nehmen sollten dem Inhalt wie der Art und Weise nach, einzig das ausgenommen, das Gott durch die Verschiedenheit des Geschlechtes verboten hatte,* womit das Priesteramt gemeint ist.[13]

Die Englischen Fräulein entwarfen nacheinander drei Pläne für ihre Gemeinschaft, von denen sie die beiden letzten in Rom zur Approbation vorlegten: die *Schola Beatae Mariae* (1611/12), die *Ratio Instituti* (1615) und das *Institutum* (1620).[14] Vom zweiten Entwurf an wird für den Orden, den Mary Ward Institutum nennt, die Exemption von der bischöflichen Jurisdiktion, die Leitung durch eine Generaloberin und die direkte Unterstellung unter den Papst gefordert. Der dritte Entwurf übernimmt von den Jesuiten das vierte Gelübde, d. h. die ausdrückliche Bereitschaft, den katholischen Glauben auch unter Heiden und Ungläubigen zu verbreiten und sich dem Papst für entsprechende Missionen zur Verfügung zu stellen.[15] Das *Institutum* entspricht nahezu wörtlich der *Formula Instituti*, der ersten Regel der Jesuiten, die 1550 vom Papst bestätigt worden war. Die Problematik der Klausur wird im *Institutum* ebenso wenig angesprochen wie in der *Formula Instituti* der Jesuiten.[16] Die Aufgaben des Institutes der Englischen Fräulein werden gemäß dem *Institutum dadurch erfüllt, dass die Mitglieder die Menschen auf die öffentlichen Predigten und Vorträge auf-*

merksam machen und darauf vorbereiten, weiter durch jedweden anderen Dienst am Wort Gottes, durch Unterweisung der Mädchen in den geistlichen Übungen und einfacher Leute im christlichen Glauben, durch Katechismusunterricht und Einführung in den ehrfürchtigen Gebrauch heiliger Dinge; durch Erziehung der Mädchen in Schulen und Heimen… weiter sollen die Mitglieder die Gläubigen zu deren geistlichem Trost zum Empfang der Beichte und der anderen Sakramente bewegen und sie darauf vorbereiten.[17] Mit ihrem Apostolat stießen die Englischen Fräulein auf vehemente kirchliche Ablehnung, auch von Seiten der Jesuiten. Es wurde ihnen vorgeworfen, dass sie sich die Autorität anmaßten, *vor bedeutenden Männern und sogar in Gegenwart von Priestern über geistliche Dinge zu reden, in der Versammlung von Katholiken Exhortationen zu halten und solcherart kirchliche Funktionen zu beanspruchen.*[18] Skandalös erschien ihren Kritikern darüber hinaus, dass nicht nur die Englischen Fräulein selbst sich »geistliche Funktionen« anmaßten, sondern in diesem Sinn auch ihre Schülerinnen erzogen. Frauen, die predigten und geistliche Lehren erteilten, seien für die Katholiken ein Skandal und in den Augen der Häretiker lächerlich. Durch ihre betonte Nachahmung der Gesellschaft Jesu würden die Englischen Fräulein nicht nur sich selbst, sondern auch die Jesuiten der Lächerlichkeit preisgeben.[19]

Die Verhandlungen über die Approbation des Institutes zogen sich über Jahre hin. Ungeachtet dessen gründeten die Englischen Fräulein Niederlassungen und Schulen in Lüttich (1616), Köln (1620), Trier (1621), Rom (1622), Neapel (1623) und Perugia (1624). 1625 wurde im Auftrag des Papstes verfügt, dass die Häuser in Rom, Neapel und Perugia wieder aufgelöst werden sollten. Die Englischen Fräulein leisteten diesen Anordnungen zwar Folge, gründeten aber neue Niederlassungen in München (1627), Wien (1627)[20], Pressburg (1628) und Prag (1628). Trotz der Protektion durch einflussreiche Persönlichkeiten wie Kurfürst Maximilian I. von Bayern und Kaiser Ferdinand II., wurden 1630 auch die Häuser in St. Omer, Lüttich, Köln und Trier

12 Zitiert nach Wright, Mary Wards Institut, 2004, 28.

13 Anne Conrad, Bildungschancen für Frauen und Mädchen im interkonfessionellen Vergleich, in: Archiv für Reformationsgeschichte 95 (2004) 283–299, 294. • Hallensleben, Theologie der Sendung, 1994, 44.

14 Conrad, Zwischen Kloster und Welt, 1991, 87. • Wright, Mary Wards Institut, 2004, 38ff.

15 Hallensleben, Theologie der Sendung, 1994, 44.

16 Conrad, Zwischen Kloster und Welt, 1991, 90ff.

17 Zitiert nach Conrad, Zwischen Kloster und Welt, 1991, 225.

aufgehoben. Am 13. Jänner 1631 hob Papst Urban VIII. mit der Bulle *Pastoralis Romani Pontificis* das Institut der Englischen Fräulein auf. Im Februar desselben Jahres wurde Mary Ward im Auftrag der Inquisition inhaftiert und zwei Monate lang im Münchner Klarissenkloster »Am Anger« gefangen gehalten. Die verbliebenen Häuser mussten aufgelöst werden, nur in Rom und München blieben einige Frauen als eine Gruppe von weltlichen Lehrerinnen zusammen. Von München aus wurden Ende des 17. Jahrhunderts unter dem Namen *Institut Mariae* bzw. später *Institutum Beatae Mariae Virginis* wieder neue Niederlassungen gegründet.[21] 1703 bestätigte Papst Clemens XI. schließlich die sogenannten »81 Regeln«[22], nicht aber, wie ausdrücklich betont wurde, das Institut der Englischen Fräulein selbst. Der Hindernisgrund für die päpstliche Approbation war die Weigerung, die Klausur anzunehmen.[23] In den folgenden Jahrzehnten entstanden neue Niederlassungen, vornehmlich im süddeutschen Raum und in Österreich: St. Pölten (1706), Bamberg (1717), Altötting (1721), Meran (1721/24), Krems (1725), Fulda (1733), Brixen (1739), Prag (1747), Aschaffenburg (1748), Mainz (1752), Günzburg (1758), Budapest (1770) und Rovereto (1783).[24]

1749 bestätigte Papst Benedikt XIV. erneut die »81 Regeln«. In der Bulle *Quamvis iusto* wird ausdrücklich festgestellt, dass die apostolische Konstitution Urbans VIII., mit welcher das Institut Mary Wards aufgehoben worden war, noch immer Gültigkeit habe und dass Papst Clemens XI. lediglich die Regel, nicht aber das Institut bestätigt habe. Aus der Sicht der Kirche stand die Gemeinschaft, deren Regeln von Clemens XI. bestätigt worden waren, in keinem Zusammenhang mit der Gemeinschaft, die Urban VIII. aufgelöst hatte. Die Englischen Fräulein seien keine wahren Religiosen, da sie nur einfache Gelübde ablegten. Die einzelnen Häuser wurden der Jurisdiktion des zuständigen Diözesanbischofs unterstellt, welcher sie auch mit geeigneten Beichtvätern und Seelenführern zu versorgen hatte. Die Englischen Fräulein durften Mary Ward nicht als ihre Gründerin be-

zeichnen und noch viel weniger öffentlich verehren. Die prinzipielle Klausurfreiheit und das Amt der Generaloberin wurden ausdrücklicher bestätigt als 1703.[25]

24

18 Zitiert nach Conrad, Zwischen Kloster und Welt, 1991, 224.

19 Conrad, Zwischen Kloster und Welt, 1991, 86f, 224f.

20 Henriette Peters IBMV, Jesuitinnen in Wien, in: Viktor Fiedler (Hg.), Festschrift für Franz Loidl 1, Wien 1970, 174–185.

21 Augsburg (1662), Burghausen (1683) und Mindelheim (1701). Conrad, Zwischen Kloster und Welt, 1991, 93f.

22 Die »81 Regeln« waren keineswegs die Konstitutionen des Hl. Ignatius, die anzunehmen Mary Ward als einen Auftrag Gottes betrachtet hatte, sondern ein dürftiger Auszug aus verschiedenen Jesuitischen Texten. Vgl. ausführlich Wright, Mary Wards Institut, 2004, 74ff.

23 Seit Papst Pius V. waren strenge Klausur und feierliche Gelübde die Voraussetzung für die päpstliche Anerkennung einer Gemeinschaft als Orden. Die Neugründung von Gemeinschaften, deren Mitglieder nur einfache Gelübde ablegten und keine Ordensleute sein wollten, wurde vom Hl. Stuhl geduldet und der Aufsicht der Bischöfe überlassen. Vgl. Wesemann, Die Anfänge des Amtes der Generaloberin, 1954, 87ff.

24 Vgl. ausführlich Wright, Mary Wards Institut, 2004, 39ff.

25 Wright, Mary Wards Institut, 2004, 96ff. Nach 1749 änderte die Gemeinschaft ihren Namen von *Institut Mariä* auf *Institut St. Maria* oder *Institutum Beatae Mariae Virginis* (IBMV), um dem Verdacht entgegenzuwirken, mit »Maria« könnte die verfemte Stifterin anstatt der Gottesmutter gemeint sein. Dieses Verbot galt bis 1909. Die förmliche Approbation des Instituts wurde 1877 durch Papst Pius IX. *für die Religiosen der Kongregation der Seligsten Jungfrau Maria, welche gewöhnlich Englische Fräulein (virgines anglicanae) genannt werden*, erteilt. 1978 erhielt das *Institutum Beatae Mariae Virginis* jesuitische Konstitutionen. • Conrad, Zwischen Kloster und Welt, 1991, 92ff. Mit 30. Jänner 2004 wurde das *Institutum Beatae Mariae Virginis* (IBMV) in *Congregatio Jesu* (CJ) umbenannt. Die Englischen Fräulein erhielten nun endgültig die Konstitutionen des Hl. Ignatius, einschließlich des 4. Gelübdes. Zur Entwicklung und Ausbreitung des Instituts seit 1749 vgl. ausführlich Wright, Mary Wards Institut, 2004, 105ff.

24 **Bildnis der Maria Ward, Frontispiz aus: Unterberg, Maria von Ward, Augsburg 1735**

B. ANGELA Itala Brixiana fondatrix
Societatum SS. Virginū Vrsselinarum obyt
anno 1540. 21. martij.
P. Mariette excu Auec Priuilegie du Roy 71

25

Angela Merici (1470/75–1540), die Begründerin des Ursulinenordens, wurde als Tochter einer angesehenen Familie in Desenzano am Gardasee geboren. Als junge Frau trat sie als Tertiarin dem Franziskanerorden bei. 1535 gründete sie in Brescia die *Compagnia di Santa Orsola*. Grundlage der neugegründeten Laiengemeinschaft von Frauen war die von Angela Merici verfasste und 1536 vom Generalvikar von Brescia approbierte Regel. Die Mitglieder legten keine Gelübde ab und lebten nicht in Gemeinschaft, sondern bei ihren Familien bzw. Dienstgebern. Die aufgenommenen Mädchen mussten Jungfrauen sein und die feste Absicht haben, Gott *in diesem Lebensstande* zu dienen. Die »Abkehr von der Welt trotz des Lebens in der Welt« verlangte ein bedürfnisloses und religiöses Leben, das von dem täglichen Besuch der Hl. Messe, dem Empfang der Sakramente, von Gebet und Fasten geprägt war. Die Mitglieder der *Compagnia di Santa Orsola* trugen keine einheitliche Tracht, sondern einfache dunkle Kleidung. Die Gesellschaft wurde von vier Jungfrauen, vier Witwen und vier Männern geführt. Während den leitenden Jungfrauen die spirituelle Führung oblag, waren die beiden letzteren eher für die weltlichen Belange zuständig.[26]

Die Zeit nach Angela Mericis Tod (1540) war von inneren Konflikten, die schließlich zu einer Spaltung führten, und massiver Kritik von außen geprägt. Diese richtete sich besonders gegen die relativ freie Lebensweise der jungfräulichen Mitglieder »in der Welt«. Eine Entspannung der Situation wurde 1556 mit der Angliederung der *Compagnia di Santa Orsola* an die Priestervereinigung *Compagnia della Pace* erreicht. Die Ursulinen wurden damit männlicher Leitung unterstellt und hatten von nun an auch Anteil an den sozialen Tätigkeiten des männlichen Zweiges in der Mission, in den Hospitälern und beim Katechismusunterricht. Ein so weitgehendes soziales Engagement wäre für eine reine Frauengemeinschaft in der Zeit nach dem Konzil von Trient nicht möglich gewesen.[27] Erzbischof Carlo Borromeo holte die Ursulinen nach Mailand, einem Zentrum der tridentinischen Reform, wo sie für die Unterweisung der Frauen und Mädchen in den Christenlehrbruderschaften eingesetzt wurden.[28] Eine endgültige Form erhielt die *Compagnia di Santa Orsola* durch eine weitere Reform der Regel, welche 1581 von Carlo Borromeo approbiert wurde. Damit verloren die Ursulinen noch mehr von ihrer anfänglichen Selbstständigkeit. Die Gesellschaft wurde nun offiziell dem Bischof von Brescia unterstellt. In seiner Vertretung übernahm ein Priester als *Padre di tutta la Compagnia* die Leitung der Frauen.[29] Entscheidend für die zukünftige Entwicklung war die zunehmende Orientierung an den Jesuiten sowie die monastische Transformation der Gesellschaft. Die Niederlassung von Bordeaux wurde 1618 von Papst Paul V. als *Monasterium monialium* mit der Ordensregel des Hl. Augustinus und Klausurverpflichtung bestätigt. Für die Pariser Niederlassung wurden 1612 der Ordensstatus und die Ablegung eines vierten Gelübdes, betreffend die Erziehungstätigkeit, gewährt.[30] In den folgenden Jahrzehnten wurden zahlreiche neue Niederlassungen schon als Ordenshaus gegründet, bestehende Gemeinschaften nahmen den Ordensstand mehr oder weniger freiwillig an.[31] Der Ursulinenorden verbreitete sich von Frankreich über Belgien und Holland nach Deutschland, wo 1639 die erste Niederlassung in Köln gegründet wurde. Sechs Ursulinen aus dem Konvent in Lüttich wurden 1660 von Kaiserin Eleonore, der Witwe Ferdinands III., nach Wien berufen.[32]

25 **Andachtsbildchen mit Angela Merici, der Gründerin des Ursulinenordens, Graphische Sammlung Stift Göttweig**

26

**26 Maria Ward, die zwei Mädchen zum Altar mit dem Gnaden-
bild von Loretto führt, Frontispiz aus:
Fridl, Englische Tugend-Schul Mariae, Augsburg 1732**

Die Entwicklungsgeschichte von Englischen Fräulein und Ursulinen verlief in den ersten beiden Jahrhunderten ihres Bestehens sehr unterschiedlich. Während die Englischen Fräulein den Status ihres Institutes mit Klausurfreiheit und unter der Leitung einer Generaloberin um den Preis der vorübergehenden Aufhebung erkämpften, vollzogen die Ursulinen die Transformation in einen klausurierten monastischen Orden auf Grundlage der Augustinusregel. Im 18. Jahrhundert allerdings war der Alltag in den Instituten der Englischen Fräulein relativ ähnlich dem in den Nonnenklöstern geworden.[33] Ein Blick in die Archive der Englischen Fräulein (St. Pölten) und Ursulinen (Wien) soll Gemeinsamkeiten und Unterschiede im Instituts- bzw) Klosteralltag festmachen und aufzeigen, was es konkret bedeutete, im 18. Jahrhundert in den Orden der Ursulinen bzw. in das Institut der Englischen Fräulein einzutreten.[34] Die bewusste Anlehnung an den Ordensstand kommt in der Schrift *Ein kurzer begriff des H. Instituts Marie deren Englischen Freylen wird vorgestellet* zum Ausdruck. Darin heisst es, dass die Strenge des Institutes in erster Linie *eine grosse Verlaugnung, und einen sehr Vollkommenen Gehorsamb mit gänzlicher Ablegung des eigenen willen und Verstand* erfordere. *Dan obschon unsere Lebensart aus billichen ursachen in äusserlichen gemein ist, so lassen wir uns doch in der innerlichen Verlaugnung von keinen Ordensstand übertreffen.*[35] Unterschiede im Kloster- bzw. Institutsalltag sind im Wesentlichen auf die Verpflichtung zur Klausur und den unterschiedlichen kirchenrechtlichen Status von feierlichen und einfachen Gelübden zurückzuführen. Aus der Tatsache, dass die Englischen Fräulein keine feierlichen Ordensgelübde ablegen, resultiert das Recht das Institut zu verlassen bzw. für die Gemeinschaft die Möglichkeit Mitglieder zu entlassen.

Das Apostolat der Englischen Fräulein besteht darin, *nicht allein dem Heyl und Vollkommenheit eigener Seelen mit Göttlicher Gnad abzuwarten; sondern auch mit selbiger eifrig dem Heyl, und Vollkommenheit des Nächstens durch Unterwei-*

26 Vgl. ausführlich Conrad, Zwischen Kloster und Welt, 1991, 19ff.

27 Conrad, Zwischen Kloster und Welt, 1991, 39ff.

28 Conrad, Zwischen Kloster und Welt, 1991, 52ff.

29 Conrad, Zwischen Kloster und Welt, 1991, 46ff.

30 Vgl. ausführlich Geschichte der heiligen Angela Merici und des von ihr gestifteten Ordens der Ursulinen, bearbeitet von einer Ursuline, Innsbruck 1893, 258ff. •
Vgl. auch Anne Conrad, Die weiblichen »Devoten« als Instrumente der konfessionellen Erziehung in Frankreich und Deutschland, in: Heinz Schilling u. Marie-Antoinette Gross (Hgg.), Im Spannungsfeld von Staat und Kirche. »Minderheiten« und »Erziehung« im deutsch-französischen Gesellschaftsvergleich 16.–18. Jahrhundert (= Zeitschrift für Historische Forschung, Beiheft 31, Berlin 2003), 191–214, 193ff.

31 Conrad, Zwischen Kloster und Welt, 1991, 57ff.

32 Schneider, Kloster als Lebensform, 2005, 18f. In den folgenden Jahrzehnten gründeten die Ursulinen Niederlassungen in Klagenfurt (1670), Görz (1672), Linz (1679), Graz (1686), Salzburg (1695), Laibach (1703) und Innsbruck (1705).

33 Im Laufe des 18. Jahrhunderts wurden in allen Häusern außer in England »nach außen hin gewisse »ordensmäßige« Dinge, z. B. das Ordenskleid und der Ordensname eingeführt«. Wright, Mary Wards Institut, 2004, 76.

34 Vgl. Fritzer, 300 Jahre Englische Fräulein in Österreich, 2005.

35 IAStP, A 2: Begriff des Instituts, *Ein kurzer begriff des H. Instituts Marie deren Englischen Freylen wird vorgestellet*, handschriftliches Manuskript ohne Paginierung o. O. o. J.

27

**27 Unterricht bei den Englischen Fräulein,
Ölgemälde im Wien Museum**
(Inv.-Nr. 75.407, © Wienmuseum)

sung des weiblichen Geschlechts (zu) obligen.[36] Die Ordensregel der Ursulinen verlangt fast gleichlautend *nächst dem Eyfer der Glory Gottes, und ihrer eigene Seeligkeit… die junge Töchter, sowohl in Andacht und guten Sitten, als im Lesen und Schreiben zu unterweisen; Sie in der Reinheit der Seel und des Leibs zu erhalten, sie mit der Zeit anzuführen, damit sie würdiglich zum Heil. Sacrament der Beichte und Communion gehen.*[37] Englische Fräulein und Ursulinen trugen, bedingt durch ihre starke Ausrichtung auf die Jesuiten, entscheidend dazu bei, dass jesuitische Spiritualität und Bildungskonzepte auch von Frauen übernommen wurden.[38] In den »äußeren« Schulen wurden Mädchen aus der Umgebung unentgeltlich unterrichtet, die »inneren« Kostschulen wurden als Pensionate für Mädchen aus zahlungskräftigen Familien geführt.[39] Englische Fräulein und Ursulinen üben das Apostolat in erster Linie in ihren Mädchenschulen aus, darüber hinaus sollen die Schwestern aber *mit Reden und Ermahnen, mit guten Zusprechen bey gegebener Gelegenheit sich befleissen andere zur Lieb und Lob Gottes anzutreiben, auch mit guten Beyspiel und Exempel ihnen darzu Gelegenheit geben.* Wenn es nötig oder einem Mitmenschen von Nutzen sei, sollen sie *ein gutes Gespräch nicht ausschlagen, absonderlich von geistlichen Sachen.*[40] Dennoch ist es den Englischen Fräulein verboten, ohne Erlaubnis der Oberin mündlich oder schriftlich geistliche Unterweisung zu erteilen.[41]

Die Ursulinen sind als Nonnen den Evangelischen Räten verpflichtet, aber auch in der Regel der Englischen Fräulein heißt es: *Obwohl ihre Regel nicht auf den geistlichen Ordensstand abzielt*[42], sollen sie sich *befleissen denen Evangelischen Räten, so viel der Stand zulasset, nachzukommen, und aus Liebe dessen allen Vorgesetzten in rechtmässigen Sachen genau zu gehorsamen, auf die Reinigkeit des Leibs beflissen zu seyn, auch die Armuth zu lieben, und aus Liebe Gottes alles Zeitliche zu verlassen, und zu verachten.*[43] In den konkreten Anweisungen, wie die Gebote der Armut, der Keuschheit und des

Gehorsams zu erfüllen seien, finden sich zahlreiche Parallelen. Die Ordensregel der Ursulinen verlangt, dass alle Schwestern *ins gemein leben, und keine unter ihnen soll nichts eigenes halten, die Verordnung aller Güter der Gemeind soll bey der Oberin verbleiben*.[44] Auch die Englischen Fräulein leben in geistlicher Armut. Ihre Kleidung soll sein *wie es den Armen gebührt*. Darüber hinaus biete das Gelübde der Armut allen Ordensleuten die Möglichkeit, an ihrem geistlichen Fortschritt zu arbeiten.[45] Privateigentum ist sowohl den Nonnen als auch den Englischen Fräulein verboten. Alle Gebrauchsgegenstände sind nicht als persönlicher Besitz, sondern als geliehen zu betrachten. Die Schwestern dürfen daher ohne Wissen und Erlaubnis der Oberin nichts gebrauchen, (ver)leihen oder (ver)schenken.[46] Es ist streng verboten Zimmer und Truhen abzuschließen.[47] Die Englischen Fräulein dürfen kein Geld bei sich tragen, eine Bestimmung, welche für die in Klausur lebenden Ursulinen ohnehin kaum in Frage kommt.[48] Ein grundlegender Unterschied in Bezug auf das Gebot der Armut besteht darin, dass den Englischen Fräulein *das Dominium oder wahre Eigenthum ihres Haab, und Guths keineswegs benohmen* ist. Sie können Erbschaften annehmen und sind nicht verpflichtet, ihren materiellen Besitz dem Institut zu übergeben oder zu vererben, wie dies in den Orden vorgeschrieben ist.[49] *Folgsam die ansonsten bey würklichen Ordens=leuten ex solemnibus votis entspringende Rechts=Regel, daß, was selbe erwerben, oder ererben, ihrem Orden, oder allenfalls bey uns den Institut zufallete und erworben werde bey unseren Instituts=Personen niemahlen statt habe, sondern derenselbigen sowohl zu Lebenszeiten, als bey ihren zeitlichen Hinscheiden jederzeit gänzlich frey stehe für ihre – auch außer dem Institut lebenden Anverwandten, oder für andere Personen, wie selbe immer wollen, nach ihrer vollständigen Willkühr ganz frey, und unhinderlich zu disponieren.* Die Mitglieder des Instituts sind in allen Erbrechts- und Vermögensangelegenheiten dem weltlichen Stand vollkommen gleichgestellt.[50]

Die Keuschheit wird in den *Reglen des Instituts Mariae* als *des Leibes und des Herzens Reinigkeit* definiert.[51] Im äußeren Verhalten der Englischen Fräulein sollen *Zucht, Demuth* und *geistliche Ehrbarkeit* erkennbar sein.[52] Die Ordensregel der Ursulinen verlangt, dass in der äußeren Erscheinung der Schwestern, in ihren Gebärden und Bewegungen, *ein rechte Gravität, und Zucht… gespürt werde*, welche der Heiligkeit ihrer Profess gemäß sei.[53] Eine gebührende Distanz muss nicht nur im Umgang mit Außenstehenden, sondern auch gegenüber den Mitschwestern gewahrt werden, um *Partikularfreundschaften* zwischen Einzelnen, die in geistlichen Gemeinschaften als *hoch nachteilig* angesehen werden, zu vermeiden.[54] Deshalb dürfen auch die Zimmer / Zellen von Mitschwestern nicht ohne Erlaubnis der Oberin betreten oder abgesperrt werden. Die Türe muss, solange sich zwei Schwestern in einem Zimmer aufhalten, offen bleiben.[55]

36 Reglen des Instituts Mariae, Crembs 1750, 5.

37 Regeln Augustini, 1753, 35.

38 Conrad, Stifterinnen und Lehrerinnen, 2000, 221.

39 Zu den Schulen des St. Pöltner Instituts, vgl. Festschrift Englische Fräulein 1905, 275ff. • Zum Schulalltag bei den Englischen Fräulein vgl. ausführlich Margherita Überbacher-Burger, Das Institut der Englischen Fräulein in Brixen, phil. Diss. Innsbruck 1991. • Zu den Schulen des Wiener Ursulinenkonvents, vgl. Schneider, Kloster als Lebensform, 2005, 73ff. • Zur klösterlichen Mädchenerziehung in der Frühen Neuzeit allgemein vgl. Christa Schillinger-Prassl, Die weiblichen Schulorden in Österreich in der Frühen Neuzeit, in: Ilse Brehmer u. Gertrud Simon (Hgg.), Geschichte der Frauenbildung und Mädchenerziehung in Österreich, Graz 1997, 92–101. • Christa Schillinger-Prassl, Ingrid Brehmer, Mädchenerziehung in Innerösterreich (= Veröffentlichungen des Steiermärkischen Landesarchivs 24, Graz 2000). • Margret Friedrich, »Ein Paradies ist uns verschlossen…«. Zur Geschichte der schulischen Mädchenerziehung in Österreich im »langen« 18. Jahrhundert (= Veröffentlichungen der Kommission für neuere Geschichte Österreichs 89, Wien-Köln-Weimar 1999). • Sylvia Schraut, Gabriele Pieri, Katho-

lische Schulbildung in der frühen Neuzeit. Vom »guten Christenmenschen zu »tüchtigen Jungen« und »braven Mädchen«. Darstellung und Quellen, Paderborn u. a. 2004. • Anne Conrad, Bildungschancen für Frauen und Mädchen im interkonfessionellen Vergleich, in: Archiv für Reformationsgeschichte 95 (2004) 283–299.

40 Reglen des Instituts Mariae, Crembs 1750, 41ff. – Vgl. auch Regeln Augustini 1753, 81f.

41 Reglen des Instituts Mariae, Crembs 1750, 26.

42 Reglen des Instituts Mariae, Crembs 1750, 17.

43 Reglen des Instituts Mariae, Crembs 1750, 41.

44 Regeln Augustini 1753, 37.

45 Reglen des Instituts Mariae, Crembs 1750, 18.

46 Reglen des Instituts Mariae, Crembs 1750, 18. Regeln Augustini 1753, 19.

47 Reglen des Instituts Mariae, Crembs 1750, 19. Regeln Augustini 1753, 89.

48 Reglen des Instituts Mariae, Crembs 1750, 19.

49 Vgl. sessio XXV. de regularibus et monialibus, caput 2, zitiert nach Wilhelm Smets, Des hochheiligen, ökumenischen und allgemeinen Concils von Trient Canones und Beschlüsse (= Sinzinger Texte und Studien 1, Bielefeld 1869, fotomechanischer Nachdruck Sinzig 1989), 168.

50 Allgemeines Verwaltungsarchiv Wien, Alter Kultus, Karton 608. Erklärung der Obristvorsteherin von St. Pölten Gräfin St. Julien und der ihr unterstehenden Oberinnen der in den Erblanden befindlichen Partikularinstitute von Ofen, Prag und Krems vom 26. März 1774.

51 Reglen des Instituts Mariae, Crembs 1750, 20.

52 Reglen des Instituts Mariae, Crembs 1750, 33.

53 Regeln Augustini 1753, 12. Die gleichlautenden Anweisungen finden sich in den Reglen des Instituts Mariae, Crembs 1750, 34ff.

54 Regeln Augustini 1753, 188.

55 Reglen des Instituts Mariae, Crembs 1750, 33. • Regeln Augustini 1753, 188.

56 Reglen des Instituts Mariae, Crembs 1750, 25f. • Regeln Augustini 1753, 92.

57 Zur Jurisdiktion der Diözesanbischöfe über Frauenklöster allgemein vgl. Hofmeister, Von den Nonnenklöstern, 1934, 377ff.

58 Zum Amt der Generaloberin vgl. ausführlich Wesemann, Die Anfänge des Amtes der Generaloberin, 1954, 174ff.

59 Conrad, Ordensfrauen, 1986, 37.

60 Vgl. ausführlich Wright, Mary Wards Institut, 2004, 88ff.

61 Regeln Augustini 1753, 237ff.

62 Wright, Mary Wards Institut, 2004, 84f. In St. Pölten wurden die Laienschwestern im 18. Jahrhundert durch weibliche Dienstboten ersetzt. • Festschrift Englische Fräulein 1905, 9.

63 IAStP, A 2: Begriff des Instituts, Erklärung der Generaloberin Maria Magdalena von Schnegg vom 15. August 1730.

64 Vgl. Walter Kaspar (Hg.), Lexikon für Theologie und Kirche, Freiburg i. Br. u.a. 1993–2001³, Bd.1, 304ff.

Die alltägliche Praxis des klösterlichen Gehorsams dürfte im Institut bzw. Kloster relativ ähnlich gewesen sein. Beispielsweise ist es den Englischen Fräulein ebenso wie den Ursulinen verboten ohne Vorwissen der Oberin Briefe zu schreiben oder zu empfangen. Selbstverständlich dürfen auch keine Korrespondenzen *von Auswärtigen an Hausgenossen oder umgekehrt* ohne Wissen der Oberin weitergeleitet werden.[56] Die Leitung des Instituts der Englischen Fräulein allerdings unterscheidet sich grundsätzlich von den Frauenorden. Die einzelnen Konvente der Ursulinen unterstanden wie die allermeisten Frauenklöster dem zuständigen Diözesanbischof, sie kennen im 18. Jahrhundert keine Einteilung in Provinzen.[57] Zu den wichtigsten Jurisdiktionsangelegenheiten gehören die Oberinnenwahlen und Visitationen, Einkleidungen und Professen, die Überwachung der Klausurbestimmungen sowie die Bestätigung der Beichtväter. Im Gegensatz dazu kennen die Englischen Fräulein, nach dem Vorbild der Gesellschaft Jesu, als oberste Leitung das Amt der Generaloberin. Sie visitiert die einzelnen Häuser, versetzt Mitglieder in andere Häuser, nimmt die Gelübde der Neueintretenden entgegen, alle diese Handlungen sind jedoch von der Zustimmung des zuständigen Diözesanbischofs abhängig.[58] Mary Wards Intention war es gewesen, ihr Institut nach dem Vorbild der Jesuiten, unabhängig vom zuständigen Diözesanbischof, direkt dem Papst zu unterstellen. Die Exemption vom Ortsbischof hätte ebenso wie die Klausurlosigkeit eine größere Flexibilität bedeutet, die der männlichen Amtskirche jedoch für Frauen als nicht wünschenswert erschien.[59] Eine zentrale Leitung über Diözesan- und Landesgrenzen hinweg wurde nicht nur von Seiten der Kirche kritisch betrachtet, sondern auch von verschiedenen weltlichen Behörden angefochten, die es nicht gern sahen, wenn eine Generaloberin von außerhalb ihres Machtbereiches die oberste Leitung über Häuser innerhalb ihrer Landesgrenzen innehatte. Für die Gründung in St. Pölten (1706) hatte Kaiser Joseph I. zur Bedingung gemacht, dass dieses Haus von der Ge-

neraloberin in München unabhängig sein und seine Oberin die Leitung aller künftigen Häuser in der Monarchie übernehmen sollte. Nach dem Tod der ersten St. Pöltner Oberin Maria Anna von Kriechbaum im Jahre 1739 entstand darüber ein heftiger Konflikt, der schließlich 1742 dahingehend entschieden wurde, dass der Konvent in Krems und alle eventuell in Zukunft noch in Österreich entstehenden Häuser der Oberin von St. Pölten unterstellt und damit unabhängig von der Generaloberin in Bayern sein sollten. Damit war ein zweites Generalat geschaffen und Mary Wards Prinzip einer einheitlichen Leitung durchbrochen.[60]

Auch die Verteilung der (Kloster)ämter ist bei Ursulinen und Englischen Fräulein ähnlich. Der Oberin und der Präfektin als ihrer Stellvertreterin entsprechen bei den Englischen Fräulein die Hausoberin und die Hausministerin. Die übrigen Schwestern / Fräulein arbeiten entweder als Lehrerinnen in den äußeren und inneren Schulen oder in den verschiedenen Hausämtern. In den Frauenorden unterscheidet man bis zum II. Vatikanum zwischen Chor- und Laienschwestern. Die Laienschwestern haben keine Stimme im Kapitel und verrichten kein Chorgebet. Sie dürfen nicht in den Schulen unterrichten, sondern arbeiten unter der Leitung einer Chorschwester in der Küche, bei der Wäsche, in den Krankenzimmern und in der Apotheke.[61] In den Instituten der Englischen Fräulein wird zwischen »Fräulein« und »Jungfrauen« unterschieden. Die Fräulein stammen aus dem Adel oder »den höheren Ständen«. Sie unterrichten in den Schulen und haben im Haus die einflussreichen Ämter inne. Die Jungfrauen bürgerlicher Herkunft dürfen bei entsprechenden Qualifikationen ebenfalls unterrichten. Die Laienschwestern verrichten unter der Aufsicht einer Jungfrau unterschiedliche Hausdienste.[62] Nur die (adeligen) Fräulein können zur Oberin gewählt werden.[63]

Das Leben in den Orden und Kongregationen der katholischen Kirche ist von dem Gegensatz zwischen actio und contemplatio geprägt.[64] Der Tagesablauf der Ursulinen und

Englischen Fräulein spiegelt dieses Spannungsverhältnis wider. Die religiösen Übungen, die entweder in der Gemeinschaft oder alleine verrichtet werden, und der Schuldienst bzw. die Hausämter strukturieren ebenso wie die Zeiten des Silentiums und des erlaubten Sprechens den Tagesablauf im Kloster / Institut. Das gemeinsame Mittag- und Abendessen sind weitere Fixpunkte des Tages. Die *Tagordnung* der Englischen Fräulein bestimmt, dass sie um 5 Uhr aufstehen. Anschließend an eine einstündige Betrachtung folgt das Frühstück. Um 7 Uhr begeben sich die Lehrerinnen zu den Kostfräulein. Nach der Hl. Messe um ½ 8 Uhr beginnt die Arbeit in den Schulen oder im Haus. Um 11 Uhr halten die Schwestern eine Gewissenserforschung. Nach dem Mittagessen folgt eine Rekreation und eine geistliche Lesung. Um ½ 2 beginnt wieder die Schule bzw. die Arbeit. Um 3 Uhr wird das Altarsakrament besucht, anschließend wird bis 5 Uhr gearbeitet. Nach dem Abendessen um 6 Uhr besuchen die Schwestern erneut das Altarsakrament und halten Rekreation bis 8 Uhr. Nach einem Gebet und einer Gewissenserforschung ist um 9 Uhr Schlafenszeit.[65] Mit Ausnahme des Chorgebets ist der Tagesablauf im Institut der Englischen Fräulein fast ident mit dem im Wiener Ursulinenkloster.[66] Wie in den Orden wird auch bei den Englischen Fräulein während der Mahlzeiten eine geistliche Lesung gehalten.[67] Auch das Silentium wird bei den Ursulinen und Englischen Fräulein sehr ähnlich gehandhabt. Von ca. 9 Uhr abends bis um ca. 8 Uhr in der Früh gilt strenges Stillschweigen. Besonders genau ist das Silentium in den Gebets- und Schlafräumen sowie im Refektorium zu beachten.[68] Die Englischen Fräulein haben wöchentlich zwei Rekreationstage, an denen das Sprechen auch untertags erlaubt ist.[69] Die Schwestern sollen diese Rekreationen *mit aller Zucht und Einfalt* zubringen, erlaubt sind geistliche Gespräche und leichte Handarbeiten. So weit als möglich sollen die Klosterfrauen auch nicht über Angelegenheiten *so nach der Welt schmecken* sprechen, dazu gehören auch ihre soziale Herkunft und die weltlichen Ehren ihrer Familien.[70]

In der Ordensregel der Ursulinen wird von den eintretenden Nonnen gefordert, dass sie entschlossen sein sollen, ihre Familie und alle *weltlichen Zuneigungen* zu verlassen. Es sei notwendig, dass sie *alle fleischliche Liebe der Verwandten und Freunde* aufgeben und in *eine geistliche Liebe* verändern.[71] Auch die Englischen Fräulein müssen die *sinnliche Lieb* für ihre Eltern und Verwandten aufgeben. Ihre Liebe muss in erster Linie und vor allen Menschen und Dingen Christus gelten.[72] Dieser Rückzug von der Welt soll in den Männer- und Frauenorden der katholischen Kirche durch die Klausur sichergestellt werden. Auch wenn die Englischen Fräulein keine Klausurverpflichtung haben, werden ihre Kontakte zu Außenstehenden stark eingeschränkt und einer strengen Kontrolle unterworfen.[73] In der Schrift *Kurzer inhalt und begriff des Engelischen Instituts Mariae* heißt es dazu erklärend, Mary Ward habe die Klausur nicht angenommen, um sich umso besser der Jugenderziehung und anderen *Institut gemässen Verrichtungen* widmen zu können. *Jedoch ohne noth, oder rechtmässige ursach pfleget keine aus dem Haus zu gehen ausser in die Kirche.*[74] Entsprechend streng ist die Hausordnung im Institut. Die Schwestern dürfen im Haus ohne Erlaubnis der Oberin nicht mit Auswärtigen sprechen und sollen sich auch nicht mit *weltlichen Geschäften*, die nicht das Institut betreffen, befassen.[75] Die Englischen Fräulein dürfen keinesfalls nach Belieben ausgehen. *Es soll keine aus dem Haus gehen, als wann, und mit wem es die Oberin für gut ansihet.* Nachts müssen alle zu Hause sein.[76] Die Englischen Fräulein pflegen an Sonn- und Feiertagen die Kirchen der Umgebung zu besuchen. Die Hausministerin verzeichnet auf einer Tafel, mit welcher *Gespannin* eine jede in der kommenden Woche ausgehen darf. *Bevor sie aber ausgehen, soll allzeit die Jüngere die ältere gespännin fragen, ob sie ausgehen oder nicht, was ein ¼ Stunden zu vor geschehen sollte.* Geht die Ältere nicht aus, so muss die Jüngere der Hausministerin davon Mitteilung machen, die ihr dann eine andere Schwester zuteilt. Wenn die Jüngere nicht ausgeht, muss sie es der Älteren

65 IAStP, *Constitutionen des Institut Maria*, handschriftliches Manuskript ohne Paginierung o.O. o.J. Ebenda, A 2: Begriff des Instituts, *Kurzer inhalt und begriff des Engelischen Instituts Mariae*, handschriftliches Manuskript ohne Paginierung o. O. o. J.

66 Vgl. Regeln Augustini 1753, 59.

67 IAStP, A 2: Begriff des Instituts, *Ein kurzer begriff des H. Instituts Marie deren Englischen Freylen wird vorgestellt*, handschriftliches Manuskript ohne Paginierung o. O. o. J.

68 Reglen des Instituts Mariae, Crembs 1750, 39. • Regeln Augustini 1753, 82.

69 IAStP, *Constitutionen des Institut Maria*, handschriftliches Manuskript ohne Paginierung o.O. o.J.

70 Reglen des Instituts Mariae, Crembs 1750, 39. • Regeln Augustini, 86.

71 Reglen des Instituts Mariae, Crembs 1750, 52. • Zu den Familienbeziehungen von Klosterfrauen vgl. Barbara Duden, Denn wir haben kein andres Gut auf der Welt als Euch! Galileos Tochter Suor Maria Celeste in einer Biografie von Dava Sobel und ihren Briefen, in: L'Homme. Zeitschrift für Feministische Geschichtswissenschaft, 13, 1 (2002), 95–121.

72 Reglen des Instituts Mariae, Crembs 1750, 8.

73 Vgl. Wright, Mary Wards Institut, 2004, 85.

74 IAStP, *Constitutionen des Institut Maria*, handschriftliches Manuskript ohne Paginierung o.O. o.J. Ebenda, A 2: Begriff des Instituts, *Kurzer inhalt und begriff des Engelischen Instituts Mariae*, handschriftliches Manuskript ohne Paginierung o. O. o. J.

75 Reglen des Instituts Mariae, Crembs 1750, 26ff.

76 Reglen des Instituts Mariae, Crembs 1750, 27.

sagen, die ebenfalls bei der Hausministerin um eine andere Begleitung ersucht.[77] Im Sommer sind gelegentliche Spaziergänge vor der Stadt erlaubt.[78] Auch Besuche der Englischen Fräulein in der Wallfahrtskirche von Pyhra sind zu belegen.[79] Ob einzelne Institutsmitglieder ihre Familien besuchten, geht aus den St. Pöltner Quellen nicht hervor. In der Hauschronik des Wiener Ursulinenklosters wird allerdings wiederholt von Besuchen der Englischen Fräulein berichtet. Fräulein Josepha Gräfin Starhemberg[80] wohnte 1771 gemeinsam mit der Oberstvorsteherin Gräfin St. Julien, ihrer (leiblichen) Schwester Maria Aloysia, die sich zu dieser Zeit in der Kost bei den Englischen Fräulein befand, und Frl. von Hayden für fünf Tage im Wiener Ursulinenkloster. Der Anlass für ihren Besuch war die Einkleidung von Josephas Schwester Maria Anna.[81] Im April 1773 kamen die Englischen Fräulein anlässlich der Profess von Maria Anna nach Wien.[82] Bei der goldenen Profess der Oberin Emerentiana, die am 2. Mai 1774 in Anwesenheit Kaiserin Maria Theresias feierlich begangen wurde, waren Josepha Starhemberg, die Oberstvorsteherin Gräfin St. Julien und Frl. von Hayden ebenfalls zu Gast bei den Ursulinen.[83] Im Jänner 1785 kam Josepha, um ihre Schwestern Ignatia (die oben erwähnte Maria Anna) und Aloysia für einige Tage zu besuchen.[84] Im Juni 1790 hielten sich Josepha und ihre Oberstvorsteherin *wegen Geschäften* in Wien auf und besuchten das Ursulinenkloster.[85] Anlässlich der goldenen Profess der Präfektin Mater Eleonora geb. Gräfin von Saurau waren Josepha Starhemberg und ihre Oberstvorsteherin wieder zu Gast bei den Ursulinen.[86] Solche Besuche waren für ihre beiden Starhemberg-Schwestern im Ursulinenkloster aufgrund der Klausurverpflichtung nicht denkbar.

Der neben der fehlenden Klausurverpflichtung für den Institutsalltag entscheidende Unterschied zu den Orden mit feierlichen Gelübden besteht darin, dass alle Institutsmitglieder auch nach erfolgter Profess das Institut verlassen bzw. entlassen werden können. Voraussetzung ist in beiden Fällen die Zustimmung des Passauer Konsistoriums, dessen Jurisdiktion das St. Pöltner Institut unterstand.[87] In der Schrift *Ein kurzer begriff des H. Instituts Marie deren Englischen Freylen wird vorgestellet* heißt es dazu: *Wir haben die vota simplicia, welche im fall der noth mit wichtiger Ursach von dem Bischoff können aufgelöst werden.*[88] Bei der Profess geloben die Institutsmitglieder Keuschheit, Armut und Gehorsam und versprechen zugleich, *daß sie auß dem Institut nicht wohlen weichen, solte aber eine incorrigibl sein, oder mit grossen lastern sich vergreiffen*, ist es dem Institut erlaubt, sie mit Zustimmung des Ordinarius zu entlassen und ihrer Gelübde zu entbinden.[89] Im Archiv des St. Pöltner Instituts befindet sich ein Faszikel mit den Entlassungsgesuchen von Englischen Fräulein. Von 31. Dezember 1788 bis zum 9. März 1798 verließen sieben Fräulein / Jungfrauen das Institut.[90] Aus einigen gut dokumentierten Fällen geht hervor, dass solche Austritte manchmal mit wechselseitigen Verletzungen und Schuldzuweisungen verbunden waren. Allen ausgetretenen Mitgliedern musste vom Institut ihre Mitgift zurückerstattet werden.

77 IAStP, *Constitutionen des Institut Maria*, handschriftliches Manuskript ohne Paginierung o. O. o. J.

78 IAStP, A 2: Begriff des Instituts, *Ein kurzer begriff des H. Instituts Marie deren Englischen Freylen wird vorgestellet*, handschriftliches Manuskript ohne Paginierung o. O. o. J.

79 Für diesen Hinweis danke ich Walpurga Oppeker. Lechner-Grünwald, Unter deinem Schutz, 2005, 105.

80 Von den fünf Töchtern des Grafen Heinrich Maximilian von Starhemberg und der Anna geb. Gräfin Hoditz traten drei in den geistlichen Stand. Maria Josepha trat 1767 in das Institut der Englischen Fräulein in St. Pölten ein. Maria Anna wurde 1771 als Schwester Ignatia im Wiener Ursulinenkonvent eingekleidet, Maria Aloysia wurde 1774 ebenfalls bei St. Ursula eingekleidet. Zur Familie Starhemberg vgl. Johann Schwerdling, Geschichte des uralten und seit Jahrhunderten um Landesfürst und Vaterland höchst verdienten theils fürstlichen, theils gräflichen Hauses Starhemberg, Linz 1830.

81 Klosterarchiv St. Ursula Wien, Hauschronik, 20., 22. und 24. April 1771.

82 Klosterarchiv St. Ursula Wien, Hauschronik, 26. u. 28. April 1773.

83 Klosterarchiv St. Ursula Wien, Hauschronik, 12. Mai 1774.

84 Klosterarchiv St. Ursula Wien, Hauschronik, 23. Jänner 1785.

85 Klosterarchiv St. Ursula Wien, Hauschronik, 11. Juni 1790.

86 Klosterarchiv St. Ursula Wien, Hauschronik, 22. September 1793.

87 Die Diözese St. Pölten wurde 1785 gegründet.

88 IAStP, A 2: Begriff des Instituts, *Ein kurzer begriff des H. Instituts Marie deren Englischen Freylen wird vorgestellet*, handschriftliches Manuskript ohne Paginierung o. O. o. J.

89 IAStP, A 2: Begriff des Instituts, »Kurzer inhalt und begriff des Engelischen Instituts Mariae«, handschriftliches Manuskript ohne Paginierung o. O. o. J.

90 IAStP, A 12: Schriften und Quittungen der ausgetretenen Engl. Fräulein, *Specification deren S. Hochwürden, und Gnaden Frauen Baronesse v. Hayden als Englischen Fräulein Stifts zu St. Pölten übergebenen Original Quittungen* vom 11. Juni 1798. Im Vergleich dazu bestand der Konvent im Jahre 1800 aus der Oberstvorsteherin, elf Fräulein und sieben Jungfrauen. IAStP, *Verzeichniss sämtlicher Mitglieder des Institut Mariae. Personalstand i. J. 1800, St. Pölten.*

28

Die Spiritualität von Englischen Fräulein und Ursulinen ist jesuitisch geprägt.[91] Die Schwestern erforschen zweimal täglich ihr Gewissen und empfangen zumindest zweimal pro Woche die Kommunion, welcher immer eine Beichte vorangeht. Sie haben das Recht auf fremde (*extraordinari*) Beichtväter und einen eigenen Seelenführer. Vor dem Eintritt in das Institut/den Konvent wird eine Generalbeichte über das gesamte bisherige Leben abgelegt, die dann regelmäßig wiederholt wird.[92] Ein weiterer Fixpunkt der Frömmigkeitspraxis von Englischen Fräulein und Ursulinen sind die jährlichen achttägigen ignatianischen Exerzitien.[93] Die Regel der Englischen Fräulein nennt, mit Ausnahme der *Abstinzenz* an allen Freitagen zu Ehren der Passion Christi, keine verbindlichen Bußwerke, sondern jedes Institutsmitglied soll diese in Absprache mit dem Beichtvater oder der Oberin selbst bestimmen.[94] Die Schwestern sollen ihre *Anfechtungen* der Oberin oder dem Beichtvater anvertrauen und sich in ihren *Bußwerken, Andachten und allen Tugenden* nach deren Urteil und Anordnungen und nicht nach ihrem *eigenen Sinn und Verstand* richten. Deshalb sieht die Regel halbjährlich eine Aussprache über den Gewissenszustand mit dem Beichtvater vor.[95] In ihrem Alltag sollen sich die Institutsmitglieder bemühen so weit es ihnen möglich ist dem Beispiel Christi nachzufolgen und *gänzlich, und nicht nur eines Theils ein Abscheuen tragen ob allem dem, was die Welt liebt, und umfangt*, auch wenn sie dafür Schmähungen und Verleumdungen erdulden müssten.[96]

Angela Merici und Mary Ward hatten geistliche Gemeinschaften von Frauen gegründet, deren weitere Entwicklung sehr unterschiedlich verlief. Die Ursulinen nahmen den kirchenrechtlichen Status eines Ordens einschließlich der Klausurverpflichtung an und wurden zum klassischen Schulorden der Frühen Neuzeit. Die Englischen Fräulein verweigerten die Annahme der Klausur, ihre Gemeinschaft wurde vorübergehend vom Papst aufgelöst. In den Auseinandersetzungen über die Frage, ob für Frauengemeinschaften ohne Klausur eine kirchenrechtliche Gleichstellung mit den monastischen Orden möglich sei, stießen Gemeinschaften, die wie die Englischen Fräulein als Frauen konsequent *das Gleiche* wie die Jesuiten sein und tun wollten, an ihre Grenzen.[97] Keine Frauengemeinschaft ging in ihrem jesuitischen Anspruch so weit wie die Englischen Fräulein, »und keine andere bekam auch so deutlich und bis zur letzten Konsequenz zu spüren, wie eng die Grenzen dabei für Frauen gesteckt waren«.[98] Längerfristig näherten sich – wie durch einen Vergleich der (Ordens)regeln und Konstitutionen aufgezeigt wurde – die Englischen Fräulein in ihrer Lebensführung allerdings stark den Frauenorden an. De facto wurden auch die Englischen Fräulein zu einem »Schulorden«.

91 Vgl. O'Malley, Die ersten Jesuiten, 1995, 163ff.

92 Reglen des Instituts Mariae, Crembs 1750, 8f. •
Regeln Augustini 1753, 56.

93 Reglen des Instituts Mariae, Crembs 1750, 42. • Zu den geistlichen Übungen vgl. O'Malley, Die ersten Jesuiten, 1995, 52ff.

94 Reglen des Instituts Mariae, Crembs 1750, 6. • Zu den zahlreichen Fasttagen der Ursulinen vgl. Regeln Augustini 1753, 76.

95 Reglen des Instituts Mariae, Crembs 1750, 12.

96 Reglen des Instituts Mariae, Crembs 1750, 13f.

97 Conrad, Konzil von Trient, 336.

98 Conrad, Zwischen Kloster und Welt, 1991, 84.

Antependium (Detail)

Marianische Bezüge bei den Englischen Fräulein in St. Pölten

Walpurga Oppeker

Marianische Frömmigkeit bei der Kongregation der Englischen Fräulein ist sicher in erster Linie bestimmt von der persönlichen Haltung der Gründerin Mary Ward (1585–1645). Grundgelegt wurde diese Einstellung in ihrer Erziehung im katholischen Elternhaus im England der Glaubenskriege, wo die Verehrung der Gottesmutter, welche die Protestanten ablehnten, sicher Teil katholischer Identität war. Von besonderer Bedeutung wurde für Mary der Einfluss des Jesuitenordens, der damals einen großen Teil der im Untergrund wirkenden katholischen Priester, als »Missionare« ausgebildet im englischen Kolleg in Rom, stellte.[1] Der Spiritualität des Gründers, des hl. Ignatius von Loyola (1491–1556), fühlte sie sich Zeit ihres Lebens verpflichtet, und seine Konstitutionen wurden für sie und die von ihr gegründete Gemeinschaft wegweisend. Wie Ignatius wollte Mary Ward mit ihren Gefährtinnen ein Leben in geistlicher Gemeinschaft führen, aber, und das war damals für eine Frauengemeinschaft unvorstellbar, wie die Jesuiten nicht hinter Klausurmauern, sondern aktiv, apostolisch in der Welt wirkend, ihr Leben der Frauenseelsorge widmen und im Besonderen der Erziehung der weiblichen Jugend, so wie sich die Societas Jesu der Ausbildung der männlichen angenommen hatte. Und sie wollte das Leben nach dem Vorbild der Gottesmutter als ein Leben »contemplativa in actione« führen.[2]

Bei Ignatius liegt die große Verehrung der hl. Maria in ihrer Rolle als Gottesmutter, ihrem Anteil an der Menschwerdung Christi und damit als Teilhaberin am Erlösungswerk begründet. Ziel und Mittelpunkt seiner Spiritualität ist nicht Maria, sondern die Nachfolge Christi.[3] Die marianische Orientierung Mary Wards ist, vielleicht aufgrund ihres Frauseins, auch auf die Nachfolge in den Tugenden der Gottesmutter ausgerichtet. Der Absatz 2 der Konstitutionen der Gemeinschaft in der Ausgabe von 1905 nennt Maria *vollkommenes Vorbild, das* die Schwestern *nachahmen, … ihre höchste Herrin, der sie dienen, … ihre mächtigste Patronin und Mutter, welche sie vertrauensvoll anrufen sollen.*[4]

Die Societas Jesu übernahm von ihrem Ordensgründer die vertrauensvolle Hinwendung zur Gottesmutter, die ihm in Visionen immer wieder zur Seite gestanden war, und entwickelte in der Pastoral, vor allem in Verbindung mit den Reformen des Konzils von Trient (1545–63), eine Fokussierung auf Maria. Die Marienweihe wurde zum zentralen Element und Hauptmittel der persönlichen Heiligung und fand, auf die Laien bezogen, ihren Ausdruck in der Gründung der Marianischen Kongregation für die studentische, damals selbstverständlich männliche Jugend (1563). Im Jahre 1751 wurde offiziell die erste Frauen- und Jungfrauenkongregation durch Papst

1   Lopez, Mary Ward, 51.

2   Festschrift Englische Fräulein 1956, 71–76, 75.

3   Zu Ignatius und den Jesuiten: Josy Birsens SJ, D'Maria an der Spiritualitéit vom hl. Ignatius a vun de Jesuiten, Referat VI vom 22. 4. 2005 zum Thema »Mariendevotion zwischen Tradition und Moderne« der diözesanen Fortbildung in Luxemburg. • Herder Kirchenlexikon VI, Freiburg 1886 2, Sp. 1374–1424 (Jesuiten).

4   Gesamtausgabe der Konstitutionen Teil II, St. Pölten 1905.

Benedikt XIV. erlaubt und approbiert.[5] Allerdings finden sich auch ältere marianische Sodalitäten für weibliche Mitglieder. »Um die jesuitischen Frauengemeinschaften besser unter Kontrolle zu halten, werden sie als eine Art weibliche Marianische Kongregation den Jesuiten enger angeschlossen«.[6] Das betraf auch die Englischen Fräulein. So approbierte der Bischof von Freising am 4. Dezember 1713 die *Marianische Tugend-Schuel Einer Congregation Under dem Titul der Demut Mariae.... vor das Weibliche Geschlecht allein in der Versamblung des Instituts Mariae in München auffgerichtet vnd angefangen.*[7] Das Bruderschaftsbüchlein findet sich auch in der Bibliothek des St. Pöltner Institutes. 1884 wurde die Marianische Kongregation in St. Pölten dann tatsächlich eingeführt und hatte unter den Schülerinnen großen Zulauf.[8]

Das Verhältnis Mary Wards zur Gottesmutter ist dem des hl. Ignatius sehr ähnlich. Beide hatten unbedingtes Vertrauen zum Beistand Mariens in jeder Lage, beide fühlten sich von marianischen Wallfahrtsorten angezogen. Gemeinsam ist ihnen die Verehrung des Gnadenbildes Salus Populi Romani in Santa Maria Maggiore in Rom, dessen Kult von den Jesuiten weltweit verbreitet wurde. Im »Gemalten Leben« der Mary Ward, einer Serie von 50 Tafeln aus der 2. Hälfte des 17. Jahrhunderts, ist es auf sechs der Bilder über ihrem Betschemel im Schlafzimmer zu erkennen und auf einem weiteren schmückt es den Altar einer Kapelle.[9] Ganz besonderes Vertrauen zollte sie aber dem Gnadenbild von Loreto, und bei ihren Romreisen nahm sie große Umwege in Kauf, um diesen Gnadenort zu besuchen. Auf dem Vorsatzbild des ersten Bandes der Biographie von Marco Fridl schmückt die Madonna von Loreto einen Altar, vor dem Mary Ward zwei Mädchen in der Anbetung des Allerheiligsten unterweist,[10] und Fridl berichtet auch, dass bei allen von ihr eingerichteten Häusern die Kapellen mit Marienbildern ausgestattet wurden.[11] Im zweiten Band widmet Fridl der Verehrung Mariens durch Mary Ward ein immerhin 24 Seiten langes Kapitel.[12]

Eine bewusste Hinwendung zur Gottesmutter zeigte sich, als sie in der Firmung an Stelle seines Taufnamens Johanna den Namen Maria annahm und sich seither nur noch so nannte (Mary / Marie Ward, Maria della Guardia). Mary Wards besondere Vorliebe für den Besuch marianischer Wallfahrtsorte, an denen sie immer wieder große Gnaden erfuhr,[13] dokumentiert vielleicht auch ein Porträt, das in den meisten Niederlassungen als Kopie vorhanden ist: »Mary Ward als Rompilgerin 1621«, das sie mit Pilgerhut und Pilgerstab abbildet.[14] Obwohl sie die Pilgerkleidung damals nicht der Wallfahrten wegen trug, sondern um auf der Romreise durch diese Tracht geschützter zu sein, ist dieses Porträt durchaus für ihr Leben charakteristisch, das man als lebenslängliche Pilgerfahrt bezeichnen könnte. Den Auftrag, Maria an ihren Gnadenorten zu besuchen, erteilte sie auch ihren Gefährtinnen, die ihm, da sie nicht der Klausur unterworfen waren, auch nachkamen.

Im ersten Entwurf zu einem Institutsplan nannte Mary Ward ihre geplante Gründung »Schola Mariae« und erläuterte: *Deswegen wird dieses unser Institut der Seligen Maria und die Jungfrauen oder Witwen, die zusammen mit uns diese Lebensweise wählen, Jüngerinnen (Schülerinnen) der Seligen Jungfrau heißen, damit sie so deren Leben zunächst persönlich gut kennen lernen und dann die anderen darin einzuführen vermögen.*[15] In den weiteren Entwürfen wird dagegen der Wunsch formuliert, dem Institut den Namen Jesu zu geben und die Regel der Societas Jesu zu übernehmen. Rom lehnte das strikte ab und verfügte 1631 die Schließung aller Niederlassungen. Durch die Gunst des bayerischen Kurfürsten konnten sich die Schwestern aber in München halten, und von dort breitete sich das Institut erneut wieder aus. Erst 1703 bekamen die Institute unter dem Kompromisstitel »Institutum Beatae Mariae Virginis« oder »Institut der seligsten Jungfrau Maria«, gewöhnlich »Englische Fräulein« genannt, die päpstliche Bestätigung ihrer Regeln.[16] Jedoch erst im Jahre 2000 erlangte die Gemeinschaft endlich das, was Mary Ward schon vor fast 400 Jahren angestrebt hatte, den Namen »Congregatio Jesu« und die Übernahme der ignatianischen Konstitutionen mit ergänzenden Normen.[17]

5 Franz Xaver Schwärzler SJ, Sodalis Marianus. Verfassung, Statuten und Gebräuche, Wien 1924, 4.

6 Anne Conrad, Ursulinen und Jesuiten. Formen der Symbiose von weiblichen und männlichen Religiosen in der frühen Neuzeit, in: Doppelklöster und andere Formen der Symbiose männlicher und weiblicher Religiosen im Mittelalter. Berliner Historische Studien 18, Ordensstudien VIII, Berlin 1992, 213–238, 229, Anm. 65.

7 Bibliothek CJ St. Pölten, gedruckt bei Joh. Lucas Straub, München 1714.

8 IAStP, IA 1b.

9 Diese Bildfolge, die bis ca. 1680 entstanden ist, befindet sich nach wechselvollem Schicksal heute im Maria-Ward-Saal des Institutes in Augsburg. Das Bild »Salus populi Romani« findet sich auf den Tafeln 12, 23, 31, 33, 34 und 38, weitere Marienbilder auf den Tafeln 2, 14, 16 und 36.

10 Fridl, Englische Tugend, 1732 (I, II)

11 Fridl, Englische Tugend II, 1732, 65, no 463.

12 Fridl, Englische Tugend II, 1732, 4. Capitel, 57–81.

13 Fridl, Englische Tugen I, 1732, 405, no 312.

14 Raff, Wallfahrt, 1984, 122 ff., Nr. 168: Das Bild befindet sich heute im Institut der Engl. Fräulein in Augsburg, datiert 1733 und trägt die Inschrift: *Maria ist Ao. 1621 von Trier nacher Rom in pilgramß kleider zu fueß gereist* (Johanna von Herzogenburg); eine Kopie dieses Gemäldes befindet sich im St. Pöltner Institut, eine weitere im Lilienhof.

15 Lopez, Mary Ward, D 1 »Schola Mariae« oder 1. Institutsplan, § 4 (Archiv Nymphenburg).

16 Fritzer, 300 Jahre Englische Fräulein in Österreich, 2005, 29–46, 31.

17 Fritzer, 300 Jahre Englische Fräulein in Österreich, 2005, 189–191, 190.

29

30

Als 1706 Englische Fräulein aus München und Augsburg in St. Pölten eine neue Niederlassung gründeten, wurde die Kirche zu Ehren der Unbefleckten Empfängnis Mariens geweiht. Die Ausstattung des Gotteshauses, deren Programm mit der Gestaltung der barocken Hausfassade in der Linzerstraße praktisch ident ist, zeigt die Themenkreise, denen sich die Gemeinschaft verpflichtet fühlte. Im Mittelpunkt steht die Figur der Immakulata, der Unbefleckt Empfangenen. Dem Tätigkeitsbereich des Unterrichtes entspricht die Hinwendung zum Thema Kindheit in verschiedenen Variationen, sei es durch die hl. Anna, die Maria das Lesen lehrt, durch den zweiten Patron des Hauses, den hl. Joseph mit dem Jesuskind, oder auch den Engel, der die schutzbefohlenen Kinder behütet. Eine besondere Verehrung der Engel ist auch beim hl. Ignatius und seinem Orden zu beobachten. Die von Mary Ward und ihrer Gemeinschaft angestrebte, von den Jesuiten oft mehr als zwiespältig aufgenommene geistige Verbindung mit der Societas Jesu dokumentieren die Statue des hl. Ignatius an der Fassade und der Altar der beiden Ordensheiligen Ignatius und Franz Xaver in der Kirche.

Das Bild der Immakulata ist das große Thema im Haus. Die Glaubenswahrheit der Unbefleckten Empfängnis wurde erst 1854 unter Papst Pius IX. zum Dogma erhoben. Sie ist aber bereits seit dem Frühchristentum eine allgemein anerkannte Überzeugung, die allerdings immer wieder theologische Kontroversen hervorrief.

Variantenreich ist ihr Bild auch in der Kunst. Der klassische Typus, als dessen Vorgänger die Mondsichelmadonna, die Ährenkleidmadonna und das Apokalyptische Weib angesehen werden können, zeigt Maria auf einer von der Schlange umwundenen Weltkugel stehend, ohne Kind, die Hände gefaltet oder vor der Brust gekreuzt.[18]

Diese klassische Form, die Jungfrau mit gefalteten Händen und dem Sternennimbus auf der Weltkugel, findet sich bei der bewegten Marienstatue an der Fassade in der Linzerstraße.

18 Zu diesem Themenkreis vgl. Beinert, Handbuch der Marienkunde, 1984, 849–882. • Marienlexikon VI (1994). • P. W. Hartmann, Kunstlexikon. • Lechner-Grünwald, Unter deinen Schutz, 2005, 277–288.

19 ÖKT St. Pölten 1999, 95.

20 ÖKT St. Pölten 1999, 90.

21 Vorsatzbilder bei Fridl, Englische Tugend, 1732 (I,II) und Johannes v. Unterberg, Kurtzer *Begriff Deß wunderbahrlichen Lebens Der Ehrwürdigen und Hoch-Gebohrnen Frauen Frauen Maria von Ward …., Augspurg 1735.*

22 Offb. 12/1: *Mit der Sonne bekleidet, der Mond war unter ihren Füßen und ein Kranz von 12 Sternen auf ihrem Haupt.*

23 ÖKT St. Pölten 1999, 89.

24 Beinert, Handbuch der Marienkunde, 1984, 528–555, 531f.

25 IAStP, IA 1b.

26 Institut CJ St. Pölten, Kirchenbehältnis; Kaseln aus E. 19., Anf. 20. Jh.: Eine Kasel zeigt auf einem mit Blütenranken verzierten Kreuz die Gottesmutter, die auf der Mondsichel platzierten Weltkugel steht; auf der zweiten steht Maria unter einer Krone und oberhalb des Marienmonogrammes auf einer lindwurmartigen Schlange. Ich möchte hier der Sakristanin, Sr. Amanda, für die hilfsbereite, geduldige Betreuung herzlich danken.

27 Immakulatastatue aus rot gebranntem Ton, wohl aus der Zeit der Gartengestaltung von 1881.

28 Holz, farbig gefasst, H. ohne Sockel 160 cm, nach der Haustradition eine Beuroner Arbeit; die verschiedenen Aufstellungsorte sind durch Photographien im Kirchenbehältnis dokumentiert.

29 Aurenhammer, Gnadenbilder, 1956, 162f.

30 Festschrift Englische Fräulein 1905, Photo nach 312.

Sie wird Peter Widerin zugeschrieben[19] und bildet oberhalb der Säulennische mit der Schutzengelgruppe und unterhalb des Auge Gottes den Mittelpunkt der Fassade.

Auch das Hochaltarbild der Kirche, von Carl von Reslfeld (um 1718/19),[20] zeigt eine sehr jugendliche Gottesmutter in weißem Kleid und blauem Mantel, die wieder auf der schlangenumwundenen Erdkugel steht (Abb. 81). Sie trägt einen Brautkranz auf dem offenen Haar, beides Zeichen der Jungfräulichkeit, hat aber bereits das Kind auf ihrem rechten Arm sitzen. Eine Schar von Engeln umgibt sie mit verschiedenen Symbolen in den Händen, die sich zum Teil auf Eckkartuschen von Porträts der Mary Ward wiederholen (Mariensymbol, Blitze, brennendes Herz, Anker, Sonnengesicht).[21] Andere, wie der Sternenkranz, Sonne und Mond sind Zeichen des Apokalyptischen Weibes,[22] wie sie das Fresko Paul Trogers in der Chorkuppel (um 1729) auf einer Wolkenbank am Kuppelrand zeigt.[23]

1862 waren die Erscheinungen der Gottesmutter als »Unbefleckte Empfängnis«, die Bernadette Soubirous in Lourdes zuteil geworden waren, von der Kirche offiziell anerkannt worden.[24] Zwanzig Jahre später wurde, wie an vielen anderen Orten, auch in St. Pölten eine Lourdesgrotte an die Kirche angebaut. Die aus Paris gelieferte Einrichtung hatte 1000 Franken gekostet. Ihre feierliche Weihe fand am 15. August (Maria Himmelfahrt) statt. Diese Grotte wurde auch von der Stadtbevölkerung gerne besucht und mit Votivgaben bedacht.[25]

Auch auf zwei Messgewändern sind Immakulatadarstellungen aufgestickt.[26]

In Haus und Garten[27] war und ist das Motiv der Unbefleckten Empfängnis in Form von Statuen immer wieder zu finden. Im neuen Refektorium steht eine fast lebensgroße Madonnenstatue aus Holz, die als Kongregationsbildnis angeschafft worden war. Die jugendliche Maria mit Sternennimbus steht mit gesenktem Blick und gefalteten Händen auf der von der Schlange umwundenen Weltkugel. Im offenen Haar trägt sie, wie Maria auf dem Hochaltarbild, einen Kranz aus

31

Rosen. Ursprünglich stand sie auf dem Altar der Kinderkapelle in der Schule, zu besonderen Anlässen, wohl im Monat Mai, schmückte sie auch den Hochaltar der Kirche.[28]

Bemerkenswert ist auch ein kleines, ovales, auf Kupferblech gemaltes Porträtbildchen der Mary Ward in Verehrung der Immakulata (Kat. Nr. 11), deren Darstellung an den Typus der »Freisinger Seminarmadonna« erinnert, die ihrerseits wahrscheinlich nach spanischen Vorbildern gefertigt wurde.[29]

Entsprechend der hohen Verehrung für das Geheimnis der Unbefleckten Empfängnis wurde das Fest am 8. Dezember in der Gemeinschaft immer sehr feierlich begangen, besonders aber anlässlich des fünfzigjährigen Jubiläums des Dogmas (1894), wo in St. Pölten Schülerinnen eine »Immakulatagruppe« als lebendes Bild nachstellten.[30]

29 **Immakulata an der Institutsfassade, Werkstatt des Peter Widerin, um 1730/40**

30 **Schutzengel mit Kind in der mittleren Säulennische der Institutsfassade, Werkstatt des Peter Widerin, um 1730/40**

31 **Immakulata aus dem Chorkuppelfresko von Paul Troger, um 1729**

Das Kind als Thema im Kirchenprogramm beginnt mit Szenen aus der Kindheit und Jugend Mariens im Kuppelfresko des Kirchenraumes.[31] Um das Auge Gottes, das durch eine dichte, von Engelsköpfchen durchsetzte Wolkenwand strahlt, sind am Kuppelrand in genrehaften Szenen vier Begebenheiten aus dem Leben der hl. Maria angeordnet, beginnend mit der Verheißung ihrer Geburt durch einen Engel. Es folgt die Darstellung der Geburt, die Mutter Anna wird durch eine Frau versorgt, während andere das neugeborene Kind pflegen. Anschließend sehen wir Maria beim Dienst als Tempeljungfrau. Sie trägt dasselbe rote Kleid wie bei der nächsten Szene, als der Erzengel Gabriel ihr den göttlichen Ratschluss verkündet. Über der Szene schwebt ein kleiner Engel mit einer Schleife in der blauen Marienfarbe.

Ende des 19. Jahrhunderts wurde in der Kirche gegenüber dem »Prager Jesulein« das »wundersame Marienkind« aufgestellt.[32] Später bettete man es am Fest Maria Geburt auch im Noviziat in eine Wiege.[33] Dieser Kult stammt aus Mailand und ist nördlich der Alpen kaum bekannt. Vielleicht wurde er über die südtirolerischen Niederlassungen des Institutes in andere, so nach St. Pölten, Mindelheim und auch nach Budapest gebracht.[34] Das St. Pöltner Kindl[35] ist wie das Original ein eng gewickeltes Fatschenkind, dem heute die Goldborten fehlen, die den bauschenden Stoff raffen sollten. Es trägt ein Lätzchen aus gerafftem Seidenstoff, hält das blondgelockte Köpfchen nach rechts gedreht und ist mit einem rüschenüberzogenen Häubchen bekleidet.

Eine weitere, eher seltene Darstellung von Maria als Kleinkind findet sich in einer Gartenecke, die hl. Mutter Anna trägt das kleine, leicht bekleidete Marienkind auf ihrem Arm. Als Pendant dazu gibt es eine Statue des hl. Joseph mit dem Jesuskind.[36]

Anna und Joseph als Gegenstücke finden sich auch auf zwei Ovalbildern im Refektorium, als Statuen an der Hausfassade und als Supraporten in der Kirche.[37] Dass das Thema der Mutter Anna in einem Institut, das sich die Mädchenbildung zur Aufgabe gemacht hatte, besonderen Anklang fand, zeigt das häufige Vorkommen dieses Bildmotivs in den einzelnen Niederlassungen der Englischen Fräulein.[38] Die heilige Anna gilt als das Urbild der christlichen Erziehung. Bereits im Mittelalter galt das Lesen in gehobenen Kreisen als Kunst der Frauen und beschränkte sich bei Männern in erster Linie auf die Angehörigen des geistlichen Standes. Maria, die »belesene Frau«,[39] die in der Verkündigungsszene meist mit einem Buch dargestellt wird, hat diese Kunst von ihrer Mutter gelernt und auch in der Ikonographie der Heiligen Sippe beschränkt sich die Belesenheit in der Regel auf die Frauen.[40] Eine seltene Ausnahme bildet ein Stich in einer von den Wiener Jesuiten herausgegebenen Biographie des hl. Joseph, auf dem der Nährvater mit dem Jesukind das Lesen übt.[41]

Ganz besondere Verehrung aber fand das »Prager Jesulein« im St. Pöltner Haus, und nicht nur dort, auch in den Niederlassungen in Mindelheim,[42] in München[43] und in Krems[44] gab es dieses Gnadenbild, die beiden letzteren sind allerdings verschollen. Bei den Englischen Fräulein des Rheinlandes wurde ein eigenes Offizium zu Ehren des »holden Prager Jesukindes« gebetet (Kat.Nr.25).[45]

Die erste Statuette des Prager Jesuleins im St. Pöltner Institut wurde weitergeschenkt und die Kommunität erhielt eine andere »aber auch von sehr altem Datum«,[46] wahrscheinlich aus dem 1782 aufgehobenen Karmelitinnenkloster.[47] In der Bibliothek des St. Pöltner Institutes befinden sich auch zwei hübsche barocke Andachtsbilder des Prager Jesuleins.[48]

Die Verehrung des kindlichen Gottessohnes führte im 19. Jahrhundert zur Benennung des größten, äußeren Hofes als »Jesuleinhof«. In einem runden Blumenrabatt steht auf einem Pfeiler die Tonstatue des Jesusknaben, der ein Buch in der Hand hält und darin liest.[49] Wahrscheinlich geht die Gestaltung dieses Hofes in die Zeit der Erbauung der letzten Schulgebäude in diesem Bereich Ende der 1880er Jahre zurück.

Neben diesen für die Kongregation der Englischen Fräulein sozusagen »ordensspezifischen« Themen finden sich im St. Pöltner Haus auch zahlreiche marianische Gnadenbilder, die anschließend zusammengefasst behandelt werden sollen. Dazu kommt eine Reihe von Madonnendarstellungen unterschiedlicher Herkunft, die keinem bestimmten Typus zugeordnet werden können.

Eines der wertvollsten Stücke ist wohl das Bild der Madonna mit dem Kind vor einer Landschaft sitzend, das Lucas Cranach gemalt haben soll (Kat.Nr. 1).[50] Ein weiteres wertvolles Bild, das aus stilistischen Gründen Daniel Gran zugeschrieben wird, zeigt die heilige Maria mit dem schlafenden Kind und dem Johannesknaben (Kat.Nr. 6).[51]

An Kopien nach alten Meistern finden sich eine Tafel der Madonna mit Kind nach einem Bild Carlo Marattas im Wiener Kunsthistorischen Museum (Kat.Nr. 10)[52] und die »Weintraubenmadonna«, eines der acht Ovalbilder im Refektorium, eine Kopie nach dem französischen Hofmaler Pierre Mignard (1610–95).[53] Dieses Gemälde ist signiert und datiert mit *Clementine Heckel, 1838* (Abb. 69).[54] Clementine von Heckel war Schülerin des Institutes, sie erscheint 1834 und 1835 auf der *Denktafel dem unermüdeten Fleiße und tadellosen Sitten*[55] und genoss seit 1833 ein Graf Kurz'sches Stipendium.[56]

32 **Widmungsinschrift der Kaiserin Maria Theresia auf der Rückseite des Andachtsbildchens mit der Heimsuchung Mariens (Kat. Nr. 12)**

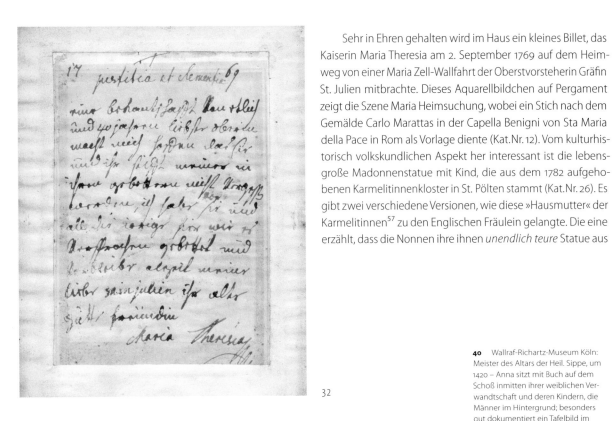

Sehr in Ehren gehalten wird im Haus ein kleines Billet, das Kaiserin Maria Theresia am 2. September 1769 auf dem Heimweg von einer Maria Zell-Wallfahrt der Oberstvorsteherin Gräfin St. Julien mitbrachte. Dieses Aquarellbildchen auf Pergament zeigt die Szene Maria Heimsuchung, wobei ein Stich nach dem Gemälde Carlo Marattas in der Capella Benigni von Sta Maria della Pace in Rom als Vorlage diente (Kat.Nr. 12). Vom kulturhistorisch volkskundlichen Aspekt her interessant ist die lebensgroße Madonnenstatue mit Kind, die aus dem 1782 aufgehobenen Karmelitinnenkloster in St. Pölten stammt (Kat.Nr. 26). Es gibt zwei verschiedene Versionen, wie diese »Hausmutter« der Karmelitinnen[57] zu den Englischen Fräulein gelangte. Die eine erzählt, dass die Nonnen ihre ihnen *unendlich teure* Statue aus Dankbarkeit der Gräfin St. Julien geschenkt hätten,[58] die zweite, wahrscheinlichere, dass der Kommandant der Peregrinischen Regimentsknaben, zu deren Kaserne das Kloster umgewidmet worden war, diesen nicht zu veräußernden Restbestand 1786 den Englischen Fräulein mit der Bemerkung geschenkt hätte, *daß selbe bei den Englischen Fräulein gewiß besser in Verwahrung stehen würde.*[59]

Zur textilen Ausstattung der Figuren wäre zu bemerken, dass das Kind auch heute noch alte, barocke Hemdchen und Mäntelchen trägt, während die Mutter um 1905 herum eine »mehr der historischen Zeit angepasste, halborientalische Kleidung erhalten« hat, die aber nach den Farben der kirchlichen Zeiten ausgetauscht wurde. Auch wurde ihr damals in der Weih-

32

31 ÖKT St. Pölten 1999, 90: 1769 durch Bartolomeo Altomonte.

32 Festschrift Englische Fräulein 1905, 27.

33 Freundliche Auskunft von Sr. Margarete, die diesen Brauch aus ihrer Noviziatszeit vor ca. 60 Jahren kennt.

34 Festschrift Englische Fräulein 1905, 207.

35 Fatschenkind mit seitlich geneigtem Wachsköpfchen mit Brustansatz, braune Glasaugen, vier Zähnchen, kurze, lockige Flachshaare; L. 68 cm; liegt auf einer mit Spitzen verzierten Matratze; Kirchenbehältnis. • Nina Gockerell, Il bambino Gesù, 1998, 56–59.

36 Sandsteinstatuen im Garten auf Pfeilern mit geschwungenem Sockelaufsatz, H. der Statuen ca. 100 cm.

37 ÖKT St. Pölten 1999, 93.

38 So in Passau/Niedernburg mit Pendant Hl. Joseph mit Jesukind, in Mindelheim, 3 Bilder in Neuhaus am Inn, freundliche Auskunft von Sr. Mag. Ingeborg Kapaun CJ, St. Pölten. • Ritter, Mutig Welten erschließen, 2001, Abb. 120.

39 Hildegund Keul, Zum Wort befreit. Maria, die belesene Frau und das Schöpfungswort »fiat«, in: Sebastian Anesser / Friedrich Fahr / Norbert Jocher / Norbert Knopp / Peter B. Steiner (Hgg.), Madonna. Das Bild der Muttergottes, Katalog zur Ausstellung des Diözesanmuseums Freising, 2003, 97–100.

40 Wallraf-Richartz-Museum Köln: Meister des Altars der Heil. Sippe, um 1420 – Anna sitzt mit Buch auf dem Schoß inmitten ihrer weiblichen Verwandtschaft und deren Kindern, die Männer im Hintergrund; besonders gut dokumentiert ein Tafelbild im Stift Seitenstetten, um 1620 (Sign. Gal. 17–05), die Belesenheit der Frauen: neben Anna beschäftigen sich auch ihren weiteren »Töchter«, Maria Salome und Maria Kleophas und deren kleine Kinder mit Büchern, während die Personen im Hintergrund, meist Männer, keinen Anteil an diesen Aktivitäten nehmen.

41 Bibliothek CJ St. Pölten, *Amores Josephi Sive Divorum amabilissimi Divini amoris nutritii Mariae sponsi. Ditionum Austriae Domui subditarum patroni tutelaris, Josephi vita, … Societas Jesu Collegio Viennensis … Anno MDC.XCIX.* • Leopold Voigt, Universitätstypograph Viennae, pag. 138.

42 Dieter Höllhuber / Wolfgang Kaull, Wallfahrt und Volksfrömmigkeit in Bayern, Nürnberg 1987, Abb. 53. • Ritter, Mutig Welten erschließen, 2001, 166–181, 176ff.

43 Niehoff, Maria allerorten, 1999, 179–184, 184, Anm. 40.

44 IAStP, IA 1b.

45 Josef Forbelsky / Jan Royt / Mojmír Hornya, Das Prager Jesukind (Aventinum Verlag 2004³), bes. 51f., 58. • Gockerell, Il bambino Gesù, 1988.

46 Festschrift Englische Fräulein 1905, 27.

47 IAStP, IA 1b.

48 Bibliothek CJ, 1.) Kupferstich 13,5 × 8,5 cm, sign. *P.S.C.M. Klauber Cath. Sc. Et ex. A.V.*
2.) Kupferstich, 14 × 8 cm, sign. *F.L.Schmittner sc. Viennae 1744.*

49 Statue aus gebranntem Ton, H. 105 cm.

50 ÖKT St. Pölten 1999, 98.

51 ÖKT St. Pölten 1999, 98.

52 Öl/Holz, 27 × 21cm.

53 Für diese Auskunft danke ich herzlich Dr. Stephan Klingen, Zentralinstitut für Kunstgeschichte München.

54 ÖKT St. Pölten 1999, 96.

55 Festschrift Englische Fräulein 1905, 339.

56 IAStP, II/1a, Namensverzeichnis, Beilagezettel *Graf Kurz'sche Stiftlinge ab 1808.*

57 Monika Prüller, Das Karmelitinnenkloster »Unsere Liebe Frau vom Berge Karmel« zu St. Pölten (1706–1782), Studien und Forschungen aus dem Institut für Landeskunde 14 (1992), 121: bereits 1730 wird ein *Hausmutteraltar* gemeldet.

58 Festschrift Englische Fräulein 1905, 36.

59 IAStP, IA 1b.

nachtszeit »ein reizend schönes Wachspüppchen in reich ver-
ziertem Wiegenkorbe auf ihren Schoße« gelegt.[60] Dieses Baby
ist ähnlich dem Marienkind gestaltet, sein seitlich geneigtes
Wachsköpfchen mit aufgemalten dunklen Haaren schaut aus
einem aufwändig gesmokten weißen Steckkissen.[61]

Einem völlig anderen Sujet gehört das einzige Gemälde
einer Pietà an (Abb. 33). Diese dramatische Szene der Kreuz-
abnahme, bei welcher der bleiche Leichnam Jesu aufrecht auf
dem Schoß der vor Schmerz betäubten Gottesmutter lehnt, ist
eine Kopie nach einer Radierung Paul Trogers.[62]

33

33 **Beweinung Christi, Martin Johann Schmidt (?) nach einer
Radierung von Paul Troger, um 1750/60**

Neben diesen eher »repräsentativen« Werken findet sich im Haus eine große Anzahl von Kopien nach Gnadenbildern, die sicher der persönlichen Andacht der Schwestern dienten. Man holte sich das Andachtsbild auch gerne ins Haus, obwohl die Englischen Fräulein keiner Klausur unterworfen waren und selbst Wallfahrten unternahmen.[63]

Am 10. April 1754 pilgerte die Oberin St. Julien mit einem Teil ihrer Damen in das südlich von St. Pölten gelegene Pyhra und staffierte dort ein kleines Andachtsbild von Maria Taferl, zu dem sich eine Andacht entwickelt hatte, mit einer kostbaren Goldstickerei, die es heute noch schmückt. Am 3. Mai durften dann die restlichen sechzehn Schwestern, die vorher zu Hause bleiben mussten, nach Pyhra wallfahrten.[64]

Die Oberstvorsteherin St. Julien hatte auch Beziehungen zum Marienwallfahrtsort Heiligenkreuz-Gutenbrunn, wo sie 1755 in Vertretung der Kaiserin Maria Theresia den Grundstein zur neuen Kirche gelegt hatte.[65] Ebenso gab es Verbindungen zum Servitenkloster Jeutendorf, auch einer Marienwallfahrtsstätte. Es ist belegt, dass die Oberstvorsteherin St. Julien den Brüdern 1755 acht geschnitzte, lederbezogene Nussholzstühle und drei weitere, die vergoldet und mit Stickerei bezogen waren, schenkte.[66] Während an Pyhra und Heiligenkreuz im Institut nichts mehr erinnert, finden sich zwei gemalte Kopien und barocke Andachtsbilder des Jeutendorfer Gnadenbildes im Haus.[67]

Wenn wir den Tafeln des »Gemalten Lebens« der Mary Ward glauben dürfen, begleitete sie das jesuitische Gnadenbild »Salus Populi Romani« aus Santa Maria Maggiore in Rom[68] durch ihr ganzes Leben. Von dieser Ikone, einem Lukasbild, auf dem die Madonna ein gefaltetes weißes Tuch in Händen hält, gibt es im St. Pöltner Haus nur ein Exemplar, das überdies erst aus dem 19. Jahrhundert stammen dürfte.[69]

Dagegen ist das »Mariahilfbild« die am häufigsten im Haus vertretene Mariendarstellung, und zwar sowohl in der originalen Fassung des Innsbrucker Domes als auch in den Ko-

pienfassungen von Passau und Mariahilf in Wien. So ist zum Beispiel das schöne gekrönte Mariahilfbild in prunkvoll geschnitztem Goldrahmen im Wandkasten gegenüber der Pforte von der Wiener Fassung abzuleiten.[70]

Um 1900 wurde von einer Baronin Lazarini ein sehr hübsches, kleines Mariahilfbildchen, das laut der hinten aufgeklebten Beurkundung 1768 am Innsbrucker Original angerührt worden war, einer der Schwestern geschenkt (Kat.Nr. 9). Von den drei weiteren Mariahilfbildern sind noch eines eher vom Innsbrucker Typus und zwei vom Passauer herzuleiten.

Fast ebenso zahlreich sind die Kopien der »Madonna mit dem geneigten Haupt«, ein Brustbild Mariens mit geneigtem Kopf, gesenktem Blick und dem charakteristischen Stern auf dem blauen Schleier an der rechten Schulter. Dieses Gnadenbild, dessen Geschichte im wahrsten Sinne des Wortes bewegt ist, wurde von einem Karmelitenpater in Rom im Schutt eines abgerissenen Hauses gefunden und gereinigt, worauf die Madonna laut Legende ihm dankbar das Haupt zuneigte.[71] Zuerst in Rom verehrt, gelangte es über den Münchner Karmelitenkonvent nach Bayern und von dort an Kaiser Ferdinand II., unter dem es in der Wiener Hofburg zur »Habsburgischen Hausmadonna« avancierte. Seine Witwe Eleonore Gonzaga vermachte es wieder den Wiener Karmeliten, die das Bild heute noch in ihrer Döblinger Klosterkirche verehren. Eine Kopie gelangte 1680 zu den Ursulinen in Landshut, wo ein neues Zentrum der Verehrung entstand, das weite Kreise zog.[72] Im St. Pöltner Institut befindet sich ein ovales Bild in einem rechteckigen verglasten Wandkasten mit eingezogenem Segmentgiebel. Der goldene Nimbus und der Stern sind mit reichem Perlenmuster verziert.[73] Von drei weiteren gemalten Kopien ist die wohl älteste signiert und datiert *W. Carl Hauer Fecit Anno 1722.*[74] Da das Wiener Original und die Landshuter Kopie keine offensichtlichen Unterschiede aufweisen, ist die Ableitung dieser Ölbilder nicht festzustellen. Bei den in der Bibliothek aufliegenden Andachtsbildchen stammen zwei aus Landshut, eines aus Wien und bei

60   Festschrift Englische Fräulein 1905, 37.

61   Fatschenkind mit Wachskopf mit Brustansatz, L. ca. 50 cm, mit Steckkissen 68 cm. Dabei deponiert ist eine weiße Seidendecke mit Spitzenbesatz und den aufgestickten Worten *Verbum caro factum est.*

62   Für diesen Hinweis danke ich herzlich cand. phil. Andreas Gamerith / Wien-Altenburg. • Aschenbrenner-Schweighofer, Paul Troger, 1965, 296, Abb. 291; 304, Abb. 305 (Druckgraphik nach Troger, seitenverkehrt). Öl/Lw., 114 × 86 cm, brauner Holzrahmen. • ÖKT St. Pölten 1999, 98, Nr. 13: die Bezeichnung dieses Bildes li. u. *M. J. Schmidt* wird als nicht authentisch angesehen, ist aber dem Umfeld des Kremser Schmidt zugeordnet.

63   Fridl, Englische Tugend II, 1732, 609, no. 820. • IAStP, VIIIA 1a; IA 1b, ad 1891, 1892;

64   Lechner-Grünwald, Unter deinen Schutz, 2005, 105–276, 102–106.

65   IAStP, IA 1b; Maria Figdor-Kreitner, Zur Geschichte der Herrschaft und des Schlosses Gutenbrunn-Heiligenkreuz, in: Katalog des Niederösterreichischen Barockmuseums, Wien 1985², 5–7, 5.

66   DASP, Pfarrarchiv Jeutendorf 11/1, *Liber continens plenam informationem Ven: Conv: Jeidendorffensis,* Angelegt von Prior Aegidius M. Schmidt 1754, pag. 276, 1755, 22. August; für diesen Hinweis danke ich herzlich Dr. Christine Oppitz, Stiftsarchiv Herzogenburg.

67   Öl/Lw., 44 × 35,5 cm, breiter brauner Holzrahmen mit verzierter Goldleiste innen; signiert *Ma. Stalzer = Mater Ida Stalzer* (wie Anm. 98). Öl/Lw., 44 × 35,5 cm, breiter brauner Holzrahmen mit verzierter Goldleiste innen; Bibliothek CJ St. Pölten:1.)Kupferstich, 14,5 × 8,5 cm, undeutlich sign. *Dail, Sc.,* mit Gebet auf Rückseite; 2.) Kupferstich, 13 × 7,8 cm, undeutlich signiert *Weinrauch sc.*

68   Auch »Maria Schnee« (Maria della Neve), »Mutter der Tröstungen« (Madonna della Consolatione).

69   Öl/Lw., 90 × 66 cm, brauner Kerbschnittholzrahmen von Sr. Kath. Perathoner.

70   ÖKT St. Pölten 1999, 98.

71   Niehoff, Maria allerorten, 1999, 225–234. Ein schlecht erhaltenes Andachtsbild, signiert *Fischer sc. Pragae,* das den Pater zeigt, der das Gnadenbild hoch hält, befindet sich in der Bibliothek CJ St. Pölten.

72   Verschiedene Artikel zum Thema in Niehoff, Maria allerorten, 1999, 225–302. • Lechner-Grünwald, Unter deinen Schutz, 2005, 177–180.

73   Öl/Lw. (?), Bild 80 × 78 cm, Kasten 100 × 78 cm, 18./19. Jahrhundert, im 19. Jh. überarbeitet?

74   1.) Öl/Lw., 58 × 41,4 cm, *W. Carl Hauer Fecit Anno 1722,* ungerahmt. 2.) Öl/Lw., 49 × 44 cm, schmaler, schwarzer, profilierter Holzrahmen mit Goldleiste innen. 3.) Öl/Lw., 59 × 45 cm, schwarzer, profilierter Holzrahmen.

34

35

36

34 **Verspottung Christi, Öl auf Kupfer, 17. Jh.**

35 **Schmerzhafte Muttergottes nach dem Gnadenbild in Maria Jeutendorf, Mitte 18. Jh.**

36 **Maria als Schmerzensmutter mit den Leidenswerkzeugen Christi, Mitte 18. Jh.**

einem weiteren, in St. Pölten gedruckten, ist der Wallfahrtsort nicht angegeben.[75]

An Kopien des österreichischen Heiligtums Maria Zell finden sich einige Statuen im Haus. Die ehrwürdigste davon wurde von der ersten Förderin des Instituts, Gräfin Carolina Polyxena Kiesel, 1725 oder 1727 dem Institut geschenkt. Laut gesiegelter Urkunde erwarb die Gräfin das am Original angerührte Stück 1724 [76]. Im Kirchenbehältnis ist eine weitere Mariazeller Madonna in einem Glasschrank [77] deponiert. Diese typische Kopie der Gnadenmutter mit Kind, beide gekrönt, stammt wohl aus dem 19. Jahrhundert und wurde mit drei Kleidern, die heute noch vorhanden sind, von Josef Freiherrn von Marienberg 1860 dem Institut vermacht[78]. Daneben gibt es noch zahlreiche Andachtsbilder in der Bibliothek. Ebenfalls als Geschenk einer Baronin Ida von Liechtenthurn aus Inns-

bruck kam im Jahre 1900 das Bild der Ährenkleidmadonna an das Institut (Kat.Nr. 2). Dieses Gnadenbild stammt aus Mailand, wie die gesondert angebrachte Inschrift vermerkt. Der Mailänder Kultgegenstand wurde in verschiedenen Gestalten seit dem 14. Jahrhundert im Mailänder Dom verehrt. Das durch Druckgraphiken überlieferte Gemälde wurde wiederholt kopiert.[79] Ein weiteres Geschenk ist das Bild »Unsere liebe Frau von der immerwährenden Hilfe« (»Maria Candia«, »Immerhilf«), das Bischof Josef Fessler (1865–1872 Bischof von St. Pölten) 1871 dem Institut übereignete.[80] Diese Ikone, die aus Kreta nach Italien gelangt war, zeigt die Madonna als Halbfigur, die ihr Kind schützend festhält, das sich angstvoll den daneben schwebenden Engeln mit den Passionswerkzeugen zuwendet. Sie wurde unter dem Namen »Passionsmadonna« ab 1865 von den Redemptoristen weltweit verbreitet.[81]

Besonders liebenswert ist die barocke Kopie des von den Augustiner Eremiten durch Stiche und Drucke weit verbreiteten Gnadenbildes »Maria vom guten Rat«, ein Brustbild vom Typ der Eleousa, auf dem das Kind liebevoll den Hals der Mutter umarmt. Eine Inschrift am unteren Bildrand besagt: *Maria Vom gutten Ratt / Bitt Für Unß* (Kat.Nr. 8).

Auch eine kleine barocke Kopie des Altbrünner Gnadenbildes, einer schwarzen Madonna vom Typus der Hodegetria, findet sich im Besitz des Instituts (Kat.Nr. 7).[82]

Wie die Altbrünner Madonna gilt auch das Gnadenbild der schwarzen Muttergottes von Tschenstochau als »Lukasbild«. Ihre Besonderheit ist das narbenentstellte Gesicht. Das leider sehr schlecht erhaltene Gemälde dürfte aus dem frühen 19. Jahrhundert stammen. Es zeigt die Madonna mit dem auf dem linken Arm sitzenden Kind in einer Goldaureole über dem Kloster Jasna Gora schwebend, begleitet vom hl. Lukas mit der Malerpalette und dem hl. Johannes Evangelist, der einen Kelch mit Schlange trägt. Diese Art der Darstellung wurde in Tschenstochau häufig gemalt, wobei die beigestellten Heiligen auswechselbar waren.[83]

Neben den Typen der Muttergottes mit Kind und der jugendlichen Ährenkleidmadonna finden sich im Institut auch einige Gnadenbilder beziehungsweise Statuen zum Thema der Schmerzhaften Mutter.

Wieder zurück nach Bayern führt das barocke Ölbild, welches die Skulpturen des Gnadenaltares in der Münchner Herzogspitalkirche wiedergibt.[84] In einer nur angedeuteten Landschaft vor wolkenverhangenem Himmel steht die Schmerzensmutter als bekleidete Statue, gekrönt, mit Sternennimbus auf einem Postament unter dem Kreuz mit dem Corpus des toten Christus. Das Haupt ist geneigt und in den vor der Brust gekreuzten Händen hält sie das für dieses Gnadenbild charakteristische Tränentüchlein, eine Übernahme aus dem spanischen Barock. In München wurde die Statue der Mutter bald

zum autonomen Kultobjekt, losgelöst vom Kreuz, das dann im 2. Weltkrieg Bomben zum Opfer fiel.[85]

Das Motiv des Tränentüchleins findet sich auch beim Bildnis der schmerzhaften Muttergottes, wahrscheinlich von Pietro de Pomis (1569–1633) gemalt, im Grazer Dom, ehemals eine Jesuitenkirche.[86] Während auf dem Grazer Original Maria die vor ihr auf dem Tisch ausgebreiteten Leidenswerkzeuge betrachtet, ist auf dem kleinen St. Pöltner Bild nur die Halbfigur der Madonna abgebildet, die mit gesenktem Blick das Tüchlein an die Brust drückt. In der Bibliothek gibt es ein barockes Andachtsbild des Grazer Gemäldes.[87]

Vom Typus her in die Nähe der Herzogspitalmutter gehört auch das Madonnenporträt im Betoratorium des Provinzialats, ein kleines Bild, das Maria mit dem Schwert in der Brust zeigt.[88] Es könnte sich um eine, vielleicht von einer Schwester gemalte, sehr stilisierte Kopie nach einem barocken Andachtsbild aus der Bibliothek[89] handeln. Der Bildausschnitt ist etwas kleiner, auf den Kopf der Muttergottes reduziert, der Schleier und die Kleidung nonnenhaft schematisiert.

Der auch aus dem Spanischen übernommenen Darstellung der »Soledad«, einer Form der Mater Dolorosa, die Maria als Schmerzensmutter mit den Arma Christi zeigt, sind zwei kleine auf Blech gemalte Bilder verpflichtet.[90] Die Muttergottes steht als Halbfigur in rotem Kleid mit blauem Umhang unter dem leeren Kreuz, an dem Lanze und Stange für den Schwamm lehnen (Abb. 36).

Schon angesprochen wurden die Kopien des Jeutendorfer Gnadenbildes, das seinerseits nach einer Mater Dolorosa von Sassoferrato (1609–1685) gemalt wurde (Abb. 35).[91]

Eine Statue der Schmerzhaften Muttergottes,[92] heute neben dem Schutzengelaltar, stand ursprünglich gegenüber dem großen Kruzifix im Kirchenvorraum. Das erklärt auch ihre Haltung. Sie steht mit nach hinten gestreckten Armen und blickt verzweifelt aufwärts zu ihrem sterbenden Sohn. Ein Schwert durchbohrt ihre Brust.

75 Alle in Bibliothek CJ, St. Pölten: 1) Kupferstich, 17,2 × 10,62 cm (ohne Rahmen: 11 × 7 cm) sign. *I. M. Gutwein Sc. A. V. ex*:; 2) Druck auf Stoff, 8 × 6,7 cm; 3.) 6 × 4,5 cm, sign. *Ferster, sc. In St Pölten*. Bibliothek CJ St. Pölten, Kupferstich, 8,3 × 12 cm, sign. *I. Asner Sc. Vie.*

76 Holz, farbig gefasst, H. (mit Krone) 68 cm, Kronen von Mutter und Kind vergoldetes Blech mit bunten Glassteinen, hinten aufgeklebt gesiegelte Beurkundung der Weihe und »Anrührung«, dat. 1. Dez. 1724, darunter Bestätigung der Schenkung durch »Gräfin Carolina Polyxena Kiesel, Geb. (?) Gräfin von Montecuccoli«, Anno 1725 (1727?). Eine weitere Kultkopie, H. ca. 50 cm, befindet sich in einem der Schwesternzimmer.

77 Holzstatue, H. 45 cm, verglaster Holzkasten, H. 80 cm.

78 IAStP, IA 1b.

79 Lechner-Grünwald, Unter deinen Schutz, 2005, 73–276, 222f. • Aurenhammer, Gnadenbilder, 1956, 137ff. • Beinert, Handbuch der Marienkunde, 1984, 849–882, 871.

80 IAStP, IA 1b.

81 Beinert, Handbuch der Marienkunde, 1984, 559–621, 571, 849–871, 856.

82 »Madonna von Staré Brno«, »Thomasmadonna«, »Palladium der Stadt Brünn«. ÖKT St. Pölten 1999, 98: Öl/Lw., 32 × 18,5 cm, M. 18. Jh., Rahmen und Verglasung aus derselben Zeit. • Aurenhammer, Gnadenbilder, 1956, 90.

83 Raff, Wallfahrt, 1984, 169f., Nr. 253 »Die Muttergottes von Tschenstochau verehrt von den Heiligen Joseph und Barbara«, Masovien 1833 (Edward Waligòra, Krakau).

84 Öl/Lw., 59 × 40,5 cm, schmaler, brauner Holzrahmen.

85 Niehoff, Maria allerorten, 1999, 87–92, 86 • Wiedergabe des Altars als Stich von Michael Wening.

86 Kurt Woisetschläger, Der innerösterreichische Hofkünstler Pietro de Pomis 1569–1633, Graz-Wien-Köln 1974, Abb. 63 »Maria, die Leidenswerkzeuge betrachtend«, Graz, Dom.

87 Öl/Holz, 21 × 20 cm, breiter, schwarzer profilierter Holzrahmen mit Goldinnenleiste; • Bibliothek CJ St. Pölten, Kupferstich, 9,5 × 5,6 cm, unsigniert, das Motiv ausgeschnitten und auf gelbes Papier geklebt.

88 Öl/Lw., 39 × 32 cm, breiter, schwarzer barocker Holzrahmen mit verzierter Goldleiste innen, Rahmen gleich dem des Altbrünner und des Grazer Gnadenbildes.

89 Bibliothek CJ St. Pölten, Kupferstich, 9 × 6,5 cm, »st. Schmerzvolle Mutter«, nicht signiert, nicht datiert.

90 1.) Öl/Blech, 18 × 12,5 cm, dunkelbrauner Holzrahmen. • 2.) Öl/Blech, 21,5 × 17 cm, etwas größerer Bildausschnitt, mit Inri-Tafel auf Kreuzbalken. Zu »Soledad«: Lechner-Grünwald, Unter deinen Schutz, 2005, 277–88, 282.

91 Aurenhammer, Gnadenbilder, 1956, 146f.

92 ÖKT St. Pölten 1999, 93: Statue, Holz, Rückseite ausgehöhlt, H. 125 cm, erneuerte Fassung, vielleicht von Jakob Schletterer.

37

38

Neben allen diesen barocken, aus dem Süden kommenden Ausformungen des Marienbildes erlangte auch das Vesperbild oder die Pietà ab 1648 wieder vermehrte Aufmerksamkeit und Verehrung. Diese Darstellung der sitzenden Schmerzensmutter mit dem toten Sohn auf dem Schoß war seit dem 14. Jahrhundert die volkstümlichste Mariendarstellung nördlich der Alpen, die dann ab dem 16. Jahrhundert in den Hintergrund trat. In der Barockzeit findet man zwar oft die Immakulata auf dem Altar, in den Nischen betete man aber vor der Pietà.[93]

Eine barocke Pietà befindet sich im St. Pöltner Institut in einer retabelartig gerahmten Wandnische im Schulgang des Obergeschoßes (Kat.Nr. 22). Ende des 19. Jahrhunderts wurde im Vorraum des Oratoriums im 2. Stock eine »Kapelle der schmerzhaften Muttergottes« eingerichtet. Diese holzgeschnitzte, farblich gefasste Pietà-Gruppe, Maria hat den toten Sohn fast waagrecht auf ihrem Schoß liegen, wurde in München angekauft und kostete 150 Gulden. Die Kandidatin Clementina von Trentigliano machte sie 1880 der Oberstvorsteherin zum Geschenk.[94]

Marianische Bezüge beschränken sich nicht nur auf Bilder und Statuen, sie werden auch in den Feiern der Marienfeste oder der Einführung der Marianischen Kongregation deutlich. Die Marienbezogenheit der Englischen Fräulein, beginnend von der ignatianisch bestimmten Frömmigkeit der Mary Ward, deren Bestreben dahin ging, aktiv im Leben apostolisch zu wirken, ein Leben nach dem Vorbild der Gottesmutter zu führen, äußert sich auch im alten Namen der Kongregation *Institutum Beatae Mariae Virginis*, wenn dieser auch nicht erste Wahl war. Spezifisch für diese Gemeinschaft ist die besondere Verehrung der Immakulata und, charakteristisch für alle weiblichen »Schulorden«, die Hinwendung zum Kind, ausgehend vom Kind Maria über das Jesukind zum von den Damen betreuten und unterrichteten Kind. Was die Englischen Fräulein von den anderen Frauenorden unterschied, war das Fehlen der Klausur. Diese Freiheit erlaubte den Damen den Besuch von Wallfahrtsorten, viele Kopien marianischer Gnadenbilder zeugen von diesem Interesse. Obwohl deren Herkunft weit gestreut ist, kann man neben jesuitischen Einflüssen beobachten, dass bis ins 20. Jahrhundert die Beziehungen in den süddeutsch-bayrischen Raum offensichtlich sehr eng geblieben waren, was auch an Andachtsbildern in der Bibliothek abzulesen ist. Die Gnadenbilder kamen zum Teil als Geschenke ins Haus, vielleicht brachten auch Kandidatinnen eigene mit, aber sicher werden künstlerisch begabte Schwestern, und die gab es durchaus, solche selbst gemalt haben. Unter den künstlerisch tätigen Schwestern namentlich bekannt wurden die Holzschnitzerin Sr. Katharina Perathoner,[95] die Schülerin Clementine von Heckel und eine Mater Margarete Urbantschek, die das Titelblatt für die Festschrift 1905 und die zeichnerischen Teile der damaligen Jubiläumspostkarten gestaltete.[96] Im Refektorium gibt es ein Gemälde der hl. Barbara, das mit *Antonie Wimmer* signiert ist.[97]

Im 20. Jahrhundert wirkte Mater Ida Stalzer im St. Pöltner Institut. Sie war die Schwester des akademischen Malers Hans

37 **Hl. Johannes von Nepomuk und Gnadenbild von Mariazell, feines Pergament mit Deckfarben, um 1750/70**

38 **Gnadenbild von Altötting, feines Pergament mit Deckfarben, um 1770, an der Rückseite Gedenkinschrift von 1784**

39 **Ecce Homo, feines Pergament mit Deckfarben, Spitzenspiegel, Mitte 18. Jh.**

40 **Sonntagberger Gnadenbild vor dem bekrönten Doppeladler, Pergamentspitzenbild, um 1750**

41 **Gnadenbilder von Mariazell, Pergamentspitzenbild, Inschrift mit Jahreszahl 1749 auf der Rückseite**

42 **Hl. Franz Xaver als Apostel der Inder, Pergamentbildchen, um 1760**

Stalzer,[98] und vor ihrem Eintritt in die Gemeinschaft wurde sie von ihm im Malen ausgebildet. Wir kennen von ihr eine Kopie des Jeutendorfer Gnadenbildes, die dem Original sehr nahe kommt, und das Porträt der Generaloberin Maria Barbara Gottlieb (1913–34).[99]

Künstlerische Betätigung und Handarbeiten gehörten zur Beschäftigung der Novizinnen und mancher Schwester. Ein Rechnungsbuch aus dem Stift Herzogenburg meldet, dass 1771 *sieben Sessel zum Pontificiren… mit blumen genädte die Englischen freylen in St. Pölten zu Verfertigen beauftragt wurden.*[100] Es ist anzunehmen, dass auch die Stickereien auf den nach Jeutendorf geschenkten Sesseln von Schwestern hergestellt worden sind.[101] Zahlreiche kunstvoll bestickte Messgewänder und Kleider für die Karmelitinnenmadonna und ihr Kind im Kirchenbehältnis und handgeschriebene Büchlein, meist Verhaltensregeln, die Konstitution und Ähnliches, in der Bibliothek zeugen von diesen Tätigkeiten. Im Archiv findet sich auch ein Stickbild auf schwarzer Seide, das 1800 als Geschenk zum goldenen Professjubiläum der Oberstvorsteherin Franziska Freiin Hayden zu Dorff (1789–1813)[102] angefertigt worden war und ein Gratulationsschreiben mit einem Aquarell, das diese Oberstvorsteherin vor dem Kremser Haus stehend darstellt (Abb. 10).[103] Ein Andachtsbildchen von Pyhra, eine Nadelsticharbeit in der Graphischen Sammlung in Stift Göttweig,[104] wird als Arbeit der Englischen Fräulein in Betracht gezogen, wahrscheinlich stammen auch einige Bildchen in der Institutsbibliothek, Nadelsticharbeit und textile Verzierungen, von ihren Händen.[105]

39   40   41   42

93 Beinert, Handbuch der Marienkunde, 1984, 849–882, 869.

94 Holz, gefasst. H. 80 cm, L. 100 cm. IAStP, IA 1b.

95 *1862 / Wolkenstein, Grödnertal, lernte in Bozen Bildschnitzen, 1884 Eintritt als Laienschwester in St. Pölten, 1891 Ewige Gelübde, † 7. 9. 1899 an Typhus; Werke: Altar im Lilienhof, Beichtstuhl und zahlreiche Bilderrahmen im St. Pöltner Institut. • Festschrift Englische Fräulein 1905, 345. • IAStP, IA 1b.

96 IAStP, IA 1c, fol. 217v f.; Mitgliederkartei: Urbantschek Margarete, * 9. 6. 1879 / St. Domonkas, Ungarn, Eintritt am 15. 10. 1894, Einkleidung am 13. 8. 1896, 1. Profess 21. 11. 1898, 2. Profess 3. 9. 1905; sie war nicht Mitglied des St. Pöltner Institutes.

97 ÖKT St. Pölten 1999, 96.

98 Ulrich Thieme / Felix Becker, Allgemeines Lexikon der bildenden Künstler von der Antike bis zur Gegenwart 31 (Neudruck Leipzig 1999) 455: Hans Stalzer (1897/1940), Bildnis- und Landschaftsmaler in Wien.

99 IAStP, II Interne Namensverzeichnisse, Karteikarten; II E, Nekrologe: *15. 8. 1879, Eintritt Okt. 1910, Einkleidung 22. 8. 1911, 1. Profess 8. 9. 1913, 2. Profess 1. 1. 1920, † 22. 5. 1959 / Schiltern.

100 Stiftsarchiv Herzogenburg, H.3.1.–B.3.4, Handrapular des Propstes Frigdian Knecht, fol. 91v, zum 31. Aug. 1771; für diesen Hinweis danke ich herzlich Dr. Christine Oppitz, Stiftsarchiv Herzogenburg.

101 Vgl. Anm. 66.

102 IAStP, Personalkartei, Festschrift Englische Fräulein1905, 344: Franziska Freiin von Hayden, * 30. 7. 1729, Eintritt 25. 11. 1748, 1. Profess 25. 11. 1750, † 30. 10. 1813.

103 beide IAStP, HA 21.

104 Lechner-Grünwald, Unter deinen Schutz, 2005, 105–276, 102–106.

105 1.) Andachtsbild Maria Zell, Zeller Madonna u. Schatzkammerbild, Nadelsticharbeit, 6,5 × 10,4 cm;
2.) textilverziertes Andachtsbild S. Simon, 11,8 × 6,7 cm;
3.) w.o. S. Thomas, 11,8 × 6,7 cm;
4.) w.o. Assumptio beatae Virginis, 11,3 × 6,3 cm;
5.) Ecce Homo. Nadelsticharbeit, 8,7 × 5,5 cm.

Antependium des Osterornates (siehe Kat. Nr. 43c)

Das Institutsgebäude der Englischen Fräulein

Johann Kronbichler

43 **Fassade des Instituts-
    gebäudes in der Linzer
    Straße, 1767/69**

1 Johann Frast, Historische und
topographische Darstellung von
St. Pölten und seiner Umgebung,
Wien 1828 (Kirchliche Topographie, 7),
236–241. • Fahrngruber, Aus St. Pölten,
1885, 283–301. •
ÖKT St. Pölten 1999, 88–105.

2 IAStP, 1a: Hauß-Producol zum
Und(er)richt der Nachkommeten auf befelch Eur gnaden, der gnädigen frauen von
Krichbaum, oberin geschrieben worden,
1736, 67ff. Was sich in Unsern allhier sein
sonderbares zugetragen.

3 IAStP, HA B 8/1.

4 IAStP, VIII G 1a: Empfang und Aus-
gaab von Kirchenbau wie auch von den
Seiten Stöckel von 1. April angefangen 1767.
• IAStP, G 1b: Bau-Buch vom Jahre 1767 der
Institutskirche, deren englischen Fräulein
zu St. Pölten.

Der weitläufige, mehrere Höfe umfassende und histo-risch gewachsene Gebäudekomplex des Institutes der Eng-lischen Fräulein tritt nach außen hauptsächlich mit seiner langgestreckten barocken Palastfassade in der Linzer Straße in Erscheinung. Selbst die Kirche ist in diesen nordseitigen Gebäudeteil integriert.[1]

Begonnen hat das Ganze klein und recht bescheiden. Als nämlich am 12. Oktober 1706 die erste Oberin, Freifrau Maria Anna von Kriechbaum, mit sieben Fräulein von München nach St. Pölten kam, bezogen sie zunächst in einem bürgerlichen Privathaus in der Linzer Straße Quartier. Eine Spende der Gräfin Carolina Polyxena Kiesel, geb. Gräfin Montecuccoli, ermöglich-te 1708 den Kauf eines eigenen Hauses samt Garten, des sog. Wuschletitsch-Hauses in der Linzer Straße,[2] womit gleichsam die Baugeschichte des Institutes ihren Anfang nahm. Kurze Zeit darauf konnten zwei weitere Häuser erworben werden, wo-durch auch die Voraussetzungen für den Bau der ersten Kirche gegeben waren. Diese wurde 1715 begonnen und konnte 1717 geweiht werden. Von dieser frühen ersten Bauphase des Insti-tutes und der Kirche ist zwar vieles erhalten, das durch die spä-teren Umbauten aber kaum oder nicht in Erscheinung tritt.

Mit der Wahl von Maria Katharina Gräfin Saint Julien zur Oberstvorsteherin im Jahre 1748 gab es im Institut wieder eine rege Bautätigkeit, die weitgehend zum heutigen Aussehen führte. Ermöglicht wurde diese wiederum durch zwei weitere Hauskäufe sowohl im Osten als auch im Westen des bisherigen Institutsgebäudes. Auf der linken Seite war es das Haus der Maria Magdalena Mitterbach, der Witwe nach dem Apotheker, Ratsherrn und Stadtrichter Carl Joseph Mitterbach, und auf der rechten Seite handelte es sich um das Haus der Juliana Bar-bara Reisinger, der Witwe des Tuchhändlers und Stadtrichters Johann Jakob Reisinger. Aus einem an den Stadtrat der landes-fürstlichen Stadt St. Pölten gerichteten Schreiben vom 23. März 1751 geht hervor, dass das Mitterbach'sche Haus 1750 mit dem Ziel der Errichtung von Schul- und Krankenzimmern gekauft wurde und dass die Oberstvorsteherin *auch die faciada un-serem Engl. Institut-Hauß egal und nach dem Riß A. gleichför-mig zu machen entschlossen sey.*[3] Im selben Schreiben wird auch die Absicht erwähnt, eine Statue anzubringen, so *wie der-mahlen der heil: Schutzengel stehet.* Es handelt sich dabei ganz eindeutig um die Statue der Mutter Anna mit Maria auf der linken Seite. Die weiteren Aus- und Umbauten nach Westen begannen 1767 mit der Kirchenerweiterung und wurden 1769 mit der Fassadenerneuerung und der Errichtung der Statuen der hl. Katharina und des hl. Ignatius darüber abgeschlossen[4].

Engl. Fräulein Just: in St. Pölten.

44

45

Die drei östlichen Achsen sind erst um 1900 durch den Kauf des Hauses des verstorbenen Uhrmachers Ignaz Glaser dazugekommen,[5] wurden aber in der architektonischen Gestaltung der spätbarocken Fassade von 1769 angeglichen. Das Institut der Englischen Fräulein wurde damit zu einem der schönsten und künstlerisch bedeutendsten Bauwerke St. Pöltens. Diese Auszeichnung betrifft nicht nur die Fassade, sondern gilt auch für die Ausstattung des Hauses und ganz besonders der Kirche.

Die langgestreckte Fassade des Institutsgebäudes ist sowohl in architektonischer Hinsicht als auch im Hinblick auf den skulpturalen Schmuck interessant und aussagekräftig.[6]

Die 15-achsige Fassade zeigt im Sockelgeschoß eine breite waagrechte Putzbänderung, das Obergeschoß und das niedrige Dachgeschoß sind durch Riesenpilaster zusammengefasst, wodurch eine starke Betonung der Fensterachsen gegeben ist. Die Pilastergliederung setzt sich zwar nach unten über das Erdgeschoß fort, kommt allerdings durch das kräftige, Erd- und Obergeschoß trennende Kordongesims und die Putzbänderung kaum zur Geltung. Der Hauptakzent liegt ganz eindeutig auf dem Obergeschoß mit den großen Fenstern, die architektonisch gegliederte Parapete und Sturzbekrönungen aufweisen und bis auf die später dazugekommenen drei östlichen Achsen mit Schmiedeeisengittern versehen sind. Das Dachgeschoß erscheint als Halbgeschoß mit niedrigen Fenstern in der Höhe der Pilasterkapitelle entsprechend untergeordnet. Die Pilaster selbst sind durch Kanneluren belebt, wobei sie im unteren Drittel noch mit Pfeifen und oben mit Stuckgehängen geschmückt sind. Über den Dachgeschoßfenstern und über den Kapitellen der Pilaster zieht sich ein reich profiliertes Abschlussgesims über die gesamte Fassade. Der glatte Zwischenstreifen wird noch durch ein Triglyphenmotiv im Bereich der Pilasterkapitelle gegliedert. Das flache Walmdach wird in der rechten Hälfte durch den achtseitigen Kuppeltambour mit dem Zeltdach über dem Chor der Kirche unterbrochen.[7] Ein starkes Gliederungselement in der an sich sehr einheitlich gehaltenen Fassade bilden die vier Portale, die jeweils von dreieckig vorstehenden und sich nach unten zu verjüngenden Engelatlanten flankiert werden.

Über den gedrückten Torbögen schwingt auch jeweils das Sockelgesims in einen Halbkreis aus, wobei in jedes der halbrunden Felder eine von zwei Engelsputten gehaltene Volutenkartusche eingesetzt ist. Auf den Kartuschen sind die Monogramme *Joseph*, *Maria* und zweimal *IHS* angebracht. Die

5 IAStP, HA 18: Kauf des Glaser-Hauses im Jahre 1896.

6 Frank, Barockfassade des Institutsgebäudes, 1956, 19–38.

7 IAStP, HA 18: Im Jahre 1862 wurden mit Unterstützung Kaiser Franz Josefs I. am Institutsgebäude umfassende Renovierungsarbeiten vorgenommen, und bei dieser Gelegenheit erhielt das Turmdach die jetzige Pyramidenhaube, vorher hatte die Kuppel eine Art Zwiebelhelm mit abschließender Laterne.

44 **Ansicht des Institutsgebäudes auf der St. Pöltner Diözesankarte von 1844, Lithographie von Franz Mugerauer**

45 **Ansicht des Institutsgebäudes vor 1900, im östlichen Teil steht noch der Vorgängerbau**

46 **Mutter Anna unterweist Maria, linke Säulennische der Institutsfassade, Werkstatt des Peter Widerin, nach 1751**

beherrschenden Akzente in der Fassadengestaltung bilden schließlich die drei vorspringenden Säulennischen neben den Portalen. In der Säulennische rechts vom linken Portal steht die Mutter Anna mit dem Mädchen Maria an ihrer Seite. In ihrer Linken hält sie ein Buch, womit die Unterweisung Mariens angedeutet ist. In Fortsetzung der rechteckig ausgebildeten und von Säulen flankierten Tabernakelnische im Erdgeschoß ist das Obergeschoß als zart profilierte, mit Stuckgehängen verzierte und flach gerundete Wandnische ausgebildet. Darin steht auf hohem Sockel die Figur des hl. Joseph mit dem Jesuskind. Über dem leicht geschwungenen Gesimsabschluss der Nische ist ein dornenbekröntes Herz mit Strahlenkranz und folgender Inschrift angebracht: COR HUMILIATUM ET CONTRITUM DEUS NON DESPICIET (Das demütige und reumütige Herz wirst du, Gott, nicht verschmähen. Ps 51, 19).

Zwischen den beiden mittleren Portalen ist in der Säulennische der Schutzengel, der ein Kind führt, dargestellt. Darüber in der Wandnische des Obergeschoßes steht die Immakulata auf der Weltkugel. Als Schutzfrau des Hauses, welcher Institut und Kirche geweiht sind, nimmt sie in der Fassadengestaltung die Mitte ein, und wohl nicht zufällig ist sie im Verhältnis zu den seitlichen Figuren auch etwas größer ausgeführt. Bekrönt wird ihre Nische mit dem Auge Gottes im Strahlenkranz und dem Spruch DEUS PROVIDEBIT (Gott wird vorsehen. Gen 22,8), später hinzugefügt wurden noch die Renovierungshinweise: RENOVIERT … ANNO 1862–1866; 1886, 1926–1956; die jüngeren Renovierungen der Jahre 1975, 1981 und 1994 sind nicht mehr verzeichnet.

In der dritten Säulennische links vom rechten Seitenportal, das in die Kirche führt, steht die hl. Katharina von Alexandrien mit einem Engelsputto, der das zerbrochene Rad hält. Die Statue in der Nische des Obergeschoßes zeigt den hl. Ignatius von Loyola, den Gründer des Jesuitenordens. Bekrönt wird diese Nische mit dem Herz Mariä, das mit Rosen umwunden ist und aus dem Lilien hervorwachsen. Am darüber angebrachten In-

46

Die Barockfassade des Institutsgebäudes der Englischen Fräulein in St. Pölten, N.-Öst., Linzerstraße 9-11

Gezeichnet im Jahre 1956
von Herrn Baumeister Ing. Josef M. Pyhaule, St. Pölten!

Maßstab 1:117

47   47   Fassadenaufriss der Institutsfassade in der Linzer Straße,
            von Baumeister Ing. J. Pyhaule 1956

schriftband steht: PROBASTI COR MEUM ET INIQUITATEM NON INVEISTI (Prüfst du mein Herz … dann findest du [an mir] kein Unrecht. Ps 17,3). Seitlich von den Figurensockeln des Obergeschoßes stehen jeweils üppig bestückte Blumenvasen und ebenso auf den Gesimsvorsprüngen oberhalb der Engel-atlanten, was dem dekorativen Fassadencharakter noch eine zusätzliche Note verleiht.

Der inhaltliche Zusammenhang der Fassadenfiguren mit dem Institut der Englischen Fräulein liegt auf der Hand. Die Immakulata im Zentrum ist die Schutzpatronin des Hauses, der hl. Joseph ist der zweite Patron des Hauses und der hl. Ignatius ist der geistliche Vater der Congregatio Jesu.

Der Schutzengel mit dem Kind symbolisiert gewisserma-ßen die Hauptaufgabe der Institutsfräulein, nämlich die ihnen anvertraute Jugend zu unterrichten und zu Gott zu führen. Für den Auftrag des Unterrichtens steht auch die linke Figuren-gruppe mit der Mutter Anna, die Maria das Lesen lehrt. Die hl. Katharina gilt sowohl als Patronin der Schüler und Gelehrten als auch der Jungfrauen und ist somit ganz allgemein mit dem Institut in Zusammenhang zu sehen. Gleichzeitig ist gerade diese Figur auch als ein Denkmal für die hochverdiente »zweite Stifterin«, die Oberstvorsteherin Maria Katharina Saint Julien, unter der die Kirche, der Institutsbau und die Fassade vollendet wurden, zu betrachten.

8   Ausst.-Kat. Munggenast 1991, 126, Nr. 15.13.

9   IAStP, VIIIG 1a.

10   IAStP, HA 20 und Gedenkbuch Bd. II. 1706–1900–1905, 3.

48

48 **Mittelteil der Institutsfassade mit Haupteingang und ehe-maligem Eingang in die Kirche**

49 **Hl. Katharina von Alexandrien, rechte Säulennische der Institutsfassade, Andreas Gruber zugeschrieben**

Es ist kaum zu glauben, dass weder der Baumeister noch der Bildhauer dieser qualitätvollen Fassade in den archivalischen Unterlagen, speziell in den recht genauen Aufzeichnungen über die getätigten Ausgaben, namentlich aufscheinen. In Anbetracht des Zeitrahmens, in dem die ganze Fassade in diese Form gebracht wurde, kommt als Baumeister Matthias Munggenast (1729–1798) in Betracht.[8] Bedingt durch die Bautätigkeit für den Lilienhof (1756/57) war die Beauftragung von Munggenast für die Kirchenerweiterung und für den Institutsbau nahe liegend. Tatsächlich zeigt die Fassade des Institutsgebäudes auch weitgehend alle Gestaltungselemente, wie sie am Lilienhof zu finden sind: Die Bänderung im Erdgeschoß, die geschoßübergreifende Pilastergliederung und die Fensterumrahmungen.

Es ist erwiesen, dass es sich bei den Bautätigkeiten nach 1767 um Erweiterungen bzw. Um- und Zubauten handelte und nicht um einen völligen Neubau.[9] Im Inneren des Institutsgebäudes ist die alte Bausubstanz in vielen Bereichen zu spüren und auch an formalen Details feststellbar. Die Fassade präsentiert sich als eine geschlossene Einheit, die vermutlich Elemente des Vorgängerbaues aufgreift, von dem allerdings nichts Konkretes fassbar ist. Dem bereits weiter oben zitierten Schreiben der Oberstvorsteherin Saint Julien an den St. Pöltner Stadtrat ist ja auch klar zu entnehmen, dass es ihr um eine Vereinheitlichung der Fassade ging und dass z. B. die Schutzengelstatue bereits vorhanden war. Schutzengelgruppe und Immakulata dürften noch unter der Oberstvorsteherin Kriechbaum entstanden sein. Sie ließ auch 1734 von Peter Widerin die Statue des Apostels Judas Thaddäus bei der ehem. Barbarakapelle am Europaplatz errichten;[10] heute steht sie im Garten des Lilienhofes.

Unmittelbar nach 1751 dürfte die linke Statuengruppe der hl. Anna und des hl. Joseph darüber angeschafft worden sein. Für beide Skulpturengruppen, den Schutzengel mit Kind und die Immakulata darüber, wie auch für die Mutter Anna und den

49

50

51

52

hl. Joseph, kommen wohl am ehesten Peter Widerin und seine Werkstatt in Betracht.[11] Die erst 1767/69 geschaffenen Figuren in der rechten Nische neben dem Kirchenportal dürfen wohl dem seit 1752 in St. Pölten ansässigen Bildhauer Andreas Gruber zugeschrieben werden.

Die hinter der Fassade der Linzer Straße liegenden Höfe – Pfortenhof, Kirchenhof, Jesuleinhof, Wäschehof und Volksschulhof – haben jeweils unregelmäßige Grundrisse und weisen in der Fassadengliederung durchwegs ein barockes Gepräge mit Putzbänderung im Erdgeschoß und eine über beide Obergeschoße reichender Pilastergliederung pro Achse auf.

An der südseitigen Gartenfront, die im 19. und 20. Jahrhundert umgestaltet wurde, steigt die Fassade von Westen nach Osten in drei Stufen an. Der linke Teil ist dreigeschoßig mit fünf Achsen im Erd- und ersten Obergeschoß und sechs Achsen im zweiten Obergeschoß. Der Mittelteil ist viergeschoßig mit sieben Achsen in den drei unteren Geschoßen und acht Achsen im vierten Obergeschoß. Der rechte viergeschoßige Fassadenteil besitzt eine eigene Gliederung mit fünf Fensterachsen. Besonders in Erscheinung treten hier die hohen Rundbogenfenster mit breiten Putzfaschen und abschließendem Keilstein im ersten Obergeschoß.

11 Frank, Barockfassade des Institutsgebäudes, 1956, 30f.

Dem prachtvollen Äußeren des Gebäudes entsprechen zum Teil auch einige der Innenräume. Vor allem trifft das auf die Kirche und auf das Refektorium zu, die jeweils in einem eigenen Beitrag behandelt werden.

Repräsentationsräume, die der Schaufassade in der Linzer Straße entsprechen, hat das Institut allerdings nicht zu bieten, auch wenn man den sog. Vorsaal im ersten Obergeschoß durchaus so sehen kann. Es handelt sich um einen rechteckigen Raum mit zweifach gestuftem Spiegelgewölbe sowie vier Stichkappen auf den Längs- und drei Stickkappen auf den Schmalseiten. An den Wänden hängen unter anderen Gemälden ein Porträt der Mary Ward sowie die Porträtserie der elf Oberstvorsteherinnen des Institutes, angefangen von Maria Anna Freiin von Kriechbaum bis zu Maria Wotypka. Einige Möbel aus der Barockzeit und dem Biedermeier ergänzen den repräsentativen Charakter dieses Raumes.

Auch die anschließenden Räume mit Blick auf die Linzer Straße vermitteln trotz der Veränderungen, die sie im Laufe der Zeit erfahren haben, einen gewissen Repräsentationscharakter.

53

54

55

12   IAStP, 1b: Gedenkbuch des Institutes B. Mariae V. der Englischen Fräulein zu St. Pölten. Von der Gründung 1706 an.

13   IAStP, HA 18 und Gedenkbuch I. 1706–1899, ad 1862.

Sie beherbergen immerhin die schönen alten Möbel und Gemälde des Institutes. In seinem Charakter noch der frühen Bauphase um 1715/20 zuzuordnen ist der kleine einachsige Raum mit Doppelfenster oberhalb des Haupteinganges in der Linzer Straße. Das Tonnengewölbe mit Stichkappen besitzt einen zarten Spiralrankenstuck aus der Bauzeit.

Ein baulich interessanter Raum ist auch noch die Bibliothek im ersten Obergeschoß. Es ist ein im östlichen Gebäudeteil gelegener dreijochiger Raum mit breiterem überkuppeltem Mitteljoch und platzelgewölbten Seitenjochen.[12] Der Kuppelbau über dem Mitteljoch erfolgte erst im Zuge der großen Restaurierung von Haus und Kirche im Jahre 1862.[13] Die einheitliche Einrichtung mit schwarz gefassten offenen Weichholzschränken und niedrigem Schubladensockel stammt aus dem Ende des 19. Jahrhunderts. Der reichhaltige Buchbestand stammt zu einem großen Teil noch aus dem 18. Jahrhundert und birgt außerdem auch noch eine Reihe von älteren und jüngeren höchst bemerkenswerten Werken.

Abgesehen von den Räumlichkeiten gibt es im Institut auch ein respektables Inventar an Möbeln, Gemälden und Skulpturen, die selbst musealen Ansprüchen gerecht werden. Der angeblich durch Anna Gran in das Institut gelangte Pietra-dura Schrank aus dem 17. Jahrhundert (Nr. 51) gehört hier eben-so dazu wie die Gemälde von Lucas Cranach (Nr. 1), Daniel Gran (Nr. 6), Kremser Schmidt (Nr. 15) und Franz Xaver Wagenschön (Abb. 91–93) sowie eine barocke Pietà in einem Retabelschrein (Nr. 22), ein Engelpaar zum Heiligen Grab (Nr. 24) und die vom aufgehobenen Karmelitinnenkloster übernommene Balda-chinmadonna (Nr. 26). Alle diese Kunstobjekte sind im Institut der Englischen Fräulein nicht in musealer Form verwahrt oder aufgestellt, sondern sind Teil der Ausstattung von Räumen, die nach wie vor auf unterschiedliche Weise genutzt werden. Es muss auch erwähnt werden, dass alle diese Objekte, die zum Großteil aus der frühen Zeit des Institutes stammen, immer eine vorbildliche Pflege erfahren haben und dass man weder Mühen noch Kosten gescheut hat, dieses Erbe zu pflegen und den nachfolgenden Generationen weiterzugeben.

56

57

54 Lavabo im Vorraum zum Refektorium, um 1720
55 Vorsaal mit historischer Möblierung und einem Teil der Porträtgalerie der Oberstvorsteherinnen

56 Kruzifix im vorderen Eingang zur Kirche, um 1730
57 Kasel mit Brokaten des späten 17. und frühen 18. Jahrhunderts

58

59

60

Das 300-jährige Jubiläum und die zu diesem Anlass veranstaltete Sonderausstellung im Diözesanmuseum St. Pölten machten es möglich, dass eine Auswahl des Kunstinventars des Institutes einer interessierten Öffentlichkeit gezeigt werden konnte. Für eine Reihe von Objekten war dies die willkommene Gelegenheit, notwendig gewordene konservatorische und restauratorische Maßnahmen durchzuführen. Es soll hier allerdings nicht verschwiegen werden, dass es auch noch verschiedene Gemälde und Skulpturen gibt, die dringend einer Restaurierung bedürfen und eine solche auch verdienen würden. Es gibt auch eine Reihe von Objekten, die sich in gutem Erhaltungszustand befinden und zweifellos auch für die Ausstellung von Interesse gewesen wären, aber rein aus Platzgründen nicht gezeigt werden konnten. Dazu gehören Paramente, Urkunden, Bücher, Reliquiare, Gemälde und Druckgraphiken. Auch aus dem interessanten Bereich der Andachtsbildchen besitzt das Institut eine reichhaltige Sammlung, wobei die Spitzen- und Pergamentbildchen einen besonderen Platz einnehmen. Häufig tragen diese Bildchen auch an der Rückseite Inschriften mit interessanten Hinweisen auf die (den) Schenkenden oder die (den) Beschenkten (Abb. 37–42).

Mit Ausnahme der Kirchenausstattung, die durchwegs vom Institut in Auftrag gegeben wurde, ist der Kunstbesitz des Hauses doch weitgehend durch Schenkungen und Erbschaften zustande gekommen. Das trifft auf das Cranach-Bild ebenso zu wie auf die Ährenkleidmadonna, auf die Baldachin-Madonna aus dem Karmelitinnenkloster oder das Prager Jesulein. Auch im Falle des Madonnenbildes von Daniel Gran (Kat. Nr. 6) darf wohl angenommen werden, dass es sich um das Geschenk des Vaters an seine Tochter Anna, die 1745 in das Institut eingetreten ist, handeln dürfte. Im Falle von Daniel Gran drängt sich auch bei zwei kleinen, schön gerahmten Bildern, die sich schon lange im Besitz des St. Pöltner Domes befinden und nun im Diözesanmuseum verwahrt werden, die Vermutung auf, dass sie ursprünglich für die Englischen Fräulein bestimmt gewesen sein könnten. Das eine Bild zeigt nämlich die Unterweisung Mariens durch die Mutter Anna (Abb. 61) und das zweite die hl. Katharina (Abb. 62). Das Anna-Bild passt nicht nur zur Tochter Anna, sondern zum Institut der Englischen Fräulein ganz allgemein, und die hl. Katharina könnte als Reverenz an die Oberstvorsteherin Saint Julien gedacht gewesen sein. Im Dom am rückwärtigen Seitenaltar des nördlichen Seitenschiffes, wo die Bilder seitlich angebracht waren, sind sie aus thematischer Sicht nicht erklärbar.[14]

14 Die Herkunft dieser beiden Bilder aus dem Institut der Englischen Fräulein ist plausibel, lässt sich aber vorläufig nicht beweisen.

61

62

58–60   Drei Pusztaszenen von Alfred Friedlaender, Ende 19. Jh.

61   Unterweisung Mariens durch die Mutter Anna, Daniel Gran, um 1745
(Diözesanmuseum St. Pölten)
62   Hl. Katharina, Daniel Gran, um 1745 (Diözesanmuseum St. Pölten)

Das Refektorium im Institut der Englischen Fräulein

Andreas Gamerith

1 Zu Aufgabe und Ausgestaltung barocker Refektorien vgl. Lubomír Slavíček, »Hae imagines magni aestimantur et elegantem novo refectorio addunt splendorem.« • Zur Tätigkeit Michael Angelo Unterbergers, Paul Trogers, Christian Hilfgott Brands und anderer Künstler für das Refektorium im Kloster Hradisch bei Olmütz, in: Barockberichte 31 (2001), 117–125. • Rupert Feuchtmüller, St. Florian und die Bildwelt der österreichischen Barockstifte, in: Ausst.-Kat. »Welt des Barock«, Linz 1986, 35–37. • John N. Lupia / Richard Fawcett, Monastery. Refectory, in: Jane Turner (Hg.), The Dictionary of Art 21, London 1996, 844–846. • Benedikt Wagner, Das Sommerrefektorium, in: Ausst.-Kat. Seitenstetten, 1988, 318f.

2 Zur Lage im Erdgeschoß vgl. etwa Göttweig und Augustiner-Chorherrenstift St. Pölten. • Johann Kronbichler, Refektorium, in: Fasching, Dom und Stift St. Pölten, 1985, 122f. • Gregor M. Lechner / Michael Grünwald, Gottfried Bessel (1672–1749) und das barocke Göttweig. Zum 250. Todesjahr des Abtes. Ausstellungskatalog, Bad Vöslau 1999, 142f.

3 Zur Ausstattung gehörte weiters eine Lesekanzel (Kat. Nr 23).

4 Thomas Korth, Stift Florian. Die Entstehungsgeschichte der barocken Klosteranlage (= Erlanger Beiträge zur Sprach- und Kunstwissenschaft 49), Nürnberg 1975, 172.

5 Johann Thomas Ambrozy / Ambros Josef Pfiffig, Stift Geras und seine Kunstschätze, St. Pölten–Wien 1989, 94–105.

6 Michael Krapf, Paul Troger und sein Zyklus der Refektoriumsbilder im Zisterzienserstift Zwettl, in: Wiener Jahrbuch für Kunstgeschichte XL (1987), 179.

Das Refektorium, der Speisesaal der geistlichen Gemeinschaft,[1] ist ein vierachsiger, eingeschoßiger Raum, der das Erdgeschoß des östlichen Gebäudeflügels einnimmt.[2] Weniger architektonischen Mitteln (der Saal ist lediglich tonnengewölbt mit Stichkappen an der Fensterseite) als den ausstattenden Künsten verdankt der Raum seine elegante Wirkung. Zarter Bandlwerkstuck überzieht die Decke, an den Gewölbeansätzen sitzen hochovale Gemälde besonders verehrter Heiliger. Die Wölbung zieren drei in Öl gemalte Szenen biblischen Inhalts.[3]

Der Raum diente den Englischen Fräulein als Speisesaal, zugleich erfüllte er gewissermaßen aber auch die Aufgabe eines Festsaals für das Institut, repräsentierte es also sowohl nach innen als nach außen. Diese Doppelfunktion weisen mehrere barocke Refektorien auf – in St. Florian wurde der Konvent dem Kaiserpaar im Refektorium vorgestellt,[4] in Geras zeigt sich die zweifache Bedeutung in der Positionierung des Sommerrefektoriums zwischen Gästezimmern und Konventgebäuden.[5] Die Ambivalenz zwischen Speisesaal für die Klosterkommunität und Empfangsraum für Gäste erschließt sich auch in den Aufzeichnungen des Zwettler Abtes zum dortigen Refektoriumsumbau 1749, wo einerseits die Bedürfnisse der Mönche, andererseits der Anspruch der Gäste berücksichtigt wurden.[6] Das Ausstattungsprogramm beinhaltet dementsprechend die Aspekte sowohl des Essens, der Präsentation der Zielsetzungen des Institutes als auch der Aufnahme von Gästen.

63 **Refektorium mit Lesepult auf der rechten Seite (Foto von ca. 1920)** 63

64

Das erste Deckenbild, das beim Eintreten in den Saal lesbar erscheint, zeigt die Rückkehr des jungen Tobias in Begleitung des von ihm unerkannten Erzengels Raphael (Tob 11,1–4). Inmitten einer Waldlandschaft treten Raphael in rotem Gewand, mit weißen Schwingen ausgezeichnet, und der knabenhafte Tobias, gelb und blau gekleidet, die Rückreise an. Der Fisch in der Rechten des Jungen erinnert an die in der biblischen Erzählung bereits vorangegangenen Geschehnisse und ist zugleich Hinweis auf die bevorstehende Heilung des erblindeten Vaters. Selbst der im Bibeltext erwähnte Hund wird in die Darstellung einbezogen.

Die Raphaelsszene führt dem Betrachter das Anliegen der Englischen Fräulein um die Kindererziehung vor Augen. Zugleich scheint durch die dem Deckenbild beigegebenen Ovalbilder der hll. Augustinus und Monika[7] eine Anspielung auf das St. Pöltner Augustiner-Chorherrenstift gegeben, das die Seelsorge für das Institut innehatte.[8] Propst Führer, der 1739 wegen seiner Schuldenpolitik spektakulär abgesetzte Prälat des Klosters, wählte in Allusion auf seinen Namen dieselbe Szene der Rückkehr des Tobias für den repräsentativen Stiftseingang, als Sandsteinrelief von Jakob Christoph Schletterer ausgeführt.[9] Beachtenswert ist dabei der ikonographische Unterschied, dass Tobias im Deckenbild als Kind und nicht als junger Mann (wie im Relief) dargestellt ist.

Das zentrale Bild des Raumes, das Emmausmahl (Lk 24,30f.), schildert den Moment, als die beiden Jünger, in Pilgerkleidung gezeigt, erschrocken den Auferstandenen am Brotbrechen erkennen. Dem erzählerischen Bedürfnis des Malers entspringen die genrehaften Motive des Weinkühlers und des Pagen mit dem Mühlsteinkragen. Flankiert wird die Christusszene von den Ölbildern des hl. Ignatius, dessen Jesuitenorden für die Gründung der Englischen Fräulein vorbildlich war, und von Mary Ward, der Gründerin. Ihr Portrait erscheint vor der Fassade des St. Pöltner Hauses, bei dem die Figur des Schutzengels (bezeichnenderweise) erkennbar ist.

7   Die Deutung der lesenden hl. Matrone als Mutter Anna (vgl. ÖKT, 96) wäre zwar dem Erziehungsaspekt angemessener, doch scheint die Gegenüberstellung mit dem hl. Augustinus eher eine Identifikation als dessen Mutter Monika zu evozieren.

8   Aus der Rechtfertigungsschrift Propst Johann Michael Führers *Verwendet, nit verschwendet* zu ersehen, betreffend die Gründe der *vermehrten anzahl der geistlichen: Item tägliche möss und beichtstuehl bey denen Englischen Freulen.* Zitiert bei Fasching, Propst Führer, 1991, 284.

9   Ingeborg Schemper-Sparholz, … so vom maller Troger recomandiret worden. Der Bildhauer Jakob Christoph Schletterer (1699–1774) und die Tiroler in Wien, in: Friedrich Polleross (Hg.), Reiselust & Kunstgenuss. Barockes Böhmen, Mähren und Österreich, Petersberg 2004, 144. • Johann Kronbichler, Beiträge zum Frühwerk Jakob Christoph Schletterers, in: Jahrbuch der kunsthistorischen Sammlungen in Wien 92 (1996), 189f. Eine Raphaelsszene ist auch in der Bibliothek des Chorherrenstiftes durch ein Fresko Paul Trogers 1734 vertreten.

10   Diese Staffagestücke scheinen unter dem direkten Eindruck des Troger'schen Freskos des Zinsgroschens (1734, Diözesanmuseum St. Pölten) zu stehen, wo ähnliche Architekturelemente eingesetzt wurden.

Im Deckenbild der drei Engel bei Abraham (Gen 18,10–14) erblickt man den knienden Patriarchen, der seinen himmlischen Gästen gerade eine Fruchtschale reichen will. Diese verkünden ihm mit beredten Gesten die Geburt eines Sohnes, worüber die in der Tür sichtbare alte Sara lacht. Die seitlichen Bilder des hl. Joseph und Mariens mit dem Jesuskind, deren Namenszüge kunstvoll verschlungen über den Türen erscheinen, mögen in ihrer Kombination auf der Gegenüberstellung der lachenden Sara, die nicht glauben kann, einen Sohn zu empfangen, und Mariens begründet sein, die als Magd des Herrn Seinen Willen an sich geschehen lässt.

Alle drei Deckenstücke zeigen im Kolorit eine Vorliebe für ungebrochene, kräftige Lokalfarben. Die Bildbühne ist stets in sehr steiler Untersicht gegeben, was insbesondere bei den mit architektonischen Versatzstücken versehenen Szenen von Emmausmahl und Abraham recht unglücklich ausfällt. Treppenpodeste und brückenähnliche Bögen[10] können nur schwer die Unzulänglichkeiten der ausführenden Hand verbergen.

Ob das Ölbild des Letzten Abendmahls, thematisch natürlich höchst selbstverständlich in einem Speisesaal, auch in das ursprüngliche Ausstattungskonzept gehört, ist aufgrund seines mobilen Charakters nicht belegbar; neben dem Thema kann wohl auch das passende Format des Gemäldes zumindest als Indiz für ein originales Ausstattungsstück gewertet werden.

65

64 **Refektorium, um 1735/40, gegenwärtig als Veranstaltungs-raum in Verwendung**
65 **Tobias mit dem Fisch in Begleitung des Engels und eines Hundes, Detail des ersten Deckenbildes im Refektorium, um 1735/40**

66

67

Die prinzipielle Zurückhaltung in der Gestaltung, der Verzicht auf großartige architektonische Inszenierung des Speisesaals entspricht den Möglichkeiten des Instituts im 18. Jahrhundert. So darf man wohl davon ausgehen, dass ähnlich der St. Pöltner Bibliothek, wo die schlechte finanzielle Lage des Klosters Umbauarbeiten beschränkte,[11] bereits bestehende Räumlichkeiten (evtl. durch Entfernen der Zwischenmauern) adaptiert wurden und durch den Künstlertrupp lediglich eine neue Außenhaut erhielten. Möglicherweise wurde dabei überhaupt – ähnlich dem Zwettler Fall – die Bauleitung einem der ausstattenden Künstler übertragen und auf die Beratung seitens eines Architekten verzichtet.[12] Wenngleich der Umbau des Raumes in seiner heutigen Form[13] urkundlich nicht fassbar ist, lassen sich hinter der Gestaltung des Refektoriums aber verschiedene Motive ablesen, die sehr charakteristisch für das St. Pöltner Milieu in der Mitte des 18. Jahrhunderts erscheinen. Die Idee der am Gewölbeansatz befindlichen Ovalbilder findet eine etwa zeitgleiche Parallele im Refektorium der St. Pöltner Franziskaner (1730/40er; wohl von der Böck-Werkstatt ausgeführt);[14] eine Anregung zu den gemalten Tondi der Decke mag von den Troger-Fresken der Bibliothek der St. Pöltner Augustiner Chorherren[15] ausgegangen sein – wenngleich die Lösung im Institut der Englischen Fräulein durch die niedrigere Raumhöhe und das koloristisch dunklere Medium der Ölfarbe zu entschieden schwächerer Wirkung kommt.[16]

66 **Emmausmahl, Detail des mittleren Deckenbildes im Refektorium, um 1735/40**
67 **Abraham bewirtet die drei Engel, Detail des dritten Deckenbildes im Refektorium, um 1735/40**

68

69

70

11 Aus der Rechtfertigungsschrift Propst Johann Michael Führers *Verwendet, nit verschwendet* zu ersehen: *Diese Bibliothec ist aus alten gewölbten yberflüssigen Closter zümern in dem clausur gezürkh gemacht* (…). Zitiert bei Fasching, Propst Führer, 1991, 272.

12 Diarium des Abtes Kollmann: *Atque imprimis gypsator Joannes Michael Flor ex oppido Ravelsbach delineavit ductum et perfecit* – Und zuerst zeichnete der Stukkateur Johann Michael Flor aus dem Städtchen Ravelsbach den Riss und führte ihn aus.

13 Eventuell war der Raum zuvor als erster Sakralraum des Institutes in Benutzung.

14 Heute Priesterseminar, Wiener Straße 38. • ÖKT St. Pölten 1999, 106, 111f. – Die Gestaltungsform, Öltondi an den Gewölbeansatz zu setzen und mit dem weißen Fond der Stuckdekoration zu kontrastieren, mag letztendlich eine Entwicklung aus dem vergleichbaren Motiv in der Dürnsteiner Stiftskirche darstellen.

15 Vgl. Johann Kronbichler, Die ehemalige Stifts- und heutige Diözesanbibliothek, in: Fasching, Dom und Stift St. Pölten, 1985, 117–122.

16 Abt Rayner Kollmann schreibt in seinem Diarium, dass er auf Fresken-dekoration im Refektorium wegen der Verrußung verzichtete, ob ästhe-tische Überlegungen – wie von Krapf referiert – hinter solchen Äußerungen stehen, ist nicht nachvollziehbar.

68　**Hl. Ignatius von Loyola, um 1735/40**

69　**Maria mit dem Jesuskind, bez.** *Clementine Heckel 1838*

70　**Mary Ward mit Institutsfassade im Hintergrund, um 1735/40**

Die Frage nach den beteiligten Künstlern muss großteils unbeantwortet bleiben. Nicht bekannt ist der tüchtige Meister der Plafondgemälde, auch der Zyklus der Ovalbilder entbehrt namentlich fassbarer Autoren.[17]

Nur die Stukkaturen lassen sich dem Atelier der St. Pöltner Stukkateursfamilie Kirschner zuschreiben. Johann Christoph Kirschner (1675–1736) hatte bereits in der Institutskirche (heute Presbyterium) gearbeitet, sein Sohn Johann Gottfried (1711–1782) setzte 1769 die Arbeit seines Vaters im vergrößerten Kirchenraum fort. Der sehr charakteristische Stil der Werkstatt um die Mitte des 18. Jahrhunderts, unter dessen Eindruck auch die Decke des Speisesaals zu sehen ist, hatte sich nach 1720 unter Johann Christoph herausgebildet und ist in allen bislang dokumentierten und zuschreibbaren Werken beherrschend.[18] Das Bandlwerk ist dem Fond der Grundfläche als einer Art Reliefgrund locker verbunden, die Verschlingungen sind trotz ihrer Zweidimensionalität ungemein plastisch und räumlich aufwendig durchgeführt; charakteristisch ist die Verbindung zweier Bandlwerkschlingen zu einer 8-Form. Die Profilleisten setzen sich aus mehreren feinen Stäben zusammen. Der Duktus ist insgesamt sehr zart und äußerst detailreich, großes Augenmerk liegt auf dekorativen Motiven wie Blumenvasen und Fruchtkörben.

71

71 Stuckdekor am Gewölbe des Refektoriums, Werkstatt des Johann Christoph Kirschner

72 Landschaftsvedute in Fensterlaibung des Refektoriums

In diesem Sinne gearbeitet sind die phantasievollen Landschaften in den Fensterlaibungen des Refektoriums, die in ihrer Zartheit an die Landschaftscapricci des ersten Raumes der Altenburger Gästeappartements (heute Musikzimmer der Sängerknaben) erinnern. Nicht näher erläuterbar ist die Frage nach der Authentizität der buntfarbigen Fassung dieser Veduten; dem künstlerischen Ausdruck des Kirschner'schen Ateliers scheint eher eine größere Zurückhaltung im koloristischen Bereich entsprochen zu haben – verwiesen sei auf die möglicherweise noch ursprünglich erhaltene grau-weiße Fassung der ehemaligen Prälatensakristei von St. Andrä a. d. Traisen. Der stilistische Ausdruck scheint an der Decke des Refektoriums bereits verwässert und seiner komplizierten Exaktheit beraubt, stattdessen präsentiert sich die Stukkatur in wesentlich leichtfüßigerer Dekorativität. Man wird wohl davon ausgehen dürfen, dass die Decke erst nach dem Tod des Vaters am 21. April 1736 in Altenburg, von Johann Gottfried oder / und seinem Bruder Franz ausgeführt wurde.[19]

Der Altenburg-Bezug ist in Motiven gegeben, die der väterlichen Handschrift gänzlich fremd waren: die Rosettengitter etwa, deren Kreuzungspunkte ringförmig gestaltet sind, oder die Kartuschen mit geschuppten Füllungen finden sich in ganz ähnlicher Form bei den Gestaltungen Johann Michael Flors, der seinerseits die von Franz Joseph Ignaz Holzinger (seit 1732 in Altenburg) gegebenen Impulse verarbeitete.[20] Der dekorativere Zugang der »2. Generation« äußert sich auch in den Vogelgruppen, die in den Raumecken platziert sind. Während sie in St. Pölten in keinen ikonologischen Zusammenhang mit dem Programm der übrigen Ausstattung zu bringen sind, wollten sich ihre Vorbilder keineswegs derart indifferent an den Betrachter wenden. Diese Vorlagen fand das Kirschner'sche Atelier in der Stuckdekoration des »Marmornen Cabinettls« der Altenburger Prälatur. Dort hatte der repräsentative Hauptraum der äbtlichen Sommerwohnung Stukkaturen der Kirschnerwerkstatt erhalten, denen prominent ein Fresko Trogers ein-

72

17 Bezeichnet sind lediglich die beiden Gemälde des 19. Jahrhunderts »Hl. Barbara« (*Antonie Wimmer*) und »Maria mit dem Jesuskind« (*Clementine Heckel 1838*). Die der Barockzeit entstammenden übrigen Bilder dürften von dem Maler der Deckengemälde stammen. Eine Zuschreibung der Gemälde an den Umkreis Peter Strudels erscheint durchaus plausibel, wie der Vergleich mit dem Bild »Abraham bewirtet die drei Engel« des Refektoriums von St. Michael in Wien belegen kann. Manfred Koller, Die Brüder Strudel. Hofkünstler und Gründer der Wiener Kunstakademie, Innsbruck 1993, 161–163, G180.

18 Volker Lutz, St. Pöltner Stukkateure der Barockzeit, in: Mitteilungsblatt des Kulturamtes 14, Folge 7 (1965), 26f. – Das Todesdatum 1738 ist nicht korrekt; laut Eintrag im *Todtenbuch der Stifts-Pfarr Altenburg (1699–1784; Pfarrarchiv Altenburg)* starb Kirschner zwei Jahre davor in Altenburg. *Den 28. April (1736): ist zu Altenburg begraben worden Herr Christoph Kirschner Stokatorer alt 64 Jahr.* Derzeit sind der Kirschnerwerkstatt unter der Leitung des Vaters (?) Stukkaturen im St. Pöltner Rathaus, dem ehem. Augustiner-Chorherrenstift (heute Bistumsgebäude), der Retzer Pfarrkirche, der Stiftskirche St. Andrä a.d. Traisen und in den Stiften Lilienfeld und Altenburg zuzuweisen. Für die Arbeiten in Seitenstetten sind nur die Söhne belegt.

19 Von den *beyden Brüdern von St. Pölten* ist bezüglich der Stukkaturen des Seitenstettener Marmorsaals in den Quellen die Rede. • Benedikt Wagner, Stift Seitenstetten und seine Kunstschätze, St. Pölten–Wien 1988, 95, 131, Anm. 171.

20 Vgl. Jakob Werner, Barocker Stuckdekor und seine Meister in Stift Altenburg, in: Ralph Andraschek-Holzer, Benediktinerstift Altenburg 1144–1994 (= Studien und Mitteilungen zur Geschichte des Benediktinerordens und seiner Zweige. 35. Ergänzungsband), St. Ottilien 1994, 293–328.

gesetzt wurde – die künstlerische Leitung des anschließenden Kabinettes oblag allerdings Johann Michael Flor, der in Folge den St. Pöltner Stukkateurstrupp aus Altenburg verdrängen sollte. Abt Placidus Much wollte die Enfilade seiner Sommerprälatur ihren Höhepunkt nicht in dem repräsentativen Salon mit dem Altenburger Wappen (und seiner eigenen Imprese) finden lassen, sondern fügte den Räumlichkeiten offiziellen Charakters ein intimeres Kabinett an, das in seiner Stuckmarmorinkrustation der Wände nochmals Assoziationen mit dem Prälatursaal aufkommen lässt. Dem Zentrum mit einer Allegorie der Weisheit und ihrer Wohltaten (in Gestalt eines blumenstreuenden Puttos)[21] werden vier Vogelgruppen beigestellt: ein Vogel nährt einen anderen, eine Eule wird von Vögeln verspottet, der Kampf von Reiher und Adler sowie ein Entenpaar. Alle vier Vogelgruppen dürften kommentierend das Sapientia-Thema aufgreifen: die verlachte Eule ist ein Sinnbild der Fähigkeit des Weisen, Leid zu ertragen,[22] der Kampf von Adler und Reiher – *Der Ausgang ist ungewiss* [23] – soll dem kundigen Betrachter vor Augen führen, dass tapferes Verhalten vermeintliche Benachteiligungen auszugleichen vermag. Weniger exakt auf Vorlagen zurückführen lassen sich der Papagei (Elster?), der einen Ölzweig einem anderen reicht[24] und das fliegende Entenpaar.[25]

Dieser sophistischen Ausdeutungsliebe sind die St. Pöltner Vogelgruppen gänzlich entkleidet. Sie erfüllen rein dekorative Bedürfnisse, was sich auch darin zeigt, dass die Gruppe der beiden Papageien als Papagei mit Reiher unachtsam umgewandelt wird.

Unbekannt ist der exakte Zeitpunkt der Entstehung der Stuckdekorationen. Durch den Vergleich mit dem Altenburger Vorbild der Vögel, aber auch in der stilistischen Beeinflussung durch die Ornamentik Johann Michael Flors lässt sich als frühester Zeitpunkt 1736 (Abschluss der Arbeiten in Altenburg) annehmen. Als späteste historische Begrenzung ist das päpstliche Verbot von 1749 zu betrachten, Mary Ward als Gründerin des Instituts anzusehen; ab diesem Zeitpunkt wäre eine Anbringung des Portraits im Rahmen einer größeren dekorativen Ausstattung wohl unterblieben. Stilistisch suggeriert sich eine Entstehung der Stukkaturen um 1740. Wollte man 1742 vielleicht der Ernennung der St. Pöltner Oberin zur Oberstvorsteherin aller Institute im Bereich der habsburgischen Erblande künstlerischen Ausdruck verleihen? Legt das Portrait der Oberin Maria Anna Kriechbaum mit dem idaten Hintergrund wie beim Refektoriumsbildnis der Mary Ward eine Entstehung zu ihren Lebzeiten nahe, oder hatte die 1739 (unter Protest der Mitglieder des Kremser Institutes) neu gewählte Karoline Freiin von Asseburg die Neugestaltung angeordnet?[26] Besonders interessant wäre es zu wissen, ob vor oder nach 1739 die Ausstattung erfolgte – im Oktober dieses Jahres wurde Propst Führer seiner geistlichen und weltlichen Aufgaben enthoben, als sich herausstellte, dass er, um Kapital aufzunehmen, Unterschrift und Siegel des Dechanten und Kapitels gefälscht hatte. Während vor diesem Zeitpunkt die Raphaelsszene des Deckenbildes in Kombination mit den Augustiner Chorherrenheiligen eine Reverenz an den Propst[27] und das Stift darstellte, wäre nach 1739 eine eindeutige Stellungnahme für den Prälaten darin zu sehen,[28] eine Anhänglichkeit, wie sie sich in Petitionen der St. Pöltner Bürgerschaft mit der Bitte um Wiedereinsetzung Führers in seine geistlichen Aufgaben äußerte.[29]

21 Die *süzende*(n) *Bilther* (Zitat der Abrechnung) am Außenbau mit den Personifikationen der Sinne und einer Gruppe nachsinnender Putti projizierten den im Innenraum angeschlagenen Weisheitsaspekt nach außen: empirisch und rational lässt die Weisheit sich ergründen.

22 *Nequeo compescere multos* – Gabriel Rollenhagen, Nucleus emblematum, Arnheim 1611, Nr. 51. • Henkel-Schöne, Emblemata, 1967, 895.

23 *Exitus in dubio est* – Camerarius, Symbolum et emblematum, 1956, Nr. 32. • Henkel-Schöne, Emblemata, 1967, 785.

24 Camerarius bringt das Emblem des seine Eltern fütternden Storches mit dem Lemma *Hoc pietatis opus*. (Nr. 40), denkbar wäre auch die sich selbst heilende Krähe / Elster (*Ipsa sibi salus*). – Camerarius, Symbolum et emblematum, 1556. • Henkel-Schöne, Emblemata, 1967, 828, 887.

25 Hier könnte auf die bewahrte Reinheit des Weisen unter den Narren angespielt sein (*Nullis madescit in undis*) oder die am Eingang zum Stift beschworene Tugend der Eintracht: die zusammengedrängten Enten verschrecken den angreifenden Adler (*Reddit coniunctio tutos*). • Julius Wilhelm Zincgreff, Emblematum ethico-politicorum ecc. Heidelberg 1619, Nr. 33. • Henkel-Schöne, Emblemata, 1967, 746.

26 Auch Abt Rainer Kollmann schritt gleich nach seiner Wahl zum Abt von Zwettl an die unter seinem Vorgänger geplante Umgestaltung des Refektoriums.

27 Bei einer Entstehung des Ensembles vor 1739 käme sogar der Prälat als Verfasser des Konzeptes in Betracht.

28 Der 1742 vorgeschlagene Koadministrator Mathias Alteneder (er lehnte das Amt schließlich ab), Kurator der Englischen Fräulein, soll laut Führers Biographen Joseph Aquilin Hacker vom Institut vorgeschlagen worden sein und wäre der Partei des Prälaten zuzurechnen gewesen. • Fasching, Propst Führer, 1991, 144.

29 Fasching, Propst Führer, 1991, 115. Gesuch vom April 1741.

73 **Kampf von Adler und
Reiher,
Stuckdetail am Gewölbe
des Refektoriums**

Dalmatik (siehe Kat. Nr. 45)

Die Institutskirche zur Unbefleckten Empfängnis Mariä

Johann Kronbichler

Die Kirche der Englischen Fräulein ist im westlichen Gebäudetrakt eingebaut, sodass von außen nur der achtseitige Kuppeltambour mit dem Zeltdach und das hohe Fenster in der vorletzten Achse der Hauptfassade zu sehen sind. Die Kirchenachse verläuft parallel mit der Fassadenfront, wobei der direkte Zugang zur Kirche mit dem rechten Portal in der Linzer Straße gegeben ist. Im Gebäudeinneren ist der Kirchenraum durch seitliche Zugänge im Chorraum sowie durch mehrere Oratorien und die Orgelempore im Obergeschoß erschlossen.[1]

Mit dem Bau der Kirche wurde am 4. Februar 1715 begonnen, und die Grundsteinlegung erfolgte am 29. April 1715. Die Gemahlin Kaiser Karls VI., Elisabeth Christine, wurde dabei durch Johann Jakob von Kriechbaum, den Bruder der Oberin, vertreten. Am 12. Oktober 1717 konnte Weihbischof Raimund Graf von Lamberg die Kirche samt drei Altären weihen, und etwa ein Jahr später, am 3. Dezember 1718, wurde sie mit der feierlichen Übertragung des Allerheiligsten der liturgischen Verwendung zugeführt.[2]

Dieser erste Kirchenbau umfasste den heutigen Chorraum mit der hohen Kuppel und den relativ kurzen Bereich bis zur Fassade in der Linzer Straße, wo sich auch der ursprüngliche Eingang befand. Dieser nach Norden an den Kuppelraum anschließende Kirchenraum ist sowohl im vermauerten Erdgeschoßeingang als auch in den abschließenden Wandgesimsen im Archivraum des Obergeschoßes sichtbar dokumentiert. Die ursprüngliche Ausrichtung der Kirche nach Süden lässt sich außerdem auch am Kuppelfresko nachvollziehen. 50 Jahre später (1767/69) kam es dann unter der Oberstvorsteherin Maria Katharina Gräfin Saint Julien zur Erweiterung der Kirche und zwar nach Westen.[3] Der Kuppelraum der ersten Kirche wurde damals zum Chorraum der neuen Kirche, jedoch nun nach Osten ausgerichtet. Die Altarausstattung wurde zum Teil wieder verwendet.

Als Kirchenraum wurde nun im Westen an den hohen Kuppelbau ein etwas größerer quadratischer Zentralraum mit Flachkuppel und abgeschrägten Ecken angebaut. An der südlichen und nördlichen Längsseite wurden jeweils eine ungefähr 1,80 m tiefe Altarnische und im Westen eine Orgelempore eingebaut. Vom Erscheinungsbild her sind die beiden Bauteile sehr harmonisch verbunden und lassen die unterschiedliche Bauzeit kaum merken. Aus den Quellen geht nicht hervor, welcher Baumeister für den ersten Kirchenbau und welcher für die Kirchenerweiterung verantwortlich war. Von Baudetails ausgehend lässt sich für den Kuppelbau des Chores Jakob Prandtauer und für den Erweiterungsbau Matthias Munggenast annehmen.[4]

1   ÖKT St. Pölten 1999, 89ff.

2   IAStP, 1b, 69/70: Haus-Producol; siehe auch Beitrag von H. Specht auf S. 16

3   IAStP, IX 2b: Specification was Ihro hochw. und Gnaden die frau Obrist Vorsteherin Catharina Gräfin v. St. Julian von 1748 ten Jahr zur Kirchen eingeschafft und machen lassen.

4   Frank, Barockfassade des Institutsgebäudes, 1956, 4ff. • Ausst.-Kat. Munggenast 1991, 126, Nr. 15.13. • Dehio NÖ 2003, 1989.

74 Westlicher Teil der Institutsfassade mit Eingang zur Kirche

75 Institutskirche mit Blick zum Hochaltar

5   Signiert in der Sockelzone auf der Südseite: *Bartho: Altomonte Pin: 1769.* • Brigitte Heinzl, Bartolomeo Altomonte und die Kirche der Englischen Fräulein in St. Pölten, in: Kunstjahrbuch der Stadt Linz (1961), 44ff. • Brigitte Heinzl, Bartolomeo Altomonte, Wien-München 1964, 45f., 59. • ÖKT St. Pölten 1999, 90.

6   Nekrolog im Wiener Diarium von 24. November 1762 (Nr. 94). • Aschenbrenner, Ein bisher unbeachtetes Fresko Paul Trogers, 1961, 254ff. • Aschenbrenner–Schweighofer, Paul Troger, 1965, 74, Abb. 3. • ÖKT St. Pölten 1999, 89f.

7   Xavier Salmon, Une esquisse inédite de Paul Troger au musée des beaux-arts de Béziers, in: Barockberichte 38/39 (2005), 563ff, Fig. 2.

8   Aschenbrenner, Ein bisher unbeachtetes Fresko Paul Trogers, 1961, 254–256. • Ruth Kaltenegger, Paul Trogers Freskomalerei bis 1738. Die Entwicklung seines Stils unter Berücksichtigung des narrativen Aspekts, Diplomarbeit an der Universität Salzburg 1995, 35–37. • Johann Kronbichler, Trogers Fresken in Österreich in chronologischer Folge, in: Paul Troger 1698–1762. Neue Forschungsergebnisse, Bruno Passamani (Hg.), Mezzocorona 1997, 64f. • ÖKT St. Pölten 1999, 89f., Abb. 126.

Die Fresken der beiden Kuppeln sind jeweils ihrer Bauzeit zugehörig, zumindest trifft dies, gesichert durch eine archivalische Nachricht und durch die Signatur von Bartolomeo Altomonte, auf das Kirchenraumfresko zu.[5] Das Chorkuppelfresko ist weder quellenmäßig fassbar noch weist es eine Künstlersignatur oder Datierung auf. Trotzdem lässt es sich aus stilistischer Sicht eindeutig als eine Arbeit Paul Trogers bestimmen, allerdings nicht direkt aus der Zeit der Fertigstellung der Kirche (um 1718), sondern gute zehn Jahre später, um 1728/29. Dass es im Institut der Englischen Fräulein zu St. Pölten Gemälde von Troger gibt, ist bereits im Nekrolog von 1762 festgehalten, und es besteht kein Zweifel, dass damit nur das Chorkuppelfresko gemeint sein kann.[6] Das dargestellte Thema folgt dem 12. Kapitel der Geheimen Offenbarung über das große Zeichen, das am Himmel erschien (Apk 12, 1–9). In der Hauptansicht, die nach Süden ausgerichtet war, ist die Immakulata auf der Mondsichel zu sehen, über ihr hält ein Engel die zwölfsternige Strahlenkrone, und darüber schwebt von Engeln getragen Gottvater mit ausgebreiteten Armen. Zur Rechten der Immakulata halten zwei Engel das vor der Verfolgung durch den Höllendrachen gerettete Kind auf einem Linnen empor. Schräg darüber, ungefähr in der Höhe von Gottvater, schwebt auch noch die Taube des Heiligen Geistes, womit die Trinität dargestellt ist. Zur Linken der Jungfrau, die in diese Richtung abwehrend ihren Arm ausstreckt, sind die sie bedrohenden höllischen Dämonen dargestellt. Diese werden vom Erzengel Michael, der mit Flammenschwert und Schild bewaffnet ist, in die Tiefe gestürzt. Das Gegengewicht zu diesem Engelsturz bilden auf der gegenüberliegenden Seite der Immakulata mehrere anbetende Engel und Putten. Die der Immakulata entgegengesetzte Kuppelhälfte wird von einer musizierenden Engelgruppe eingenommen.

Erst vor kurzem ist die im Museum der Schönen Künste von Béziers befindliche Entwurfsskizze Trogers bekannt geworden.[7] In ihr ist die Hauptansicht des Freskos ziemlich genau angelegt, während die weniger wichtige zweite Kuppelhälfte, die auf der Ölskizze den oberen Bildteil einnimmt, nur mit Himmel und Wolken gefüllt ist. Im Fresko ist dieser Bereich mit musizierenden Engeln und schwebenden Putten besetzt.

In stilistischer Hinsicht steht das Kuppelfresko bei den Englischen Fräulein in St. Pölten dem in der Kajetanerkirche in Salzburg so nahe, dass hier nur die in der Literatur bereits mehrfach geäußerte Vermutung wiederholt und bestätigt werden kann, dass Troger es geschaffen haben muss, unmittelbar nachdem er 1728 Salzburg verlassen hatte.[8] Das Fresko ist im Oeuvre Trogers vor allem im Hinblick auf das Kuppelfresko in der Stiftskirche von Altenburg von großer Bedeutung, denn es nimmt das Thema der Apokalyptischen Madonna auch in kompositorischer Hinsicht vorweg.

76   **Kuppelfresko von Paul Troger über dem Altarraum, um 1729**

76

Das Kuppelfresko Bartolomeo Altomontes im Kirchenraum zeigt Szenen aus dem Marienleben, wobei die Geburt Mariens und die Verkündigung an Maria in der Hauptblickrichtung etwas hervorgehoben sind. Die Figuren sind friesartig am Kuppelrand aufgereiht, sodass zu den beiden Hauptthemen auch noch einige Nebenmotive dargestellt sind, wie etwa die Verheißung der Geburt Mariens an Joachim, die Pflege des Kindes Maria durch mehrere Frauen und die als Tempeljungfrau dienende Maria. Die Komposition ist konzentrisch angelegt, zunächst einmal durch das in Malerei fortgeführte Kuppelgesims und weiters auch noch durch die darauf aufgebauten architektonischen Versatzstücke wie Stufenpodeste, auf denen die Figuren agieren. Altomonte hat ungefähr zur selben Zeit wie bei den Englischen Fräulein auch die vorderen Seitenschiffkuppeln in der Stiftskirche der Augustiner Chorherren, dem heutigen Dom, ausgemalt und dabei ein ähnliches Kompositionsprinzip angewendet. Es ist anzunehmen, dass der Künstler vom Propst des Chorherrenstiftes den Englischen Fräulein empfohlen wurde.

Die Pendentifzwickel sind sowohl im Chorraum als auch im Kirchenschiff nicht mit Fresken, wie es häufig der Fall ist, sondern mit Stuckdekor ausgestattet, und zwar einheitlich mit symmetrisch angeordneten Blattranken, die jeweils von einem Cherubskopf in der Mitte ausgehen. Den Aufzeichnungen der Kirchenbau-Ausgaben ist zu entnehmen, dass diese Arbeiten vom St. Pöltner Stukkateur Johann Gottfried Kirschner stammen.[9]

77 Deckenfresko von Bartolomeo Altomonte in der Flachkuppel des Kirchenraumes, 1769

78 Pendentif im Altarraum der Kirche, Stuckdekor von Johann Gottfried Kirschner

78

9   IAStP, VIII G 1a: *Empfang und Ausgab von Kirchenbau wie auch von den Seitenstöckel von 1. April angefangen 1767*, fol. 69, 76, 81.

79

Die Altarausstattung stammt im Wesentlichen aus der ersten Bauphase, wobei bei der Neuaufstellung nach der Erweiterung sehr wohl verschiedene Adaptierungen und Ergänzungen erfolgt sein dürften.

Der Hochaltar ist als einfaches Säulenretabel harmonisch in die flache, rundbogig geschlossene Raumnische des Chores eingefügt. Auf dem hohen und etwas ausladenden Sockelgeschoß stehen auf den Seiten die lebensgroßen Apostelfürsten Petrus und Paulus, die Altarmitte nimmt ein Bild ein, und über dem leicht geschwungenen Gebälk in der Höhe des Gesimses der Raumarchitektur schließt der Altar mit einem schwungvollen Auszug, der von seitlichen Voluten eingefasst wird und im Mittelfeld die Heiliggeisttaube im Strahlenkranz zeigt. Den bekrönenden Abschluss bildet die Gottvaterfigur, die sich segnend aus den Wolken niederbeugt. Das Altarbild stellt die von Engeln und Putten mit marianischen Symbolen umgebene Immakulata mit dem Jesuskind dar. Damit ist zusätzlich zur Immakulata, der die Kirche geweiht ist, auch die Trinität dargestellt, die auf die eine oder andere Weise fast immer auf barocken Hauptaltären zu finden ist. Bei dem Gemälde handelt es sich um eine signierte Arbeit des Garstener Stiftsmalers Johann Carl von Reslfeld (ca. 1658–1735), und sie dürfte um 1718/19 entstanden sein.[10] Über dem Altarbild ist in einer geschnitzten und vergoldeten Kartusche das Wappen der Familie Kriechbaum angebracht;[11] es darf sowohl als Referenz gegenüber der ersten Oberin Maria Anna als auch gegenüber ihrem Bruder Johann Jakob von Kriechbaum gesehen werden.

Besondere Aufmerksamkeit verdient der spätbarocke Tabernakel des Hochaltares, der eine Arbeit des Wiener Goldschmieds Johann Georg Brandmayr aus dem Jahre 1777 ist.[12] Der Tabernakel hat einen zweigeschoßigen Aufbau mit dem eigentlichen Tabernakel im unteren Teil und dem etwas schmäleren Aussetzungsthron darüber, wobei auch dieser die Tabernakelform aufgreift und als Rundnische mit abschließender Kalotte ausgebildet ist. In die Tabernakelkomposition sind auch noch die seitlich unmittelbar anschließenden Reliquienschreine einbezogen, die über niedrigem Sockelteil mit eingefügtem Kanontext eine reiche symmetrische Rocaillerahmung mit applizierten Blumengirlanden aufweisen. Nur die mittlere Kanontafel ist nicht in den Tabernakel integriert, sondern als eigenständige Tafel gestaltet, und zwar mit aller formalen Eleganz dieser Goldschmiedearbeit (siehe Nr. 37). Zu diesem Silbertabernakel ist auch quellenmäßig einiges überliefert. So wird berichtet, dass dafür *das Silber von dem Altaraufsatz und 4 Blumenvasen* verwendet wurde, was den Betrag von

800 fl. brachte, weiters dass für 1900 fl. Schmuck verkauft wurde und dass das neue Werk 4000 fl. kostete.[13] Auf kleinen applizierten Rocaillekartuschen am Fuß der seitlichen Reliquiare und am Fuß des Tabernakelkreuzes sind schließlich auch die Wappen und die Namen der Hauptspender angebracht: in der Mitte das Doppelwappen der *Francisca Gräfin von Herberstein Gebohrne Gräfin von Geyersperg*, mit der Jahreszahl 1777 oberhalb des Wappens, auf den Reliquiaren rechts das Wappen der *Anna Kriechbaum* und links das der *Katharina St: Julien*.

Gleichzeitig mit dem Tabernakel wurde auch eine Ewig-Licht-Ampel angeschafft, die ebenfalls das Wiener Beschauzeichen von 1777 und die Meistermarke des Johann Georg Brandmayr (IGB im Dreipass) aufweist. Im selben Jahr hatte Brandmayr auch noch die große Monstranz geliefert (siehe Kat. Nr. 32).

79 **Hochaltar der Institutskirche, um 1720**
80 **Wappenschildchen der Francisca Gräfin von Herberstein, 1777**
81 **Hochaltarbild, Johann Carl von Reslfeld, um 1718/19**

10   Signatur: *Carl von Reslfeld F.:*; Koppensteiner, Reslfeld, 1993, 350ff.

11   Früher befand sich diese Kartusche an der Westempore; sie wurde erst nach dem zweiten Weltkrieg an diese Stelle versetzt.

12   Genaue Bestimmung und Feststellung der an den verschiedenen Einzelteilen angebrachten Punzen und Meistermarken war im Zuge der Restaurierung in den Jahren 1991 möglich.

13   IAStP, Bücher IX 2b: *Specification was Ihro hochw. und Gnaden die frau Obrist Vorsteherin Catharina Gräfin v. St. Julian von 1748 ten Jahr zur Kirchen eingeschafft und machen lassen.*

80

81

82   83

82 **Tabernakel mit
    Aussetzungsthron und
    seitlichen Reliquien-
    schreinen, Johann Georg
    Brandmayr, 1777**
83 **Ewig-Licht-Ampel,
    Johann Georg
    Brandmayr, 1777**
84 **Ignatius-Altar,
    um 1720 und 1769**

14 Geschnitzte und vergoldete
Leuchter, Kanontafeln und Reliquiare
sind für die Jahre 1769 – 1771 belegt. Für
die Vergolderarbeiten in dieser Zeit erhielt Herr Kirschner mehrmals größere
Beträge ausbezahlt. Demnach dürfte
es damals doch zu einer weitgehen-
den Neufassung der Altäre gekommen
sein.

15 Koppensteiner, Reslfeld, 1993,
356ff.

16 Koppensteiner, Reslfeld, 1993,
353ff.

Die beiden gleich gebauten Seitenaltäre im Kirchenraum stammen, abgesehen von den meisten dekorativen Schnitzereien sowie den Leuchtern, Kanontafeln, Reliquiaren und dem schmiedeeisernen Abschlussgitter, wohl auch noch aus der ersten Bauphase.[14] Der rechte Altar wird aufgrund des Altarbildes als Schutzengelaltar bezeichnet. Das Gemälde mit der Darstellung des Schutzengels mit Kind stammt wie das Hochaltarbild von Johann Carl von Reslfeld.[15] Die seitlichen Figuren stellen die hll. Philippus und Jakobus dar und sind Teil des Apostelzyklus, der auf die gesamte Kirche verteilt ist. Dasselbe gilt auch für die Figuren der hll. Thomas und Bartholomäus auf dem gegenüberliegenden Ignatius-Altar. Das dortige Altarbild, wiederum von Johann Carl von Reslfeld, zeigt eine interessante Darstellung der beiden Jesuitenheiligen Ignatius und Franz Xaver.[16] Das vom Christus-Monogramm ausgehende Licht wird vom hl. Ignatius an Franz Xaver und von ihm mit beiden Händen an die durch den Globus und die Allegorien der vier Erdteile symbolisierte Welt weitergeleitet. Das IHS-Zeichen findet sich auch auf dem Erdglobus. Im aufgeschlagenen Buch, das zu Füßen des hl. Ignatius von einem Engel präsentiert wird, stehen noch die erklärenden Worte IN NOMINE JESU OMNE GENU FLECTATUR (Im Namen Jesu wird sich jedes Knie beugen). Die Personifikationen der vier Erdteile sind demnach auch um den Globus kniend dargestellt. An Stelle eines architektonisch gestalteten Altarauszuges werden die Seitenaltäre jeweils von einem schönen Wolken- und Strahlenkranz mit Engelsputten und Engelsköpfchen bekrönt. In der Mitte ist beim Schutzengelaltar das rosenbekränzte Herz Mariä und beim Ignatius-Altar das Josefsmonogramm angebracht.

84

85

86

85 Schutzengel-Altarbild, Johann Carl von Reslfeld, um 1817/19
86 Ignatius-Altarbild, Johann Carl von Reslfeld, um 1718/19
87 Kanzel, Peter Widerin d. J., 1769
88 Orgelprospekt und Emporenbrüstung von 1770/71

87

88

Die Kanzel im linken Chorbogen stammt nachweislich aus dem Jahre 1769 und zeigt im Unterschied zu den Altären eine schwarze Marmorfassung und vergoldete figurale und ornamentale Schnitzereien. Die Vorderseite des geschweiften Kanzelkorbes schmückt ein Relief mit der Darstellung, wie Moses Wasser aus dem Felsen schlägt. Die Taube des hl. Geistes findet sich nicht, wie es bei den meisten Kanzeln der Fall ist, am Spiegel des Schalldeckels, sondern bildet dessen abschließende Bekrönung. Die Bildhauerarbeiten an der Kanzel stammen nach Angaben im Bauprotokoll von Peter Widerin.[17] Aus zeitlichen Gründen kann es sich nur um den Sohn des durch seine Arbeiten im St. Pöltner Dom und in der Stiftskirche von Melk bekannten Vaters Peter Widerin handeln, der bereits 1760 verstorben ist.

Schwarz gefasst und mit vergoldeten Schnitzereien verziert ist auch das barocke Orgelgehäuse, das noch von der Gatto-Orgel aus dem Jahre 1770 / 71 stammt.[18] Das bestehende Orgelwerk ist jünger und stammt von Franz Capek aus Krems a. d. Donau (1906).

17 Siehe Anm. 9, IAStP, VIII 1a, fol. 59.

18 Siehe Anm. 9, IAStP, VIII 1a, fol. 81. und IAStP, HA 20.

89

90

19 Koppensteiner, Reslfeld, 1993, 359f.

20 IAStP, Bücher IX 2b.

21 IAStP, Bücher IX 2b: Unter dem Jahr 1755 *2 schwarz ge-beizte mit vergolten Leisten zu die Fastenbilder von Gran auf die Seitenaltär machen lassen* und 1771 *die Bildnisse des hl. Ignatius und Aloisius von Altemonti gemahlen, …*

91 92 93

Beachtung verdienen auch noch einige Ölgemälde in der Kirche, und zwar zunächst die als Gegenstücke ausgeführten Bilder über den seitlichen Choreingängen. Auf der Nordseite ist der hl. Joseph mit dem Jesuskind dargestellt und auf der Südseite die Unterweisung Mariens durch die Mutter Anna. Beide Bilder weisen keine Signatur auf, stehen aber stilistisch den Altargemälden sehr nahe, sodass eine Zuschreibung an Johann Carl von Reslfeld gerechtfertigt erscheint.[19] Außerdem werden die Seitenaltäre jeweils von zwei gleich großen, in klassizistischen Formen gerahmten Gemälden flankiert. Davon ist nur das Bild des hl. Vinzenz Ferrer auf der linken Seite mit *F. Wagenschön* bezeichnet. Die drei anderen Bilder, darstellend den hl. Johannes von Nepomuk, die hl. Thekla und den hl. Antonius von Padua sind stilistisch eindeutig auch dem aus Böhmen stammenden und hauptsächlich in Wien tätig gewesenen Franz Xaver Wagenschön (1726–1790) zuzuschreiben. Der Hinweis auf das Jahr der Anschaffung dieser Bilder findet sich in der *Specification was Ihro hochedel und Gnaden die gnädige Frau Obrist Vorsteherin Catharina Gräfin v. St. Julian von 1748ten Jahr zur Kirchen eingeschafft und machen lassen*, und zwar sind dort für das Jahr 1780 *4 Bilder zu den Seitenaltär in schönen Rahmen, welche über 200 fl. gekostet haben*, angeführt.[20] In derselben Quelle sind auch heute nicht mehr erhaltene Bildnisse des hl. Ignatius und des hl. Aloisius von Altomonte, sowie Fastenbilder auf den Seitenaltären von Daniel Gran erwähnt.[21]

94

95

96

Eine dominante Rolle in der Kirchenausstattung spielen die lebensgroßen Skulpturen, die auf den ganzen Kirchenraum verteilt sind. In den Rundnischen des Kuppeltambours stehen als weiß gefasste Holzskulpturen die vier Evangelisten. Die ganz vergoldeten Apostelstatuen an den Altären wurden bereits erwähnt, vier weitere Apostel sind auf Volutenkonsolen an den Seitenwänden des Chores verteilt. In den Rundnischen der abgeschrägten Wände des Kirchenraumes sind die vier lateinischen Kirchenväter, die wie die Evangelisten im Kuppeltambour weiß gefasst sind, untergebracht. Die Kuppelfiguren erweisen sich im Stilcharakter als älter, vermutlich aus der Zeit um 1720/30, während die Kirchenväter erst im Zuge der Kirchenerweiterung geschaffen wurden, also um 1769/70. Damit kommen für die ältere Apostelgruppe die damals in St. Pölten führenden Bildhauer Peter Widerin (1684–1760) oder Joseph Päbel in Betracht und für die Kirchenväter die Werkstatt des jüngeren Widerin oder Andreas Gruber.

Ein bestimmendes und gleichzeitig vereinheitlichendes Ausstattungselement bilden die Stuckdekoration in den Gewölbezwickeln, zwischen den Gewölbegurten und im Gesimsbereich sowie die zahlreichen in Rokokoformen gehaltenen Schmiedeeisengitter an den Fenstern, die von den rundum gelegenen Institutsräumen Einblicke in die Kirche gewähren. In der gleichen eleganten Form ist auch das Brüstungsgitter der Orgelempore ausgeführt.

Dieses harmonische barocke Ensemble der Kirchenausstattung erfährt noch einmal eine Steigerung, wenn zu den hohen Festen des Kirchenjahres und zu den besonderen Festen des Institutes, wie den Marienfesten und den Festen der Jesuitenheiligen Ignatius, Franz Xaver und Aloisius von Gonzaga, an den Altären die prachtvollen Antependien angebracht werden und die kunstvoll gestickten barocken Ornate sowie die kostbaren liturgischen Geräte zum Einsatz kommen. Aus den Aufzeichnungen der Anschaffungen, die in der Zeit der Oberstvorsteherinnen Maria Anna Freiin von Kriechbaum (1706–1739) und Katharina Gräfin von Saint Julien (1748–1784) für die Kirche getätigt wurden, geht hervor, wie viel neben den baulichen Maßnahmen auch in diesem Bereich geschehen ist.[22] Es werden dort Ankäufe von Messgewändern und Altartüchern mit reichem Spitzenbesatz ebenso erwähnt wie der Erwerb von Kelchen und Monstranzen und die Aufträge für Reliquienfassungen und Vergoldungen. Selbstverständlich hat sich bei weitem nicht alles von dem dort Aufgezählten auch

94 **Hl. Apostel Simon, Werkstatt des Peter Widerin**

95 **Hl. Hieronymus, Werkstatt des Peter Widerin d. J. oder Andreas Gruber, um 1770**

96 **Jesulein aus Elfenbein, Detail aus einer Reliquientafel**

97 **Antependium (Detail)**

97

erhalten, denn für so manche Neuanschaffung wurden ältere Stücke geopfert. Erstaunlich reichhaltig war im Institut bereits in frühen Jahren der Bestand an Paramenten (Kat. Nr. 43–50), die im sog. *Hauß-Producol* von 1736 aufgeführt sind. Viele davon sind noch vorhanden und zwar dank vorbildlicher Pflege und sachgerechter Aufbewahrung in einem durchwegs ausgezeichneten Zustand.

Neben den Paramenten ist in den historischen Aufzeichnungen auch noch von *Spaliere vor die ganze Kürchen, sambt 2 Portiern* etc. die Rede. Als besonders kostbar werden die drei heiligen Leiber, nämlich des hl. Justid, Clemens und Innocenz, hervorgehoben. Auch wenn verschiedene Reliquien wieder abgegeben worden sind, gibt es im Institut noch immer einen respektablen Bestand.

22 IAStP, 1a; IAStP, IX 2b; Gedenkbuch I und II.

Katalog

von Johann Kronbichler
Nr. 26–39 unter Mitarbeit von Dr. Ursula Mayerhofer
Nr. 42–49 unter Verwendung des von Dr. Dora Heinz 1979/80 angelegten Paramentenverzeichnisses

diözesanmuseum st.pölten

1 Madonna mit dem Jesuskind

Lucas Cranach (Zuschreibung), um 1520
Öl auf Holz, 51 × 40,5 cm

Lit.: IAStP: Gedenkbuch II, 32/33. • Fahrngruber, Aus St. Pölten, 1885, 300f. • Maurer-Kolb, 1899, 297. • E. Schweighofer, Madonnenbilder des Cranachkreises, in: Kirchenkunst, 4. Jg. (1932) H. 1, 6–8. • Aurenhammer, Gnadenbilder, 1956, 45. • Max. J. Friedländer – Jakob Rosenberg, Gemälde von Lucas Cranach, Basel–Boston–Stuttgart 1979. • ÖKT St. Pölten 1999, 98, Nr. 1.

Das Bild zeigt die Muttergottes in frontaler Ansicht, sitzend und das nackte Jesuskind vor sich auf dem Schoß haltend. Links und rechts von ihr ist ein tiefer Landschaftsausblick mit phantastischen Burgansichten zu sehen, die sich zumindest topographisch nicht zuordnen lassen.

Das Gemälde steht in einer Reihe von mehreren Madonnenbildern des Lucas Cranach und aus seinem Umkreis, wie etwa jenem in der Gemäldegalerie des Stiftes Melk (Madonna in der Weinlaube), im Landesmuseum in Darmstadt und vor allem dem in der Sammlung H. Kisters in Kreuzlingen in der Schweiz.

Sowohl im Figurentypus als auch in der Wiedergabe des Landschaftshintergrundes ist der Stil Lucas Cranachs (1472–1553) unverkennbar. In Anbetracht der großen Produktion des Künstlers wird die Eigenhändigkeit des Bildes verschiedentlich in Frage gestellt und bloß als Werkstattarbeit des Lucas Cranach angesehen.

Das Bild befand sich seit dem 17. Jahrhundert in der Schlosskirche von Mieschitz in Böhmen und wurde dort aufgrund eines Unversehrtheitswunders nach dem Brand von 1732 als wundertätiges Gandenbild verehrt. Frau Marie Gräfin von Joŷeuse (1768–1850) vermachte dieses Muttergottes-Gnadenbild testamentarisch dem Institut der Englischen Fräulein zu St. Pölten, und zwar aus Dankbarkeit für die in ihrer Jugend dort erhaltene Erziehung. Die Erbin der Frau Gräfin Marie von Joŷeuse, Maria Joŷeuse Edle von Hohenholz, ließ das Bild restaurieren und schickte es am 27. Dezember 1850 an das Institut in St. Pölten.

2 Maria im Ährenkleid

Öl auf Leinwand, 148 × 100 cm; 1673

Lit.: IAStP: Gedenkbuch II, 1c, 86f. • Aurenhammer, Gnadenbilder, 1956, 137ff. • ÖKT St. Pölten 1999, 98, Nr. 2

Das Gemälde zeigt die Muttergottes in jugendlicher Gestalt im Gebetsgestus, bekleidet mit bodenlangem blauem Ährenkleid und mit langen offenen Haaren. Sie steht auf einer mit Blumen übersäten Wiese und vor ihr liegt ein Kranz weißer Rosen. Sie wird von einem großen ovalen Strahlenkranz, der mit zahlreichen Engelsköpfen besetzt ist, umgeben. Die Darstellung enthält eine Reihe von Symbolen, so ist ihr langer geknoteter Gürtel ein Sinnbild der Keuschheit der Jungfrau Maria, das mit Ähren verzierte dunkelblaue Kleid ist ein Hinweis auf das Brot der Eucharistie und gleichzeitig auf das Fruchtbringen im Hinblick auf die Geburt des Herrn, der Nimbus von goldenen Strahlen und Engelsköpfchen ist ein Hinweis darauf, dass Maria vom 3. Lebensjahr bis zur Vermählung mit Joseph ihr Leben im Tempel von Jerusalem mit Arbeit und Gebet verbrachte. Ihr Essen verteilte sie an die Armen und wurde selbst durch Engel ernährt (apokryphes Evangelium).

Als Ursprung der Ährenkleidmaria gilt ein Gnadenbild im Dom zu Mailand. Tatsächlich ist dieser Bildtypus im 14. Jahrhundert in Frauenklöstern Deutschlands entstanden, von wo eine Darstellung in den Dom zu Mailand kam und dann als Gnadenbild wieder nach Deutschland zurückgekehrt ist. Diese Darstellungen mit mehr oder weniger gleichlautenden Inschriften fanden vor allem in Süddeutschland und Österreich große Verbreitung. Als Vorbild der zahlreichen Kopien dürften nicht so sehr das Mailänder Gnadenbild, sondern Druckgraphiken gedient haben.

Auch beim St. Pöltner Beispiel wird auf einer eigenen, in den großen Bilderrahmen integrierten Inschrifttafel ausführlich die Legende des Bildes berichtet und außerdem noch hinzugefügt, dass es der *Ersame petter Keller* (?) *und sein hausfrauen ano 1673* haben malen lassen.

Das Gemälde kam im Jahre 1900 als Geschenk der Baronin Ida von Liechtenthurn aus Innsbruck an das Institut der Englischen Fräulein. Es erhielt damals eine retabelartige Rahmung in Renaissanceform, wurde vermutlich aber etwas verkleinert und erhielt eine Aufstellung an der Stirnseite des Vorsaales.

3 Kreuztragung Christi

Öl auf Leinwand, 32,5 × 46,5 cm; um 1700

Lit.: Ursula Härting, Franz Francken II., Freren 1989, 286 ff. • Joachim Jacoby, Hans von Aachen 1552–1615, München • Berlin 2000, 98, Kat.-Nr. 14, Abb. 15.

Das Gemälde zeigt die Kreuztragung Christi in einem figuren-reichen, fast endlos scheinenden Zug, der sich von der Stadt Jerusalem bis zum Golgothahügel windet. Christus befindet sich in der Mitte dieses Zuges und zwar wie er unter der Last des schweren Kreuzes auf die Knie gesunken ist und sich zu den rechts im Vordergrund mitziehenden Frauen umwendet. Ganz offenkundig handelt es sich um die Begegnung zwischen Christus und den weinenden Frauen auf seinem Kreuzweg, wo er sie mahnt, nicht ihn, sondern sich selbst und ihre Kinder zu beklagen (Luk 23, 26–31).

Die vielfigurige und breit angelegte Kreuzweg-Komposi-tion steht in einer großen Tradition, die in die Spätgotik bzw. Renaissance (Raffael) zurückreicht. Die vorliegende Bildkompo-sition ist in mehreren Versionen bekannt und dürfte einer ganz bestimmten Vorlage aus der Zeit um 1600 folgen, wobei so-wohl Hans von Aachen (Prag, Národní Galerie, Inv.-Nr. VO 410) als auch Frans Francken II. zu nennen sind. Dem Stil nach dürfte das Bild der Englischen Fräulein allerdings erst um 1700 gemalt worden sein. Eine in der Komposition übereinstimmende Fas-sung, deren Malstil in das frühe 17. Jahrhundert weist, kam 2005 im Dorotheum in Wien zur Versteigerung (Dorotheum-Katalog Alte Meister, 14. Dez. 2005, Nr. 391).

4 Jesus fällt unter dem Kreuz

Martino Altomonte (Zuschreibung), um 1700
Öl auf Leinwand, 97 × 82 cm

Lit.: ÖKT St. Pölten 1999, 98, Nr. 4.

Der Fall Jesu unter der Last des Kreuzes ist durch die ausschnitthafte Nahsichtigkeit zum einen und durch die dominante Anordnung des Kreuzbalkens zum anderen sehr dynamisch und dramatisch wiedergegeben. Der direkte Blickkontakt von Christus mit dem Betrachter verleiht dem Bild noch zusätzlich eine höchst suggestive Wirkung.

Das Bild weist keine Signatur auf, lässt sich aber stilistisch eindeutig Martino Altomonte zuschreiben. Aufgrund zahlreicher Retuschen muss das Gemälde vor der letzten Restaurierung jedoch größere Schäden aufgewiesen haben.

Ein vergleichbares Bildthema im Oeuvre Altomontes befindet sich in der Kirche von Święta Lipka (Heiligenlinde) in Polen. Wahrscheinlich stammt das Bild aus einem Passionszyklus, wie Altomonte einen für die Stiftskirche St. Dorothea in Wien oder für die Sakristei im Dom zu St. Stephan in Wien geschaffen hatte. Ein vollständiger Kreuzweg mit 14 Stationen ist von Altomonte nicht bekannt, sodass eine solche Zuordnung eher auszuschließen ist.

Über die Provenienz des Gemäldes gibt es keine Aufzeichnungen, weshalb man wohl annehmen darf, dass es entweder von einem Institutsmitglied eingebracht wurde oder auf dem Weg einer Schenkung in das Institut der Englischen Fräulein gelangte.

5 Offenbarung der Erlösung durch Maria

Paul Troger, um 1728/29
Öl auf Leinwand, 74 × 92 cm
Béziers, musée des beaux-arts, Inv.-Nr. 264 (886-2-2)

Lit.: Elfriede Baum, Katalog des Österreichischen Barockmuseums im Unteren Belvedere in Wien, Wien–München 1980, 437 (Nr. 292) und 719f (Nr. 511). • Franz Matsche, Eine unbekannte Ölskizze Paul Trogers für das Chorkuppelfresko in der Kirche der Englischen Fräulein in St. Pölten, in: Festschrift Klara Garas. Budapest 1989, 151–159. • Xavier Salmon, Une esquisse inédite de Paul Troger au musée des beaux-arts de Béziers, in: Barockberichte 38/39, Salzburg 2005, 563–565

Die Ölskizze zeigt in der Mitte des ovalen Bildfeldes den auf Wolken thronenden Gottvater und darunter die auf einer Wolke kniende Maria. Über ihrem Haupt hält ihr ein Engel den Sternenkranz. Maria wendet sich mit abweisender Gestik nach rechts, wo der Erzengel Michael die abtrünnigen Engel zu Boden stürzt. Links von Maria tragen Engel auf einem Linnen das errettete Kind zu Gottvater empor.

Der Darstellung liegt ganz offenkundig der Bericht der Apokalypse zu Grunde, wo die Vision von der Frau und dem Drachen geschildert wird (Apk 12, 1–9): *Und es erschien am Himmel ein großes Zeichen: eine Frau, umkleidet mit der Sonne, der Mond unter ihren Füßen und auf ihrem Haupt ein Kranz von zwölf Sternen … und ihr Kind wurde entrückt zu Gott und zu seinem Thron … und gestürzt wurde der große Drache, die alte Schlange, der Teufel heißt und der Satan, der die ganze Welt verführt; gestürzt wurde er von der Erde und seine Engel wurden mit ihm gestürzt.*

Bei der Skizze handelt es sich um den Entwurf für das Chorkuppelfresko in der Institutskirche der Englischen Fräulein. Unberücksichtigt ist auf der Skizze die gegenüberliegende Kuppelhälfte geblieben, die im Fresko ein Engelskonzert zeigt.

Von Franz Matsche wurde das Bild Inv.-Nr. 1484 im Barockmuseum der Österreichischen Galerie als »verworfene« bzw. nicht zur Ausführung gelangte Skizze für das Chorkuppelfresko in Diskussion gebracht, was aus thematischer Sicht zwar plausibel erscheint, aber stilkritisch nicht haltbar ist. Stilistisch sehr wohl mit Troger und dem St. Pöltner Fresko in Zusammenhang bringen lässt sich hingegen das ebenfalls im Barockmuseum der Österreichischen Galerie befindliche Bild mit der Darstellung der Allegorie auf die Unbefleckte Empfängnis Mariens (Inv.-Nr. 3154). Der Malstil dieses Bildes weist allerdings auf eine spätere Entstehungszeit hin, sodass es sich dabei weniger um eine Teilskizze für das St. Pöltner Fresko handeln kann, als viel mehr um ein autonomes Bild nach dem Fresko in St. Pölten bzw. in der Stiftskirche von Altenburg, wo Troger im großen Kuppelfresko dasselbe Thema darstellte.

6 Maria mit schlafendem Kind und Johannesknaben

Daniel Gran, um 1745
Öl auf Kupfer, 26 × 20,5 cm

Lit.: Ausstellungskatalog »100 Jahre Diözesanmuseum St. Pölten 1888–1988«,
Nr. 32, Tafel V. • ÖKT St. Pölten 1999, 98, Nr. 5.

Das Bildmotiv des schlafenden Jesuskindes, mit oder ohne die
Gottesmutter, ist seit dem 15. Jahrhundert nachzuweisen und
war besonders in der Barockkunst ein beliebtes Motiv. Es werden darin die zwei wichtigsten Ereignisse der Heilsgeschichte,
die Menschwerdung und der Erlösertod Christi, zum Ausdruck
gebracht.

Das Bild weist keine Signatur auf, lässt sich aber anhand
einiger Vergleiche eindeutig Daniel Gran zuschreiben. Zu nennen sind vor allen die *Madonna mit dem Jesuskind* auf dem
Hochaltarbild in der Stiftskirche von Herzogenburg sowie
das Seitenaltarbild mit der Darstellung der *Ruhe der Heiligen
Familie auf der Flucht nach Ägypten* im St. Pöltner Dom. Ein
vergleichbares Gemälde befindet sich in der Gemäldegalerie
des Stiftes Seitenstetten (Gal 03–17) und ein ebensolches wurde im Jahre 2001 im Dorotheum in Wien zur Versteigerung an-
geboten (1973. Auktion, Nr. 440).

Vermutlich war das Bildchen ein Geschenk Grans für seine
Tochter Anna, die 1745 in das Institut der Englischen Fräulein
eintrat.

7 Altbrünner Gnadenbild

Öl auf Leinwand, 32 × 18,5 cm
um 1740/50

Lit.: Aurenhammer, Gnadenbilder, 1956, 89f.

Das Gnadenbild von Alt-Brünn ist vom Typus eine halbfigurige Hodegetria (Wegweiserin) mit dem Kind auf dem linken Arm. Charakteristisch sind die dunkle Gesichtsfarbe, das Buch in der Linken des Kindes und die rautenförmige Schließe am Hals der Muttergottes.

Die seit dem 14. Jahrhundert belegte Verehrung des Bildes erreichte 1734 mit der Errichtung des Silberaltares in der Thomaskirche zu Brünn und 1736 mit seiner Krönung ihren Höhepunkt. Gerade in jener Zeit wurde es sehr häufig kopiert. Die kleine Kopie bei den Englischen Fräulein dürfte dem originalen Zierrahmen nach zu schließen um 1740/50 angefertigt worden sein.

8 Maria vom guten Rat

Öl auf Leinwand, 29,5 × 23,5 cm, Inschrift am unteren Bildrand: *Maria von gutten Rath / Bitt für uns*; um bzw. nach 1753

....

Lit.: Aurenhammer, Gnadenbilder, 1956, 110ff. • Lechner-Grünwald, Unter deinen Schutz, 2005, 242 f.

Das Gnadenbild »Maria vom guten Rat« (»Madonna del Buonconsiglio«) stammt der Legende nach aus dem von Türken bedrohten Skútari in Albanien, von wo es 1467 auf wunderbare Weise unter der begleitenden Regenbogenerscheinung zu den Augustiner-Eremiten in Genazzano bei Rom gelangte und dort zu einem ausgesprochenen Ordensheiligtum wurde. Um die Weiterverbreitung des Gnadenbildes (speziell nach Deutschland und Österreich) machte sich u. a. der Salzburger Jesuit P. Parhammer und besonders der römische Augustiner Chorherr Andrea Brocchi verdient, nachdem das Augustinerkapitel 1753 beschlossen hatte, das Gemälde Unserer Lieben Frau vom guten Rat überall bekanntzumachen. Das Bild fand auch in Wien und Niederösterreich große Verbreitung, in St. Pölten soll eine Kopie bereits 1750 von drei Schwestern eines Freiherrn von Fieger in die Bürgerspitalskapelle gestiftet worden sein.

9 Mariahilf

Öl auf Holz, 33,5 × 28 cm; Inschrift an der Rückseite mit Beglaubigung aus dem Jahre 1768

....

Lit.: Aurenhammer, Gnadenbilder, 1956, 119 ff.

Verkleinerte Kopie des Gnadenbildes *Mariahilf* im Innsbrucker Dom. Der verschiedentlich auf eine ostkirchliche Ikone zurückgeführte Typus des Mariahilfbildes wurde Cranach wahrscheinlich durch das im 15. und am Anfang des 16. Jahrhunderts sehr verehrte und auch häufig kopierte Gnadenbild von Cambrai übermittelt. Zum Unterschied vom Gnadenbild von Cambrai stellt das Mariahilfbild die Muttergottes sitzend dar. Die liebkosende Zuwendung des Jesusknaben an die Muttergottes verlieh dieser Darstellung gegenüber dem in Byzanz und Italien als Eleousa bekannten Typus eine zusätzliche Steigerung und machte sie in religiöser Hinsicht besonders wirksam.

Ausgangspunkt für die Mariahilfverehrung ist das heute in der Domkirche zu Innsbruck befindliche Original Lucas Cranachs (um 1520). Noch während des Aufenthaltes des Cranach-Bildes in Passau wurde 1622 eine dem Original vollkommen entsprechende Kopie angefertigt; dabei handelt es sich um das heutige Passauer Gnadenbild, das sich im Hochaltar in der Wallfahrtskirche Mariahilf ob Passau befindet. Das dritte Zentrum der Mariahilfverehrung entstand an der Mariahilfkirche in Wien (VI.), wo seit dem späten 17. Jahrhundert eine 1660 in Passau angefertigte Kopie große Verehrung genoss und zu zahlreichen Kopien Anlass gab. Viele Kopien des 18. und 19. Jahrhunderts sind genau genommen nicht Kopien des Cranach-Bildes in Innsbruck, sondern Kopien des Passauer oder des Wiener Mariahilfbildes.

Am Bild der Englischen Fräulein ist durch den auf der Rückseite angebrachten Vermerk die Vorlage des Innsbrucker Bildes belegt und bestätigt: *Wahre abbildung des gnadenreichen von Dresden aus Sachsen nacher Innsbruck überbrachten originals, Maria hilf genannt welches mit beständigen Wunderthaten in der Löbl. Sanct Jacobspfarr Kirchen allda leuchtet und von häufig zulaufenden Volk mit großen Trost verehrt wird: Das diese Copia an ermelten II. original angerührt worden, bezeuge durch gegenwärtiges ⊗ [Siegel]. Innsbruck den 18. April 1768 Johan Ant. Schröck coop. Locj.*

Das Bild wurde 1898 von einer Baronin Lazarini an Mater Helene Schiechtl im Institut der Englischen Fräulein in St. Pölten geschenkt.

10 Maria mit dem Kind

Öl auf Holz, 26,7 × 21 cm
Mitte 18. Jh.

Das kleine Andachtsbild zeigt die in Schrägansicht nach links gewandte, halbfigurige Maria, die auf ihren Armen das liegende Jesuskind hält. Ihr Kopf ist leicht vorgebeugt und ihr Blick auf das Kind gerichtet, das in starker Verkürzung mit dem Köpfchen nach vorne zum Betrachter wiedergegeben ist. Unmittelbar hinter Maria ist ein Vorhang teilweise zur Seite gezogen, wodurch der Blick auf eine Landschaft mit einem turmähnlichen Gebäude im Hintergrund freigegeben wird.

Das Bild ist eine verkleinerte Kopie des im Kunsthistorischen Museum in Wien befindlichen Gemäldes von Carlo Maratta (Inv.-Nr. 127). Maria mit Kind und Landschaftsausschnitt folgen sehr getreu der Vorlage, hingegen ist das Gewand stark vereinfacht und in der Faltenbildung etwas abweichend wiedergegeben. Eine spezielle Handschrift ist an der Kopie nicht festzustellen, sodass auch eine Zuschreibung an einen bestimmten Künstler nicht möglich scheint.

11 Mary Ward verehrt die Immakulata

Franz Sebald Unterberger (Zuschreibung), um 1750/60
Öl auf Kupfer, 17,3 × 14 cm

Lit.: Zu Franz Sebald Unterberger: Nicolò Rasmo, Francesco Unterperger pittore 1706–1776, Ausstellungskatalog, Trento 1777. • Johann Kronbichler, Franz Sebald Unterberger. Sein Schaffen und seine künstlerische Stellung, in: Ausstellungskatalog »Icones Clarae« (Hg. Leo Andergassen), Diözesanmuseum Hofburg Brixen 1999, 103–121.

Das kleine Bildchen zeigt Mary Ward, die Gründerin der Englischen Fräulein, in der Hand das aufgeschlagene Regelbuch mit der Inschrift *Scientia Jesu Crucifixi* haltend. Vor ihr erscheint die auf der Weltkugel stehende Immakulata, den Mond und die Schlange unter ihren Füßen, in ihrer Rechten die Lilie als Zeichen ihrer Reinheit und vor der Brust schwebend die Taube des Heiligen Geistes. Vom göttlichen Dreieck mit dem Auge Gottes fällt ein Lichtstrahl auf das Buch von Mary Ward und im Strahl eingeschrieben finden sich die Worte: *Hic Regula Vitae.*

Stilistisch lässt sich dieses intime Andachtsbildchen dem ab 1731 in Brixen tätig gewesenen Maler Franz Sebald Unterberger (1706–1776) zuschreiben. Es gelangte wohl über ein Mitglied der Englischen Fräulein aus dem Brixner Institut nach St. Pölten. Im Oeuvre des Franz Sebald Unterberger sind mehrere verwandte Darstellungen der Immakulata bekannt (Kaltern, Neustift, Tesero), womit es gute Gründe für diese Zuschreibung gibt. In der Figur der Mary Ward hielt sich Unterberger offenbar an eine geläufige Druckgraphik, wie z.B. dem Frontispiz in der Lebensbeschreibung der Maria von Ward des Johannes von Unterberg (Augsburg 1735). Die malerische Ausführung verrät jedoch auch in diesem Fall recht eindeutig die Handschrift Unterbergers.

12 Maria Heimsuchung

Deckfarbe auf Pergament, 13,5 × 8,5 cm; vor 1769
Inschrift am unteren Blattrand: UNDE HOC MIHI UT VENIAT / MATER DOMI-
NI MEI AD ME (Wie kommt es, dass die Mutter meines Herrn zu mir kommt)
Rückseite mit Widmung: *17 justitia et clementia 69 / eine bekanntschaft von
etlich und 40 jahren liebste oberin macht mich hoffen das sie und ihr stift
meiner in ihren gebettern nicht vergessen werden, ich habe vor sie und all die
ierige hier wie es versprochen gebettet und verbleibe alezeit meine liebe sain
julien ihr alte gutte freundin Maria Theresia*
Rahmen: Messing in durchbrochener Treibarbeit, ziseliert und vergoldet,
29,5 × 18 cm

Lit.: Ausst.-Kat. Maria Theresia, 1980, Nr. 62.03. • Ausst.-Kat. Schallaburg 1981, 35f., Nr. 31. • ÖKT St. Pölten
1999, 98, Nr. 8.

Die Darstellung der Maria Heimsuchung folgt einem Stich nach Carlo Maratta.
Der Rokokorahmen zeigt als Bekrönung den kaiserlichen Doppeladler und in
der unteren Mitte eine Kartusche mit dem Monogramm M T (Maria Theresia).
Das »kaiserlich« gerahmte Andachtsbildchen brachte Maria Theresia am 2. September 1769 auf der Rückreise von ihrer Wallfahrt nach Mariazell als Andenken
der Oberstvorsteherin Katharina von Saint Julien (1748–1784). Unter dem Motto
justitia et clementia verweist die Kaiserin auf die 40-jährige Bekanntschaft mit
der Oberin und spricht die Hoffnung aus, diese und ihr Stift werde ihrer im Gebet gedenken, so wie auch sie (Maria Theresia) dasselbe tun werde.

Ein ähnliches Andachtsbildchen mit Widmung Maria Theresias an die Gräfin Saint Julien aus dem Jahre 1734 befindet sich in der Handschriftensammlung
der Österreichischen Nationalbibliothek in Wien (Autogr. 9/49–1). Die Gräfin
Maria Katharina von Saint Julien (1709–1784) war vor ihrem Eintritt in das Institut der Englischen Fräulein (1740) Hofdame der Erzherzogin Maria Theresia
gewesen.

13 Aufnahme der Tochter Daniel Grans

Aquarell, 15 × 25 cm; 3. Viertel 18. Jh.

Lit.: E. Knab, Daniel Gran, Wien–München 1977, 25. • Ausst.-Kat. Schallaburg 1981, 33, Nr. 27. • ÖKT St. Pölten 1999, 99, Nr. 18. • Dorit Köhler, Die Paramentenstiftungen der Kaiserin Maria Theresia von Österreich, Münster 1998, 44.

Das kleine Bildchen zeigt im Vordergrund einen galanten Herren, der in halb kniender Haltung der Institutsoberin der Englischen Fräulein ein ovales, schön gerahmtes Bild mit der Darstellung der Unterweisung Mariens durch die Mutter Anna überreicht, während ihm gegenüber ein Mädchen vor der ehrwürdigen Mutter kniet und ihre Hand küsst. Es handelt sich offenbar um die Aufnahme einer Kandidatin in das Institut der Englischen Fräulein in Anwesenheit Ihres Vaters, der als Geschenk ein Gemälde mit dem programmatischen Thema der Unterweisung Mariens durch die Mutter Anna übergibt. Nach der Haustradition stellt es den Maler Daniel Gran dar, dessen Tochter Anna 1745 in das Institut eintrat. Es spricht nichts dagegen, dass es sich um die Aufnahme von Anna Gran in das Institut der Englischen Fräulein handelt, es kann jedoch vom Stilcharakter des Bildes ausgeschlossen werden, dass es von Gran selbst stammt. Viel eher könnte dieses Ereignis von Anna Gran selbst oder einer Ihrer Mitschwestern festgehalten worden sein. Abgesehen von dem eher bescheidenen künstlerischen Anspruch bietet das Bildchen jedoch eine interessante Interieurschilderung, mit den verschiedenen Tätigkeiten der Mädchen und einen reizvollen Blick in einen weitläufigen Park.

14 Hl. Peregrin

Martin Johann Schmidt, um 1770
Öl auf Leinwand, 95 × 73,5 cm; bez.: *Mart. Joh. Schmidt*
(nachgezogen)

Lit.: Feuchtmüller, Kremser Schmidt, 1989, 425, Nr. 368. · ÖKT St. Pölten 1999, 98, Nr. 12.

Der hl. Peregrin im Servitenhabit zeigt dem Gekreuzigten sein un-
heilbar krankes und verletztes Bein, das amputiert werden sollte.
Vor ihm auf dem Boden liegen auch bereits die dafür erforder-
lichen Werkzeuge, wie Messer, Knochensäge und das in einem
Feuerkessel vorbereitete Glüheisen. Auf dem Tisch vor ihm liegen
ein aufgeschlagenes Buch, Totenschädel und Stundenglas. Von
dem hinter dem Tisch aufgerichteten Kreuz neigt sich der Gekreuzigte vor und segnet Peregrin. Drei Engelsköpfchen oberhalb von
Peregrin sind die stummen Zeugen des Wunders.

Die Darstellung zeigt die auf eine Vision Peregrins hin erfolgte
Heilung, wobei sich der Gekreuzigte vom Kreuz zu ihm herabneigt
und durch die Berührung sein krankes Bein heilt.

Im Stilcharakter zeigt das Bild alle malerischen und qualita-
tiven Eigenschaften des Kremser Schmidt, wie sie in gesicherten
Bildern aus der Zeit um 1770 begegnen, etwa in den Altarbildern
von Schweiggers, Ferschnitz oder Hausleiten. Trotz der reduzierten
Farbigkeit vermittelt das Bild durch feinste Nuancierungen und
weiche atmosphärische Lichtführung das für Kremser Schmidt
typische Stilbild.

Der hl. Peregrin gilt vor allem als Patron der Bein- und Fuß-
leiden. Das größte und bedeutendste Heiligtum zu Ehren dieses
Heiligen befindet sich in seiner Heimatstadt Forlí. In der Ausstattung der Servitenklöster wurde diesem Heiligen immer besondere
Aufmerksamkeit geschenkt; es sei hier lediglich auf Darstellungen
des Heiligen in den ehemaligen Servitenklöstern Maria Jeutendorf,
Maria Langegg und Schönbühel a. d. Donau hingewiesen.

15 Grablegung Christi

Martin Johann Schmidt, 1784
Öl auf Leinwand, 105 × 126,5 cm; sign.: *Mart. Joh. Schmidt f. 1784*
Restauriervermerk: *Karl Nickmann 1926*

Lit.: Feuchtmüller, Kremser Schmidt, 1989, 500, Nr. 777, vgl. auch Nr. 592, 778. • ÖKT St. Pölten 1999, 98, Nr. 14.

Das Bild zeigt, wie Joseph von Arimathäa und Nikodemus den Leichnam Jesu, nachdem sie ihn gewaschen und mit Spezereien behandelt hatten, in einen Sarkophag legen. Davor kniet Maria Magdalena und neigt noch einmal weinend ihr Haupt auf die Schulter Jesu. Links davon stehen zwei Knaben, von denen der eine in Rückenansicht eine brennende Fackel hält, offenbar um den mit der Grablegung Beschäftigten Licht zu spenden. Die Szene ist tatsächlich als Nachtstück wiedergegeben und erhält ihr Licht scheinbar nur von der brennenden Fackel. Im Widerschein des Hintergrundes sind noch weitere Figuren zu erkennen und zwar neben Maria, der Mutter Jesu, und Johannes noch drei Frauen sowie zwei männliche Gestalten, die den aufgestellten Sarkophagdeckel halten. Ganz rechts im Hintergrund ist auch noch der Kalvarienberg mit den drei Kreuzen zu sehen, wobei vom mittleren der Leichnam Christi bereits abgenommen ist, die beiden Schächer jedoch noch am Kreuze hängend wiedergegeben sind.

Kremser Schmidt hat das Thema der Grablegung Christi mehrmals gemalt: einmal als 14. Station seines Kreuzweges in der Pfarrkirche von Mautern (1770), dann auch noch in einigen kleinen auf Kupfer gemalten Fassungen (Barockmuseum in Wien, Inv.-Nr. 442 und zwei Varianten in Privatbesitz) sowie eine seitenverkehrte Variante im Pfarrhof von Mariazell. Das Bild der Englischen Fräulein zeichnet sich durch eine detailreiche Durchgestaltung und hohe malerische Qualitäten aus. Über die näheren Umstände, wie das Bild zu den Englischen Fräulein kam, ist nichts bekannt. Kremser Schmidt hatte für St. Pölten wiederholt gearbeitet, um 1753 bis 1757 im Augustiner-Chorherrenstift, Anfang der 1760er Jahre im Karmeliterkloster (heute Franziskaner-kirche) und 1783 auf Schloss Ochsenburg.

16 Vermählung der hl. Katharina

Josef Schöfft, 1806
Öl auf Leinwand, 54,5 × 44 cm; bez. rechts unten: *Jos: Schöfft 1806*

....

Lit.: ÖKT St. Pölten 1999, 99, Nr. 17.

Maria sitzt auf einer Wolke und hält vor sich auf dem Schoß den Jesusknaben, der sich vor-beugt, um der vor ihm knienden Katharina von Alexandrien den Verlobungsring an den Finger zu stecken. Hinter Katharina, die als jungfräuliche Königstochter mit Krone auf dem offenen Haar dargestellt ist, steht ein Begleitengel mit einer Lilie, dem Symbol der Reinheit. Über der hl. Katharina schwebt ein Engelsputto mit einem Blütenkranz in der Hand, gleichsam als Krone ihres Martyriums. Vor Katharina liegen die Attribute der Heiligen, das zerbrochene Rad und das Schwert. Unter den szenischen Darstellungen zum Leben der hl. Katharina begegnet die Ver-lobung mit Christus, der ihr – meistens als Knabe im Schoß Mariens – einen Ring überreicht, besonders häufig. Die Darstellung hat im Institut der Englischen Fräulein natürlich eine ganz klare Botschaft, denn jede Schwester verlobt sich durch ihr klösterliches Leben gleichsam mit Christus. Es existiert im Institut noch ein Bild (18. Jh.) dieses Themas, das offenbar einem Stich nach Carlo Maratta folgt.

Das noch ganz in der barocken Tradition stehende Bild stammt laut Signatur von Josef Schöfft aus dem Jahre 1806. Die Schöfft waren eine Budapester Malerfamilie. Der Datierung des Gemäldes zufolge, muss es von Josef August Schöfft (um 1775–1850) stammen, denn sein Vater, Josef Schöfft (1745–1803), starb bereits 1803.

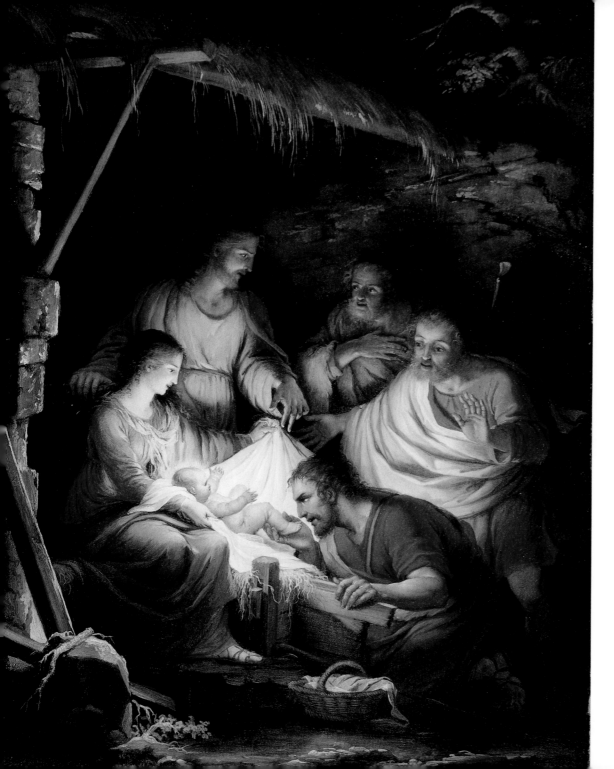

17 Anbetung der Hirten

Öl auf Holz, 39 × 28,5 cm; bez. *J A. 1821*

Lit.:   ÖKT St. Pölten 1999, 99.

18 Anbetung der Könige

Öl auf Holz, 39 × 28,5 cm; bez. *J A. 1821*

Lit.: ÖKT St. Pölten 1999, 99.

Die beiden als Gegenstücke geschaffenen Gemälde bilden sowohl im Format und in der malerischen Ausführung als auch
in der Komposition und in den Figurentypen eine Einheit. So
sind etwa Maria und Joseph trotz der unterschiedlichen Stellung und Haltung auf beiden Bildern in ihrem Aussehen iden-
tisch. Bei der Anbetung der Hirten ist die Heilige Familie auf
der linken Seite, bei der Anbetung der Könige hingegen auf
der rechten. Die Hirten knien bzw. stehen zu dritt vor dem
Christkind, das von Maria auf einem ausgebreiteten weißen
Linnen präsentiert wird. Beim Bild der Anbetung der Könige
sind bloß die Seiten vertauscht, und auch hier sind nur die drei
Könige ohne ihr Gefolge in andächtiger Verehrung vor dem
Jesuskind, das die Mutter auf ihrem Schoß hält, dargestellt. Die
Hirtenanbetung ist als reines Nachtstück gehalten, wo alles
Licht nur vom Kind in der Krippe ausgeht, während beim Bild
der Anbetung der Könige das Licht von links oben, gleichsam
vom Stern, dem sie gefolgt sind, auf die Figurengruppe fällt.
Die Bilder gehören stilistisch eindeutig in die klassizistische Zeit
um bzw. nach 1800, eine durchgeführte Reinigung brachte in
beiden Fällen sowohl die Jahreszahl 1821 als auch das Künstler-
Monogramm *J A* (ligiert) zutage.

19 Johann Jakob Freiherr von Kriechbaum

Öl auf Leinwand, 93 × 75 cm; um 1720

Lit.: IAStP, HA 9 D 1/3: Verlassenschaftsabhandlungen des Johann Jakob Freiherrn von Kriechbaum. · ÖKT St. Pölten 1999, 99, Nr. 19.

Johann Jakob Freiherr von Kriechbaum (gest. 1728) war kaiserlicher Kämmerer und Vizestatthalter von Österreich unter der Enns. Er war der Bruder der ersten Oberin der Englischen Fräulein in St. Pölten, der Maria Anna Freiin von Kriechbaum, und gilt als Mitstifter des St. Pöltner Institutes. In seinem Testament vom 21. August 1726 setzte er seine *herzlichste Frau Schwester* über seine Verlassenschaft als Universalerbin ein. In einem Schreiben vom 24. Juli 1705 intervenierte er beim Richter und Rat in St. Pölten um die Bewilligung der Institutsgründung und befürwortete eine Ansiedlung der Englischen Fräulein in St. Pölten auch beim Kaiser.

Das Porträt zeigt den Dargestellten als Halbfigur, leicht nach rechts gewendet, vor einem aufgeschlagenen Buch und seinen linken Arm auf ein aufgestelltes Buch gelegt. Ganz im Gegensatz zu dieser lockeren Körperhaltung ist sein Gesichtsausdruck ernsthaft und mit einem den Betrachter fixierenden Blick wiedergegeben.

Am Gemälde ist keine Signatur festzustellen, aber es handelt sich zweifellos um ein hervorragendes Werk, sowohl was die Wiedergabe des Porträtierten als auch was seine malerische Ausführung betrifft. Stilistisch steht das Gemälde Porträtdarstellungen des kaiserlichen Kammermalers und Akademiedirektors Jacob van Schuppen (1670–1751) nahe, sodass eine Zuschreibung an diesen hauptsächlich in Wien tätig gewesenen Maler in Erwägung zu ziehen ist.

General Jacob Freiherr von Kriechbaum, Mitstifter des Institutes der Engl. Fräulein zu S. Pölten. 1706.

20 Freiin von Pfeffershofen

Öl auf Leinwand, 80 × 70 cm; um 1770

Lit.: Ausst.-Kat. Schallaburg 1981, Nr. 30. • ÖKT St. Pölten 1999, 99, Nr. 20.

Das Porträt der Freifrau Maria Antonia von Pfeffershofen, eine geborene Gräfin Montecuccoli (gest. 1803), zeigt diese als Halbfigur, wie sie auf einem Stuhl sitzt und einen Bauplan präsentiert. Sie trug durch wesentliche Spenden zum Ausbau der Kirche in den Jahren 1767–1771 bei und setzte in ihrem Testament von 1803 das Institut als Universalerben ein.

In der Kombination des einfarbigen blauen Kleides mit reicher Spitzengarnierung und tiefem viereckigem Ausschnitt trägt sie ein Kleid in der spätbarocken französischen Mode. Auch die hohe Frisur ist für das adelige Damenporträt der Zeit um 1770 charakteristisch.

Der präsentierte Plan ist mit keinem bestimmten Bau bei den Englischen Fräulein in Verbindung zu bringen. Ein Zusammenhang mit dem Erweiterungsbau der Kirche ist nicht zu erkennen, eher handelt es sich um ein nicht mehr existentes Stöckelgebäude.

Das Gemälde ist nicht signiert und zeigt auch nicht so eindeutige stilistische Merkmale, die eine bestimmte Zuschreibung zulassen würden. Der in der fraglichen Zeit dominierende Porträtist war Martin von Meytens und er hat auch auf die Porträtmalerei der Zeit großen Einfluss genommen, wie beispielsweise auf Johann Georg Weikert, der als Maler dieses Porträts eventuell in Frage kommt.

Freiin von Pfeffers=
hofen vollendete den
Bau der Kirche.

21 Porträt Papst Pius VI.

Joseph Hickel (Zuschreibung), 1782
Öl auf Metall, 51,5 × 41,5 cm

Lit.: Fahrngruber, Aus St. Pölten 1885, 290. • Ausst.-Kat. Joseph II., 1980, 499, Nr. 826. • ÖKT St. Pölten 1999, 99, Nr. 15.

Das Gemälde zeigt in leichter Schrägansicht das Brustbildnis von Papst Pius VI. (Graf Giovanni Angelo Braschi, 1717–1799), der 1775 zum Papst gewählt wurde. 1782 versuchte er durch seine Reise nach Wien Kaiser Joseph II. von dessen Kirchenpolitik abzubringen, bekanntlich mit wenig Erfolg. Auf seiner Rückreise von Wien besuchte der Papst am 22. April 1782 auch die Institutskirche der Englischen Fräulein in St. Pölten. Im Chor der Kirche erinnert daran eine Inschrifttafel aus rotem Marmor mit einem Alabasterporträt des Papstes. Der Text lautet: CHRISTI IN TERRIS VICARIUS BRASCHI PIUS SEXTUS DEO HIC GENUA FLEXIT OVICULAS BENEDIXIT IN LARGA PIETATE BONI PASTORIS LAETANTES: DIE XXII. APRILIS (Der Statthalter Christi auf Erden, Pius VI. Braschi beugte hier vor Gott die Knie, segnete die Schäflein, welche sich an der überfließenden Güte eines guten Hirten erfreuten. Den 22. April 1782).

Das Bild gelangte, einem handschriftlichen Vermerk an der Rückseite zufolge, am 31. Dezember 1887 als Geschenk des Domkuraten bei St. Stephan in Wien, Carl Höfer, an das Institut der Englischen Fräulein in St. Pölten.

Aus einem Bericht in der Wiener Zeitung geht hervor, dass Joseph Hickel (1736–1807) 1782 den Auftrag bekommen hat, ein Porträt des Papstes zu malen. Dieses Porträt fand in der Folge als Schabkunstblatt von Johann Jacobe entsprechende Verbreitung. Die Herkunft des Bildes aus St. Stephan in Wien und die getreue Übereinstimmung mit dem Stich von Jacobe weisen recht eindeutig darauf hin, dass das vorliegende Gemälde das 1782 bei Joseph Hickel in Auftrag gegebene ist.

22 Pietà in Retabelschrein

Pietà: Holz, gefasst, teilvergoldet, H. 66 cm; 2. H. 17. Jh.
Retabelschrein: Holz, marmoriert, geschnitzte Teile vergoldet,
H. 200 cm, B. 100 cm; um 1720

Lit.: ÖKT St. Pölten 1999, 97, Nr. 2.

Maria hält den Leichnam Christi auf ihrem Schoß wie es für
Pietàdarstellungen seit dem Mittelalter üblich war. Bemerkenswert an dieser Pietà sind die fast aufrechte Sitzhaltung von
Christus und die einander zugeneigten, ungefähr auf gleicher
Höhe befindlichen Häupter von Christus und Maria. Dadurch
wird Trauer und Schmerz besonders intensiv zum Ausdruck
gebracht und der Betrachter gewissermaßen zum Mitleid(en)
angeregt. Die Gruppe vermittelt jedoch keine laute und expres-
sive Klage, sondern hat einen eher meditativen Charakter.

Die Pietà stand bisher in einer Mauernische im Schulgang
des 1. Obergeschoßes und erhielt vermutlich um 1720 den reta-
belartigen Schrein mit hohem gegliedertem Sockel, spiralen-
förmig gedrehten Säulchen seitlich und einem flachen rund-
bogigen Gebälkabschluss, auf dem noch ein durchbrochen
geschnitzter Aufsatz mit brennendem Herzen im Strahlen- und
Wolkenkranz in der Mitte folgt. Oberhalb des Schreins ist eine
geschnitzte und vergoldete Kartusche mit eingeschriebenem
Marienemblem angebracht.

Die Pietà war und ist im Institut ein hochverehrtes Bild-
werk, das aus stilistischer Sicht noch aus dem 17. Jahrhundert
stammen dürfte. Bei dem Retabelaufbau handelt es sich um
ein besonders delikates Ausstattungsstück, das durch die tisch-
lerische Ausführung, die Schnitzereien und vor allem durch die
differenzierte und qualitätvolle Marmorfassung bemerkenswert ist.

23 Refektoriumskanzel

Korpus: Holz, Nussfurnier;
H. 136 cm, B. 138 (125) cm, T. 90 cm
3 Reliefs und Ornamente: Lindenholz, vergoldet (erneuert); 48 × 63,5 cm bzw.
48,5 × 42,5 (41,5) cm; um 1740

Lit.: ÖKT St. Pölten 1999, 98.

Das ehemalige Lesepult des Institutsrefektoriums ist ganz in der Form eines Kanzelkorbes gehalten. Das Pult steht nur etwas erhöht am Boden, wobei sich der geschwungene Fuß, wie er auf Kanzeln üblich ist, auf einem kurzen Sockelelement erhebt. Der Korb ist in seiner Grundkonzeption vierseitig, allerdings in leicht geschweifter Ausführung mit abgefasten vorderen Ecken, die als Pilaster ausgebildet sind

und am oberen Ende in einer ornamentalen Volute auslaufen. Die rechte Schmalseite dient als Tür, die als zweistufige Klappstiege ausgeführt ist. In den drei Brüstungsfeldern des Kanzelkorbes sind figurale, ganz vergoldete Rechteck-Reliefs eingesetzt. Im größeren Feld der Vorderansicht ist Christus im Kreis der Apostel dargestellt wie er ein Kind an der Hand führt. Offenbar handelt es sich um die Stelle bei Mt 19, 13–15 und Mk 10, 13–16: »Lasset die Kindlein zu mir kommen«. Die kleineren Reliefs an den Schmalseiten zeigen die Darstellung mit Christus und Maria Magdalena im Hause des Pharisäers (Lk 7, 36–50) und Christus, der Zachäus vom Baum ruft (Lk 19, 1–6).

Die Kanzel dürfte wohl im Zusammenhang mit der Ausstattung des Refektoriums in den Jahren um 1740 entstanden sein (vgl. dazu Beitrag Gamerith, S. 88 ff.). Über den ausführenden Tischler und Bildhauer ist nichts bekannt, sodass nur vermutet werden kann, dass wir es mit einem Werk aus der auch für das Chorherrenstift tätigen Werkstatt des Hippolyt Nallenburg und des Peter Widerin zu tun haben. Es gibt zwar ein verwandtes und in der Form gut vergleichbares Exemplar eines

Lesepultes im Refektorium des ehem. Franziskanerklosters, dem heutigen Alumnat, aber leider fehlen auch in diesem Fall nähere Hinweise auf die ausführenden Künstler. Die Kanzel in der Institutskirche zeigt ebenso einen sehr ähnlichen Korpus, wobei sie etwas jünger ist als das Lesepult aus dem Refektorium.

Vergleichbare Kanzeln und vor allem Reliefdarstellungen auf Kanzeln gibt es im Umland von St. Pölten einige, wie etwa in den Pfarrkirchen von Pyhra, Mank und ehemals auch in Pottenbrunn. Es dürfte sich dabei durchwegs um Arbeiten aus der Widerin-Werkstatt handeln.

24 Zwei Engel vom Heiligen Grab

Johann Joseph Resler (Zuschreibung)
Holz, ganz vergoldet, H. 145 und 147 cm; um 1750/60

Lit.: IAStP, Buchreihe IX 2b. • Ilse Schütz, Leben und Werk Johann Joseph Reslers (1702–1772), phil. Diss Wien 1985. • ÖKT St. Pölten 1999, 97.

Die zwei stehenden Engel sind als nahezu spiegelbildliche Gegenstücke ausgeführt. Besonders augenfällig zeigt sich das in der Betonung des Stand- und Spielbeines, in der extremen seitlichen Kopfwendung und in der Haltung der Hände, von denen die eine auf die Brust gelegt ist und die andere das Gewand seitlich an der Hüfte hält. Diese Symmetrie setzt sich auch in der Stellung der Flügel fort, indem jeweils der eine ziemlich eng am Körper anliegt und der andere weiter ausgespannt ist. Weiters sind beide Engel mit entblößtem Oberkörper dargestellt und beide tragen ein knöchellanges togaartiges Kleid, das vorne am Körper eng anliegt und sowohl oberhalb der Taille als auch um die Hüfte gegürtet ist. Die starke Körperbetonung ist hier ganz offensichtlich als künstlerisches Anliegen und somit als stilistisches Charakteristikum des ausführenden Künstlers zu sehen und zu interpretieren.

Die Engel gehören zum Heiligen Grab der Institutskirche und haben dort die Funktion von Wächterengeln, gleichsam anstelle von Soldaten. Gleichzeitig sind sie aber auch als die ersten Künder der Auferstehung zu deuten, denn der links stehende blickt auf den Grab-Christus oder in das leere Grab, während der rechte den Blick nach oben gerichtet hat und damit gewissermaßen die Auferstehung anzeigt.

Das Heilige Grab des Institutes besteht aus einem nach vorne geöffneten Sarkophag auf einem hohen Sockel, das Innere des Sarkophages ist als Felsengrab ausgeführt und darin liegt der Leichnam Christi. Am Sockel ist folgende Inschrift angebracht: DEO MAXIMO / OUI / NATURA MORTALI SUSCEPTA / PER HOMINIS SCELUS / IN CRUCE MORI / POTUIT / PRO SUMMA IN HOMINEM CHARITATE / VOLUIT. Laut einer Spezification wurde von der Oberstvorsteherin Catharina Gräfin von Saint Julien bald nach 1748 *ein ganz neues Heiliges Grab* in Auftrag gegeben. Sie ließ es im Jahre 1764 verändern, indem sie *einen von Bildhauerarbeit schön gemachten Leichnam fassen und hineinlegen ließ.*

Über den ausführenden Künstler des Heiligen Grabes gibt es leider keine Aufzeichnungen. Für eine stilkritische Zuschreibung an einen bestimmten Künstler bieten sich eigentlich nur die beiden Engel an. Die Eleganz und klassische Art der Figurengestaltung erinnert fürs Erste an Georg Raphael Donner (1693–1741), der dafür selbst aber nicht mehr in Frage kommt. Donner war jedoch um die Mitte des 18. Jahrhunderts geradezu zum Leitbild an der Wiener Akademie geworden und hatte eine dementsprechend bedeutende Nachfolge gefunden. Neben seinem jüngeren Bruder Matthäus Donner (1704–1756) sind vor allem Johann Joseph Resler (1702–1772), Balthasar Ferdinand Moll (1717–1780), Jacob Gabriel de Mollinarolo (1721–1780), Johann Georg Dorfmeister (1736–1786) und Franz Zauner (1746–1822) zu nennen. Für die beiden Engel des Heiligen Grabes finden sich im Werk Reslers verschiedene stilistische Anhaltspunkte, sodass am ehesten eine diesbezügliche Zuschreibung in Erwägung zu ziehen ist. Abgesehen von dem glatt am Körper anliegenden Gewand sind auch die halb oder ganz entblößten Oberkörper bei den Engeln und die im Verhältnis zum Körper etwas zu kleinen Köpfe charakteristische Stilmerkmale. Vergleichbare Figuren J. Reslers sind beispielsweise die Engel am Kreuzaltar der ehem. Trinitarierkirche in Wien (Alserkirche) bzw. die zwei diesbezüglichen Engelsbozzetti (signiert und 1761 datiert) in der Prager Nationalgalerie (Inv.-Nr. P2343 und P2344).

Resler war in der fraglichen Zeit um die Mitte des 18. Jahrhunderts in Herzogenburg, Heiligenkreuz–Gutenbrunn und Jeutendorf tätig, sodass der Auftrag für die Englischen Fräulein in St. Pölten keineswegs zu weit hergeholt erscheint. Möglich ist auch eine Empfehlung durch Daniel Gran, der in den 40er-Jahren gleichzeitig mit Resler für das Stift Klosterneuburg beschäftigt war und Gran rühmt seine Arbeiten als von *extra gustioser Invention.* Über die Tochter Anna Gran ist eine solche Verbindung durchaus denkbar.

25 **Prager Jesulein**

Jesulein: Wachs bekleidet, natürliches Haar, H. 40 cm
Holzschrein: an der Vorderseite und an den Seiten verglast, Rahmen vergoldet und versilbert (oxydiert),
H. 115 cm, B. 58,5 cm, T. 36 cm; um 1753

Lit.: IAStP, Buchreihe IX 2b. • Festschrift Englische Fräulein 1905, 27. • Jan Royt, Das Prager Jesulein in Sancta Maria de Victoria, Regensburg 1995. • ÖKT St. Pölten 1999, 98. • Frank Matthias Kammel, Im Zeichen des Christkinds. Zu Gestalt und Resonanz einer Sonderausstellung, Nürnberg 2003.

Der schlichte rechteckige Holzschrein ist flach gewölbt, zeigt an der Vorderseite einen ebenso flachen Dreipass-abschluss und schließt oben mit einem verzierten Sockel ab, auf dem das IHS im Strahlenkranz steht. Diesen Aufsatz flankierten zwei Putten, die mit ihren Gesten zur Reverenz aufforderten. Im Schrein steht das sog. Prager Jesulein auf einem geschwungenen Sockel mit dem IHS-Emblem an der Vorderseite. Das aus Wachs geformte Jesulein trägt ein Krönlein, hält in der Linken den Reichsapfel und erhebt die Rechte im Segensgestus. Es handelt sich um die Darstellung des Christus Salvator. Die Statuette wird im Rücken von einem Strahlenkranz und im oberen Teil von einer großen Muschelkartusche hinterfangen.

Das Jesulein ist ein in vielen Exemplaren vertriebenes Andachtsmotiv jener Statuette, welche in der Prager Wallfahrtskirche Maria vom Siege bis heute hoch verehrt wird. Dieses Prager Jesulein oder »das gnadenreiche Jesukindl von Prag«, wie es auch vielfach bezeichnet wird, kam durch Fräulein Maria Anna von Kizing im Jahre 1753 in das Institut nach St. Pölten. Ihre Frau Mutter (gest. 1752) hat es der Überlieferung nach mit dem Kasten eigens von Prag bringen lassen und der Institutskirche verehrt. Sie soll es auch mit *einem schönen Kleydl, mit gold und Seyden gestücket* geschmückt haben und nach ihr vermehrten noch mehrere andere Fräulein in den 60er und 70er Jahren des 18. Jahrhunderts den Kleiderschatz mit mehr oder minder kostbaren Kleidchen und Mäntelchen, die zumindest teilweise noch erhalten sind. Von der Oberstvorsteherin Saint Julien ist überliefert, dass sie 1754 *dem Pragerischen Christ Kindl in der Kirchen eine Cron und Kugel beede mit schenen weissen steinern besetzt umb 10 Duggaten machen lassen* hat. Bei der Statuette soll es sich nicht mehr um die ursprüngliche handeln, denn die sei an eine andere Institutskirche verschenkt worden. Die vorhandene *soll aber auch von sehr altem Datum* sein und vermutlich aus dem 1782 aufgehobenen Karmelitinnenkloster stammen.

26 **Madonna der Karmelitinnen**

Holz; Gesicht, Hände und Füße gefasst, textile Bekleidung (19. Jh.), Kronen
und Szepter Messing vergoldet, H. 150 cm;
Baldachinaufbau: Holz, weiß-gold gefasst, H. 260 cm, B. 130 cm; um 1760/70

Lit.: ÖKT St. Pölten 1999, 98. • Festschrift Englische Fräulein 1905, 36f.

Die als bekleidete Gliederpuppe ausgeführte Madonna sitzt auf einem Arm-
lehnsessel, hält mit der Linken das ebenfalls bekleidete Jesuskind und in der
Rechten das Szepter. Sowohl die Madonna als auch das Jesuskind sind gekrönt,
womit sie den Typus der Maria Himmelskönigin vorstellt.

Die Figur sitzt in einem halbrunden offenen Baldachinaufbau, der aus vier
quadratischen Pilastern gebildet wird und über dem Gebälk in einer aus vier
c-förmigen Voluten zusammengeführten Kalotte abschließt. Der ganze Baldachin ist, angefangen von der geschwungenen Bodenplatte, über die Basen,
die laternenförmig gestalteten Kapitelle und die geschweiften Kalottenbögen
in einer qualitätvollen Rokokoschnitzerei ausgeführt. Außerdem sind links und
rechts an der Bodenplatte zweiarmige geschweifte Leuchter angesetzt, zwischen den Kapitellen hängen Blatt- und Blütengirlanden, im mittleren Feld der
Kalotte ist eine offene Muschelkartusche angebracht und der Baldachin wird
noch von einer schwungvoll geformten und vergoldeten Ziervase bekrönt.

Die Madonna gelangte 1782 aus dem aufgehobenen Karmelitinnenkloster
in das Institut der Englischen Fräulein. Nähere Details zu ihrer Entstehung sind
ebenso unbekannt wie ihr ursprünglicher Standort bei den Karmelitinnen. Auf
Grund der Größe ist wohl ein fixer Standort anzunehmen und die Möglichkeit,
dass es sich um eine Prozessionsfigur handelt, eher auszuschließen.

Unbekannt ist bis dato auch der Künstler dieser qualitätvollen Skulptur
samt Baldachin. Wenn man annimmt, dass es sich nicht um ein Importstück
handelt, sondern dass sie in St. Pölten entstanden ist, dann kommt am ehesten
der Bildhauer Andreas Gruber (gest. 1783) in Betracht. Die leichte und elegante
Rokokoschnitzerei lässt freilich auch an einen Bildhauer wie Johann Joseph
Resler (1702–1772) denken.

27 Monstranz

Silber vergoldet, getrieben; Silberapplikationen getrieben,
Nodus gegossen, Glassteinbesatz; H. 54,5 cm;
Beschauzeichen Augsburg 1690–1705
Meisterzeichen IL: Johann Joachim I. Lutz
(Meister um 1687–1727)

Lit.:   Ausst.-Kat. Schallaburg 1981, 28, Nr. 15. • ÖKT St. Pölten 1999, 100, Nr. 1.

Fuß mit geschweiftem Umriss, an der Fußwölbung seitlich zwei
Engelsköpfe und vorne und hinten Medaillons mit von Schwert
durchbohrtem Herzen und brennendem Herzen.

Herzförmiges Schaugehäuse, das von kleinem Strahlenkranz umrahmt wird; vor dem großen geflammten Strahlenkranz durchbrochenes Rankenwerk, darauf drei große und vier
kleine in Silber getriebene Engel mit den Leidenswerkzeugen
Christi. Oberhalb des Schaugehäuses Gottvater und vor dem
bekrönenden Kruzifix die Taube des Heiligen Geistes.

28 **Ziborium**

Silber vergoldet, getrieben, graviert und ziseliert, Kuppaüberfang Silber durchbrochen, Nodus gegossen; H. 36 cm;
Genua (?) um 1710

Lit.: Ausst.-Kat. Schallaburg 1981, 28, Nr. 16. • ÖKT St. Pölten 1999, 100, Abb. 138.

Runder Fuß mit drei paarweise angeordneten Engelsköpfen,
dazwischen Frucht- und Blütenmotive. Runder, flachgedrück-
ter Nodus mit Maskerons und Festons. Durchbrochen gearbei-
teter Kuppaüberfang mit Bandelwerkdekor und Blütenmotiven
zwischen drei Engelskopfpaaren. Am Fuß appliziertes adeliges
Wappen mit zwei steigenden Hunden und zwei Greifen.

29 **Kelch**

Silber vergoldet, getrieben, teilweise gegossen, ziseliert,
graviert und punziert, Steinbesatz; H. 28,5 cm;
süddeutsch um 1730

Lit.: ÖKT St. Pölten 1999, 100f., Nr. 6, Abb. 139.

Sechspassförmiger Fuß mit glattem profiliertem Stehrand, Fußwölbung und Schaftanlauf mit reicher Blüten- und Bandelwerk-
ornamentik sowie Engelsköpfen mit Trauben und Ähren. Am
Übergang von Fußwölbung und Schaftanlauf niedrige durchbrochene Zarge.

Klar abgesetzter, gedrungener, vasenförmiger Nodus.
Kuppaüberfang mit reicher durchbrochener Treibarbeit, be-
stehend aus drei Reliefs: Fußwaschung, Abendmahl und Öl-
berg und dazwischen ganzfigurige Engelpaare mit Strick und
Schwert, mit abgeschlagenem Ohr des Malchus, mit eisernen
Handschellen und mit der Dornenkrone.

30 **Kelch**

Silber vergoldet, getrieben, ziseliert und gepunzt, Nodus gegossen
Steinbesatz: Almandine, Amethyste, Granaten und Smaragde; Emails, H. 28,5 cm;
Beschauzeichen Wien 1753

Lit.: ÖKT St. Pölten 1999, 101, Nr. 7.

Fuß mit geschweiftem Umriss und glatter Profilierung, die flache konkave Wölbung teilweise durchbrochen gearbeitet und mit Steinen besetzt. An der Fußoberseite drei glockenförmige Emailfelder, darstellend Engelsköpfe und Engel mit Leidenswerkzeugen Christi: Kreuz, Geißel, Geißelsäule, Hl. Rock. Drei Engel am Schaftansatz, Muschelrocaillen am Überfang. Palmettenartiger Steinbesatz am Fuß, dazwischen Emailfelder. Engel mit Dornenkranz und Nägel, Engel mit Schweißtuch, Engel mit Kelch und Hostie.

Der analog zum Fuß in reicher Rocailleornamentik ausgeführte Kuppaüberfang ist gleichfalls mit drei Emails besetzt, die ebenfalls Leidenswerkzeuge Christi darstellen. Vermutlich handelt es sich bei diesem Kelch um den *mit Steinen besetzten Silberkelch* des bürgerlichen Goldarbeiters Johann Pichler, der dafür im Jahre 1754 den Betrag von 500 fl. quittierte. Es dürfte sich auch um den im Jahre 1754 von Saint Julien gekauften *neuen kostbar mit guten Steinen reich besetzten, auf 1000 Gulden geschätzten Kelch* handeln, der in der *»Specification was Ihro hochw. und Gnaden die gnädige Frau Obrist Vorsteherin Catharina Gräfin v. St: Julian von 1748 ten Jahr um Kirchen eingeschafft und machen lassen«* (IAStP, IX 2b).

31 **Kelch**

Silber vergoldet, getrieben, ziseliert, Nodus gegossen,
Steinbesatz: Granate, Topase und Smaragdsplitter, Emailmedaillons, H. 31,5 cm;
Beschauzeichen Wien nach 1760 (Jahreszahl verschlagen)

Lit.: Ausst.-Kat. Joseph II. 1980, Nr. 786. • Ausst.-Kat. Schallaburg 1981, 37, Nr. 34. • ÖKT St. Pölten 1999, 101, Nr. 8, Abb. 140.

Fuß mit geschweiftem Umriss und durchbrochener Zarge, auf der Fußwölbung drei Emails mit Steineinfassungen in kartuschenförmiger Umrahmung mit Baldachinbekrönung. Die Emailmedaillons zeigen die Dornenkrönung, den Fall Jesu unter der Last des Kreuzes und Christus am Kreuz mit Maria, Johannes und Maria Magdalena. Dreiseitiger Nodus mit Muscheldekor. An der Kuppa drei Engel mit Leidenswerkzeugen und Palmzweig, dazwischen drei ovale Emailmedaillons: Christus am Ölberg und zwei Darstellungen der Geißelung Christi.

Es könnte sich um den *neuen schen ausgearbeiten silber und vergolten Kölch* handeln, den die Oberstvorsteherin St. Julian 1762 gekauft hat.

32 **Monstranz**

Silber teilvergoldet, getrieben, ziseliert, Nodus gegossen;
Steinbesatz: Granate, Almandine, Aquamarine, bunte
Glassteine; H. 63,5 cm;
Beschauzeichen Wien 1777
Meisterzeichen IGB: Johann Georg Brandmayr

Lit.:   Ausst.-Kat. Joseph II. 1980, Nr. 878. • Ausst.-Kat. Schallaburg 1981, 37, Nr. 33,
Abb. 3. • ÖKT St. Pölten 1999, 100, Nr. 2.

Querovaler Fuß mit leicht geschwungenem Umriss und reichen klassizistischen Formen von getriebenen Akanthus- und
Blütenornamenten in Steinbesatz.

Das formatisierte Schaugehäuse ist aus zwei Schichten
in Kartuschenform mit Akanthusblättern und Rocaillen auf-
gebaut, mit Edelsteinschnüren verziert und wird von einem
großen Strahlenkranz hinterfangen. Oben in der Mitte Gottvater mit der blau emaillierten Sphaera, in der Mitte unten
die Heilig-Geist-Taube. Seitlich der Custodie je ein anbetender
Engel. Die innere vordere Kartusche trägt silberne Weinran-
ken mit daran gehängten bunten Steinen in ovalen Kastenfas-
sungen. Die von zwei Engelsköpfen getragene Lunula ist mit
Blütenzweigen aus Steinen geschmückt.

Von Johann Georg Brandmayr stammt u. a. das heute in
Stift Lilienfeld befindliche Pastorale für den letzten Propst des
Augustiner-Chorherrenstiftes in St. Pölten, Ildephons Schmid-
bauer (1781), weiters die Kanontafeln am Hochaltar der Stiftskir-
che in Melk. Stilistisch steht die Monstranz Arbeiten von Joseph
Moser nahe.

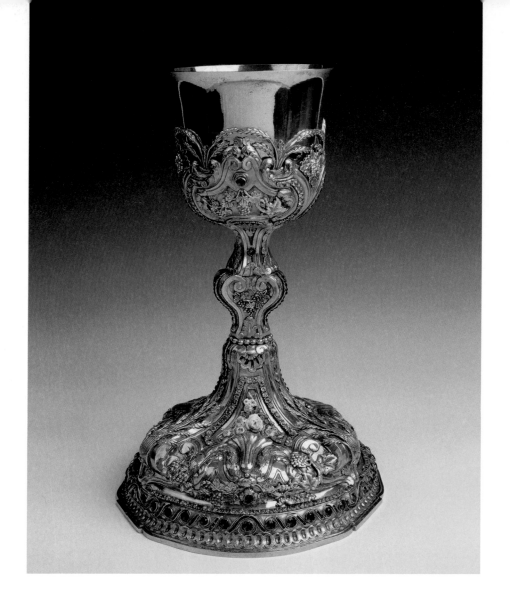

33 **Kelch**

Silber vergoldet, getrieben, graviert und ziseliert, Nodus
gegossen; Silberapplikationen, Email- und Steinbesatz:
Smaragde, Rubine Saphire und Strass; H. 31,5 cm;
Beschauzeichen Wien 1778
Meisterzeichen IGB: Johann Georg Brandmayr

Lit.: Ausst.-Kat. Schallaburg 1981, 37f, Nr. 35. • ÖKT St. Pölten 1999, 101f, Nr. 9.

Hochgewölbter, durch drei aufsteigende Voluten gegliederter
Fuß mit leicht geschwungenem Umriss ; am Fußwulst Sma-
ragdsteinbesatz, dazwischen kleine Rubinsteinstreifen, auf
den Voluten applizierte Weizenähren, zwischen den Voluten
Weinblätter und Trauben, am Schaftanlauf drei Blütenkränze
in farbiger Emailarbeit gesäumt von Strassreihen. Dreiseitiger
vasenförmiger Nodus; Kuppaüberfang bestehend aus drei breiten Kartuschenfeldern mit applizierten Weintrauben und Wein-
blättern; über den Kartuschen Ähren, die den Kuppaüberfang
bogenförmig abschließen.

34 Leopoldreliquiar

Silber teilvergoldet, getrieben und ziseliert;
Steinbesatz: Amethyste, Almandine, Aquamarine, Citrine und
Chrysopase; H. 41 cm;
Beschauzeichen Wien 1748
Meisterzeichen in Glockenform FCG: Franz Carl Glockseissen;
Originales Futteral, Leder vergoldeter Pressdekor und
Beschriftung: RELIQUE S: LEOBOLDI

Lit.: Ausst.-Kat. Schallaburg 1981, 31, Nr. 22, Abb. 5. • Ausstellungskatalog »Der
heilige Leopold«, Stift Klosterneuburg 1985, Nr. 565, Abb. 82. • ÖKT St. Pölten 1999,
102, Nr. 15, Abb. 141.

Das Reliquiar ist in Form eines Holunderbaumes mit hinter-
legtem Strahlenkranz gestaltet. An der Vorderseite des hoch-
gewölbten Fußes verglastes Ovalmedaillon mit Stofffragment
aus goldbroschierter blauer Seide, ein Stück vom angeblichen
Gewand des hl. Leopold. Oberhalb des Schaftes, am Ansatz der
Baumkrone, befindet sich ein kleines verglastes Ovalmedaillon
mit Holzteilchen des Holunderbaumes. In der Mitte der Baumkrone ein drittes Ovalmedaillon mit Reliquie des hl. Leopold
(bez. S. LEOPOLDI C. M. AUST) darüber rot, weiß, schwarz
emaillierter Erzherzogshut, obwohl Leopold III., der Heilige
Markgraf war und erst Leopold IV. Erzherzog wurde. Auf dem
Baum liegt der wieder gefundene Schleier von Agnes, der Gemahlin von Leopold III. Darüber ist als Bekrönung des Ganzen
noch das Auge Gottes im Strahlenkranz angebracht. Das Osten-
sorium ist zweifellos von der berühmten Schleiermonstranz
des Johann Baptist Känischbauer in Stift Klosterneuburg (um
1710/14) beeinflusst.

35 Kreuzreliquiar

Silber vergoldet, getrieben und ziseliert, Bleikristallkreuz und
Steinbesatz: Strass und Almandine; H. 26,5 cm;
Beschauzeichen Wien um 1760, Meisterzeichen A R im Oval

....

Lit.: Ausst.-Kat. Schallaburg 1981, 30f, Nr. 21. • ÖKT St. Pölten 1999, 102, Nr. 16.

Hochgewölbter Fuß mit Muschelrocaillen und Steinbesatz;
das über einem runden Knauf aufgesetzte Kreuz ist glatt und
hat eine etwas kleinere, der Kreuzform folgende Rocaillearbeit
mit kurzem Strahlenkranz aufgesetzt. In der Mitte kreuzförmig
geschnittener Bergkristall mit einer Kreuzreliquie. An den Enden der Kreuzarme des Bergkristalls jeweils einfache, aus zwei
symmetrisch angeordneten C-Schnörkeln zusammengesetzte
Kartuschen mit blütenförmig gestaltetem Steinbesatz. In der
ersten Kartusche unterhalb des Kreuzes ist ein Kardinalssiegel,
als Bürge für die Echtheit der Reliquie, untergebracht. An der
Fußunterseite sind die Buchstaben M. K. eingraviert.

36 Reliquienostensorium

Messing vergoldet, getrieben, ziseliert und gepunzt;
Mittelteil Silber getrieben und gepunzt; H. 34,5 cm;
Wien um 1785/90

....

Lit.: ÖKT St. Pölten 1999, 102, Nr. 17.

Ovaler Fuß mit klassizistischem Dekor, umlaufendem Blatt-
kranz am Fußwulst, vierlappige Blattgehänge am Schaftanlauf;
schlanker runder Nodus mit Wellenbandmuster. Vor dem Strahlenkranz des Ostensoriums elliptische Schaufront mit Ranken-
und Blütenmotiven. In der Mitte gemalte Darstellung des Gekreuzigten unter Glas und an den Enden der Kreuzbalken je
ein Ovalmedaillon mit Reliquie: Clemenc 11., Fra. Ro. V, Luciae V.
und Aloysius.

37 Kanontafel

Silber und Messing teilvergoldet, getrieben und gegossen,
ziseliert, montiert auf Holztafel; H. 30 cm, B. 46,5 cm;
Beschauzeichen Wien 1777
Meisterzeichen IGB im Dreipass: Johann Georg Brandmayr

Lit.:   ÖKT St. Pölten 1999, 102.

Geschweifter Rocaillerahmen mit applizierten vergoldeten
Blütenzweigen.

Es handelt sich um die größere mittlere Kanontafel zum
Silberaltar in der Institutskirche, die üblicherweise kleineren
seitlichen Kanontexte sind hier in die Sockel der Reliquienschreine eingefügt.

Die Tafel stammt, wie der gesamte Tabernakel, aus der
Hand von Johann Georg Brandmayr und weist auch den glei-
chen Dekor auf. Zum Unterschied vom Tabernakel, wo ein ge-
wisser Klassizismus gegeben ist, ist dieser Rahmen mit seinen
geschwungenen Linien noch ganz rokokomäßig gehalten. Die
Kombination von Rocailleformen mit Blumen findet sich bei
Arbeiten des ungefähr zeitgleich tätigen Wiener Goldschmieds
Joseph Moser (1715–1801).

Zum Tabernakelensemble gehören auch der kleine einzelne Standleuchter (vgl. Nr. 38) und die Ewig-Licht-Ampel in der
Institutskirche (Abb. 83).

38 **Silberleuchter**

Messing versilbert, getrieben und ziseliert, vergoldete
Applikationen, Holzstütze an der Rückseite; H. 35 cm;
Wien um 1777

Lit.: ÖKT St. Pölten 1999, 103, Nr. 24

Der nur als Einzelstück erhaltene Rokokoleuchter zeigt front-
ansichtig gearbeitete Rocailleformen mit zweiteiligem Volu-
tenfuß und aufgenieteten vergoldeten Blütenzweigen. Das
Ganze ist auf einem Holzständer montiert.

    Der Leuchter gehört formal ganz offenkundig zum Ta-
bernakel-Ensemble des Hochaltares, samt Kantontafel und
Ewig-Licht-Ampel, die in entsprechenden Rocailleformen
und Blütenapplikationen ausführt sind. Auch wenn aufgrund
der kostengünstigeren Materialwahl in Messing keine Punzie-
rung und Meistermarke vorhanden ist, darf die Ausführung
der Werkstätte von Johann Georg Brandmayr zugeschrieben
werden.

39 **Zwei Missale**

Rotes Ziegenleder mit Goldprägung, 1771/72
Beschläge: Silber gegossen;
Beschauzeichen Wien 1722
Meisterzeichen IIK (?) in Herzform

Lit.: ÖKT St. Pölten 1999, 102, Nr. 11.

Druck des Missales von 1721, durchbrochen gearbeitete Silber-
beschläge an den Buchecken und Schließen, am vorderen und
hinteren Buchdeckel Ovalmedaillons mit dem IHS- und dem
MARIEN-Emblem.

    Auf dem zweiten Missale in einer gleichen Ausführung
sind diese Medaillons glatt. Möglicherweise handelt es sich
um jene zwei Messbücher, die Oberstvorsteherin Saint Julien
1777 *in schönroten Safidenleder einbinden und diese mit dem
Silber von den alten hat beschlagen lassen* bzw. 1772 in *Roth
Cartabon mit Gold eingebunden und die Silberschlächt über-
machen lassen.*

40 **Weihrauchfass und Schiffchen**

Silber getrieben, ziseliert, H. 25 cm, Schiffchen H. 12 cm,
Beschauzeichen St. Pölten um 1720
Meisterzeichen CEK (Carl Ernst Kaiserwerth)

Lit.: ÖKT St. Pölten 1999, 102

Am bauchigen Korpus Dekor aus getriebenem Bandelwerk und
Akanthusranken; ebensolchen Dekor zeigt in durchbrochener
Arbeit der gewulstete Deckel. Die Halterung der Dreifachketten
ist mit einem godronierten Wulst verziert. Der Fuß des Schiffchens weist eine gleiche Godronierung auf wie die Halterung
des Rauchfasses. Bauch und Deckel des Schiffchens sind mit
dem gleichen Bandlwerk und Akantusdekor versehen wie das
Rauchfass.

41 Jerusalemkreuz

Perlmuttereinlagewerk in Holz mit seitlicher Elfenbein-
randleiste, H. 71 cm, B. 31 cm; Ende 18. Jh.

Lit.: Ausstellungskatalog »Wallfahrten in Niederösterreich«, Stift Altenburg 1985,
Nr. 69, Abb. 10. • ÖKT St. Pölten 1999, 104.

Kreuz und Sockel dicht mit Perlmuttereinlagen zum Teil figu-
ral, zum Teil ornamental besetzt. Unter dem Gekreuzigten der
hl. Franziskus, Tondo mit überkreuzten Armen Christi und des
hl. Franziskus, Mater dolorosa und Jerusalemkreuz. Am pyra-
midenförmigen Sockel Heiliggeisttaube, darüber Medaillon
Maria mit Kind. Rückseite mit eingeschlossener Kreuzreliquie.
An den Kreuzarmen und am Sockel Rundhölzer mit eingelas-
senen Rosetten.

Die in vielen Beispielen vorhandene Form dieses Kreuzes
– die Englischen Fräulein in St. Pölten besitzen mehrere kleinere
Kreuze dieser Art – geht auf franziskanische Spekulationen zurück und steht in unmittelbarem Zusammenhang mit der im
16. Jh. errichteten Custodie des Heiligen Landes und der In-
tensivierung der Jerusalem-Wallfahrt. Vermutlich waren diese
Kreuze ursprünglich als Andenken an die Wallfahrt gedacht.

42 Weihwasserkessel

Kupfer vergoldet, getrieben, innen weiß emailliert, Silberapplikationen; H. 13 cm;
um 1770/80

Lit.:   ÖKT St. Pölten 1999, 103, Nr. 25.

Facettiertes Gefäß, das auf der vergoldeten Außenseite Silberapplikationen in Form von Fächer-rocaillen trägt. Am Fußrand und am oberen Kesselsaum sind stilisierte Blattbordüren aus Silber appliziert; geschweifter Henkel mit Blümchen- und Blattdekor am Scheitel.

Das Gefäß steht stilistisch der Ewig-Licht-Ampel in der Institutskirche (Abb. 83) sehr nahe und dürfte wohl ungefähr gleichzeitig angeschafft worden sein.

43 Osterornat

Roter Silberbrokat und weißer Seidenstoff, um 1710/20, Gold-, Silber-, Chenille- und Schnürchenstickerei, um 1720/1730.

Lit.: Verzeichnis Dora Heinz, Nr. 1. • Ausst.-Kat. Schallaburg 1981, 20f. Nr. 9a–c. • ÖKT St. Pölten 1999, 103f.

Der Osterornat besteht insgesamt aus 3 Antependien, 1 Pluviale, 2 Kaseln, 4 Dalmatiken, 2 Velen, 2 Bursen, 3 Stolen und 3 Manipeln. Es ist jeweils eine Kombination aus rotem Silberbrokat in drei verschiedenen Mustern und weißem Seidenstoff mit Gold-, Silber- Chenille- und Schnürchenstickerei.

Der Ornat ist in dem *Hauß-Producol zum Und(er)richt der Nachkom(m)eten so auf befelch Eur gnaden der gnädigen Frauen v(on) Krichbaum, oberin geschrieben worden 1736* (IAStP, 1a) verzeichnet und gehört zur ersten Paramentenausstattung der Institutskirche.

a **Kasel**

Die Seitenteile bestehen aus weißem Damast, der stellenweise tamburiert ist; der Dekor zeigt eine aufsteigende Wellenranke mit bewegten Gold- und Silberblättern in Anlegetechnik, dazu bunte Blumen in Chenillestickerei und aus aufgenähten Seidenschnürchen. Vorder- und Rückenstab: Silberbrokat, dichtes Muster in glattem und Frisésilber aus Blättern, Blüten und runden Früchten, teils auf glattem und teils auf gegittertem Grund. Das Rot der Seide ist nur als Linienzeichnung verwendet.

b Pluviale

Als Grundstoff dient der Silberbrokat, die Stickerei von Besatz und Cappa sind auf neuen weißen Seidenstoff übertragen. Der Besatzschmuck besteht aus einer Wellenranke mit zum Teil eingerollten großen Blättern und bunt schattierten Blumen. Die Stickerei auf der Cappa zeigt in der Mitte eine Vase mit einem von einer Masche gehaltenen Strauß und wird von Gold- und Silberblättern in Anlagetechnik und bunten Blumen in Chenillestickerei eingefasst. Die originale Silberschließe zeigt Engelsköpfchen in Laub- und Bandelwerkumrahmung.

c Antependium

Alle drei Antependien dieses Ornates sind seitlich und oben mit rotem Silberbrokat eingefasst und haben ein Mittelfeld mit Stickerei auf weißem Damast. Silberbrokat auf leuchtend rotem Grund mit Damasteffekten, symmetrisches Muster in glattem und Friesésilber über die gesamte Stoffbreite. An den Seiten breite silberne Wellenbänder mit spitzenartigen Mustereffekten, in der Mitte der Bahnen Zweige mit langen Blättern und je einer runden, granatapfelähnlichen Frucht und großen, tulpenförmigen Blüten. In der Mitte ist in reicher Umrahmung ein Marienmonogramm angebracht. Die Umrahmung aus appliziertem Silberbrokat, darauf kleine Blümchen in Nadelmalerei, symmetrische Komposition aus großen gebogenen Blättern aus appliziertem Silberbrokat mit Blumen in Nadelmalerei und in Anlegetechnik mit glattem und Friségold gestickt, bunte Blumen und Blätter in Chenillestickerei und aus aufgenähten farbigen Seidenschnürchen. Der untere Rand ist mit einer breiten Silberborte eingefasst.

Die beiden weiteren Antependien besitzen eine Umrahmung aus dem gleichen Silberbrokat, eine ähnliche aber nicht gleiche Dekoration des Mittelfeldes und in der Mitte einmal das Josephsmonogramm und beim größeren Antependium zum Hochaltar das IHS mit einem Kreuz darüber und Herz mit Nägeln darunter.

d Kelchvelum

Weiss, völlig tabourierter Rips. In der Mitte in großem Strahlenkranz aus glattem und Frieségold und roter Chenillestickerei das Herz Jesu mit Seitenwunde, von Dornenkrone umwunden, darüber ein Kreuz zwischen goldenen Blättern (Flammen), unten Vergissmeinnicht. Am Rand Dekoration aus gebrochenen Bändern aus aufgenähter Goldborte und bunte Blumendekoration in Chenille- und Schnürchenstickerei.

44 Maria-Theresien-Ornat

Kombiniert aus rotem Samt mit Silberstickerei, Petitpoint- und Goldstickerei auf Silbergrund, Mitte 18. Jh.

Lit.: Maria Theresien Paramentenausstellung, Wien 1904, Nr. 116. • Festschrift Englische Fräulein 1905, S. 27. • Verzeichnis Dora Heinz, Nr. 17. • Ausst.-Kat. Joseph II., 1980, Nr. 783, Abb. 21. • Festschrift Englische Fräulein 1956. • ÖKT St. Pölten 1999, 104, Nr. 13.

Der sog. Maria-Theresien-Ornat besteht aus 3 Antependien, 1 Pluviale, 3 Kaseln, 4 Dalmatiken, 3 Kelchvelen, 3 Bursen, 4 Manipel und 6 Stolen. Der Ornat war 1904 auf der Maria-Theresien-Paramentenausstellung in Wien (Kat.-Nr. 116) mit der Bezeichnung *von der Kaiserin Elisabeth Christine gestickt* ausgestellt. Bereits die Festschrift des Institutes von 1906 bezeichnet den Ornat als Geschenk der Kaiserin Maria Theresia, die ihn entweder bei Gelegenheit des Eintritts von Gräfin Saint Julien (1740) oder anlässlich ihrer Wahl zur Oberstvorsteherin (1748) der Institutskirche schenkte. Seiner Ausführung nach gehört der Ornat nicht zu den charakteristischen von der Kaiserin und ihren Hofdamen, vor allem in ihren späteren Regierungsjahren, angefertigten Stickarbeiten aus aufgenähten Seidenschnürchen.

a Kasel

Die Stäbe bestehen aus neuem rotem Samt, darauf ist die originale Silberstickerei übertragen, die Konturen sind mit hellroten Seidenschnürchen eingefasst. Aufsteigendes symmetrisches Muster aus langen schmalen Ranken mit lilienähnlichen stilisierten Blüten, in der Mittelachse Blattfächer in zwei verschiedenen Formen. An den Seitenteilen aufsteigende Goldbänder auf gelegtem Silbergrund, davon abzweigend bunt schattierte Blumenzweige. Schöne Goldborten mit Wellenband und Blüten.

b Pluviale

Der Grundstoff besteht aus neuem, hellrotem Samt, darauf ist die originale Silberstickerei übertragen und die Konturen sind rot umrandet. Bewegte ausschwingende Zweige mit schmalen Blättern und stilisierten Blüten sind von einer mittleren Blüte aus symmetrisch angeordnet. Besatz und Cappa: gelegter Silbergrund, auf der Cappa befindet sich eine goldene Muschel, aus der bunte Blumen wachsen, von Goldband umrahmt. Den Besatz bilden von Goldmuscheln aufsteigende Goldbänder in gleichmäßigen Wellen und von diesen ausgehend große bunt schattierte Blumen (Rosen und Tulpen) und Blütenzweige; Borten und Schließe sind erneuert.

c Dalmatik

Umrahmung und Mittelstück in rotem Samt (original) mit entsprechender symmetrischer Silberstickerei. Die Einsätze besitzen einen gelegten Silbergrund, darauf von Goldmuschel ausgehende Goldbänder und von der Muschel gehaltene große Blumen sowie um die Goldbänder geschlungene kleinere Blumenzweige in Petitpointstickerei.

d Antependium

Breiter Stickereistreifen an den Seiten und oben: auf gelegtem Silbergrund in Anlegetechnik ist ein goldenes Band, an den Seiten aufsteigend, oben von mittlerer Nelke symmetrisch nach beiden Seiten ausschwingend dargestellt, daran setzen naturalistische Blumen (Nelken, Rosen, Tulpen etc.) in bunter Petitpointstickerei an. Das Mittelfeld in ziegelrotem Samt, zeigt eine einheitliche symmetrische Komposition in Silberstickerei, ein flaches gleichmäßiges Relief in Sprengarbeit mit glattem glänzenden Silberfäden; die Innenmuster sind in Silberlahn und Silberbouillon gestaltet. Von der mittleren Blüte gehen spiralig eingerollte Ranken mit gefiederten Blättern und stilisierten Blüten aus.

e Kelchvelum

Silberbrokat mit symmetrischem Muster. In der Mitte IHS mit Goldbouillon reich verziert in einem Strahlenkranz aus glattem und Friesésilber; am Rand ein breites Goldband, das acht Blumen miteinander verbindet: in den Seitenmitten je eine große Rose, in den Ecken je eine große violette Nelke; die Blumen und Blätter sind mit bunter Seide in Flachstich gearbeitet.

45 Kasel

Hellblauer Silberbrokat, um 1700/20 und weißer Moiré mit Stickerei, um 1720/30

Lit.: Verzeichnis Dora Heinz, Nr. 2. • ÖKT St. Pölten 1999, 104, Nr. 2.

Die Seitenteile bestehen aus vielfach gestückeltem Silberbrokat, der Mittelstab aus weißem Moiré mit Stickerei aus Goldborten, Goldstoff und Goldspitze gebildetes aufsteigendes Ornament und davon abzweigend bunte Blumenzweige in Chenille- und Schnürchenstickerei, Goldborten mit Zackenmuster.

Die Kasel ist Teil des Ornates, der im *Hauß-Producol* von 1736 an zweiter Stelle genannt ist: *ein gestückhter mit Point de Spagne, mit blau silber reichen zaig* ... Er besteht heute aus 1 Antependium (ursprünglich 3), 1 Kasel (ursprünglich 3), 2 Dalmatiken (ursprünglich 4), 1 Pluviale, 1 Kelchvelum (ursprünglich 3), 1 Bursa, 2 Stolen und 2 Manipel. Die vielfache Stückelung erklärt sich durch die mehrmaligen Restaurierungen im Laufe der Zeit, wobei mehrere Stücke geopfert wurden, um die anderen auszubessern.

46 **Kasel**

Silberbrokat, um 1710/20

Lit.: Verzeichnis Dora Heinz, Nr. 3. • ÖKT St. Pölten 1999, 104, Nr. 3.

Die Kasel ist einheitlich aus einem violetten Silberbrokat gefertigt. Ursprünglich war sie wohl wie das Antependium mit gelbem Moiré und Silberspitze kombiniert.

Die Kasel ist Teil des im *Hauß-Producol* von 1736 an dritter Stelle genannten Ornates, der dort als *Laventl farben reichem zaich, mit gelben Mair (Moiré), silberner schnur spüzen yberzogen* bezeichnet wird. Von den 3 Antependien ist nur noch eines erhalten, von den 3 Messkleidern (Kaseln) nur zwei, von den 2 Dalmatiken keine, das genannte Pluviale ist noch vorhanden, allerdings nicht mehr im originalen Zustand. Nur mehr das Antependium zeigt den ursprünglichen Zustand.

47 **Kasel**

Goldbrokat um 1710/20, Stickerei um 1720/30

Lit.: Verzeichnis Dora Heinz, Nr. 4. • ÖKT St. Pölten 1999, 104, Nr. 4.

Die Stäbe sind aus Goldbrokat, wobei die Metallflächen mit weiß bzw. gelb so abgenäht sind, dass sie wie schraffiert wirken. Der Grund der Seitenteile ist mit Silber in schrägen Streifen ausgestickt, die bunte Petitpointstickerei ist in beiden Teilen symmetrisch zueinander mit großen phantastischen Blatt- und Blütenformen angeordnet. Sie sind den Motiven auf dem zugehörigen Antependium unmittelbar verwandt.

Die Kasel gehört zu einem Ornat, der im *Hauß-Producol* von 1736 an vierter Stelle genannt ist. Von den dort angeführten Teilen, zwei Messkleider, zwei Dalmatiken, ein Pluviale, ein Antependium und ein Kelchvelum fehlen heute die Dalmatiken und das Pluviale. Dafür ist eine dritte Kasel vorhanden, die aus Teilen des alten Bestandes zusammengesetzt worden ist. Auch das Antependium zeigt den prachtvollen Goldbrokat an den Seiten und oben als Umrahmung und besitzt im Mittelfeld eine reiche Stickerei in bunter Petitpointtechnik und in der Mitte in reicher Umrahmung das Marienmonogramm mit Krone in Goldreliefstickerei.

48 **Kasel**

Goldbrokat und weiße Seide mit Stickerei,
um 1720/30

....

Lit.: Verzeichnis Dora Heinz, Nr. 9. • ÖKT St. Pölten 1999, 104,
Nr. 7.

Die Seitenteile sind aus neuem Goldbrokat
ergänzt; auf den Stäben ist der Grund hauptsächlich mit weißer Seide völlig überstickt,
die Dekoration besteht aus aufgenähter Gold-
posametrie, reich mit Pailletten besetzt, diese
sind mit kleinen Gold- und roten Glasperlen
befestigt. Symmetrisches Bandwerkornament
und dazu bunte Blumen in Chenille- und
Schnürchenstickerei. Der Stickgrund dürfte
ursprünglich weißer Rips gewesen sein.

49 **Kasel**

Zwei Goldbrokate um 1710/20,
Stickerei um 1720

....

Lit.: Verzeichnis Dora Heinz, Nr. 14. • ÖKT St. Pölten
1999, 104, Nr. 11.

Seitenteile aus Goldbrokat: auf rotem Atlas-
grund zeigt sich ein asymmetrisches Muster in glattem und Friségold und glattem
und Frisésilber. In flachem Bogen aufsteigend parallele Bänder, abwechselnd breite
schraffierte Gold- und Silberbänder, denen
ein Stamm mit spitzen Blättern, Rosetten-
blüten, großen phantastischen Blüten und
palmenähnlichen Blattfächern aufgelegt
ist. Über die Bänder greifen durchbrochene
Ornamentformen, die mit spitzen Blättern
und Bögen besetzt sind; auf diesen ovale
Früchte in verschiedenen Größen, Blätter
und bunte Blumen.

Die Stäbe sind aus je zwei Streifen
rosa Rips zusammengesetzt, die Nähte
durch Goldborten gedeckt. Schmale Sti-
ckereidekoration ist in Silber und bunter
Seide gestaltet. Gebrochenes Bandwerk in
Silber mit bunt schattierten Blättern und
Muschelbekrönungen. Sehr zarte Band-
werkdekoration. Die Stickerei ist sicher in
zweiter Verwendung zu den Stäben adaptiert. Es handelt sich um eine typische
Randdekoration eines ursprünglich wohl
größeren Stückes.

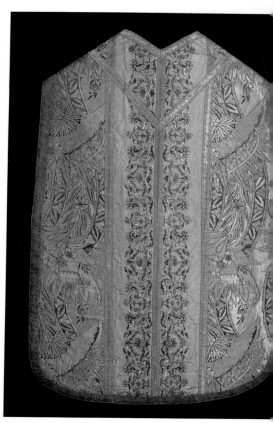

50 Ein Paar Pontifikalschuhe

Um 1720/30

Lit.: Verzeichnis Dora Heinz, Nr. 10. • Ausst.-Kat. Schallaburg 1981, 27f., Nr. 14.

Weißer Seidenrips, darauf reiche Dekoration aus aufgenähten schmalen Goldborten, Goldstickerei und aufgenähte bunte Seidenschnürchen. Symmetrische Komposition mit geschweiften und gebrochenen Bändern, Blatt- und Blumenwerk. Ledersohle und roter Lederabsatz, vorne rechteckige Form.

Ohne nähere Angaben wird im *Hauß-Producol* von 1736 (S. 50) ein Paar Schuhe genannt und es dürfte sich sehr wahrscheinlich um das erhaltene Paar handeln. Es ist nicht speziell auf einen Ornat festgelegt, sondern war durch die weiße Grundfarbe für verschiedene Ornate verwendbar.

51 **Kabinettschrank**

Birnenholz und Pappelwurzelmaser, Pietra-Dura-Einlege-
arbeit, Alabastersäulchen, vergoldete Basen und Kapitelle,
Messingbeschläge; H. 91 cm, B. 170 cm, T. 53 cm;
restauriert vor 1960 im Opificio delle pietredure in Florenz.
Vermutlich Florenz, 3. Viertel 17. Jh.

Lit.:   Fahrngruber, Aus St. Pölten, 1885, 430. • Ausst.-Kat. Schallaburg 1981, Nr. 28,
Abb. 2. • Ausstellungskatalog »I Madruzzo e l'Europa«, Trento 1993, 397ff, Nr. 148. •
ÖKT St. Pölten 1999, 104.

Der breite rechteckige Kabinettschrank ruht auf flachgedrück-
ten Kugelfüßen, wobei die vorderen unter die Säulenposta-
mente gesetzt sind. Die als Schaufront gestaltete Vorderseite
weist eine reiche architektonische Gliederung auf. Vier Säulen,
von denen die äußeren übers Eck gestellt sind, unterteilen die
Front in drei Felder, wobei die seitlichen einander entsprechen
und jeweils viergeschoßig mit Doppelkassetten ausgestattet
sind. Die Säulen selbst stehen auf hohen Postamenten und
tragen ein doppeltes Gesims mit abschließender Balustrade.

Der hervorgehobene Mittelteil zeigt über dem mit zwei
etwas breiteren Kassetten versehenen Sockelgeschoss eine
Tür, die in Form eines Säulenportikus mit zwei Alabastersäulchen und flachem Giebel gestaltet ist. Die Mitte dieses Portikus
ist durch eine Pietradura hervorgehoben und stellt einen auf
einem Baum sitzenden Vogel in einer Rechteckrahmung dar.
Alle 18 Schubladenkassetten zeigen gleichfalls ein querrecht-
eckig gerahmtes Pietradurafeld mit einem bunten Vogel, der
auf einem Zweig sitzt. Die jeweils mit schwarzen Wellleisten gerahmten Motive und die ins Rötlichbraun gebeizte Wurzelma-
serfurnier, die einer Schildplattfurnier sehr ähnlich ist, vermittelt
einen entsprechend kostbaren und effektvollen Eindruck.

Diese Art von Kabinettschränken mit Pietra-Dura-Einla-
gen war eine Spezialität der großherzoglichen Hofwerkstatt in
Florenz, sodass eine solche Zuordnung auch für diesen Schrank
der Englischen Fräulein am wahrscheinlichsten ist. Ein gut ver-
gleichbarer Schrank mit sehr verwandten Vogelmotiven befindet sich im Museum Castello del Buonconsiglio in Trient
(Inv.-Nr.: M.N.264).

Über die Herkunft des Schrankes gibt es nur die Instituts-
tradition, nach welcher er ein Geschenk Daniel Grans anlässlich
des Eintrittes seiner Tochter Anna in das Institut (1745) gewesen sein soll.

Literaturverzeichnis

Abgekürzt zitierte Literatur

Aschenbrenner, Ein bisher unbeachtetes Fresko Paul Trogers, 1961
Wanda Aschenbrenner, Ein bisher unbeachtetes Fresko Paul Trogers, in: Der Schlern 35 (1961), 254–256

Aschenbrenner – Schweighofer, Paul Troger, 1965
Wanda Aschenbrenner / Gregor Schweighofer, Paul Troger. Leben und Werk, Salzburg 1965

Aurenhammer, Gnadenbilder, 1956
Hans Aurenhammer, Die Mariengnadenbilder Wiens und Niederösterreichs in der Barockzeit. Der Wandel ihrer Ikonographie und ihrer Verehrung (= Veröffentlichungen des Österreichischen Museums für Volkskunde VIII), Wien 1956

Ausst.-Kat. Joseph II. 1980
Ausstellungskatalog »Österreich zur Zeit Kaiser Josephs II.«, Stift Melk 1980

Ausst.-Kat. Munggenast 1991
Ausstellungskatalog »Die Baumeisterfamilie Munggenast«. Ausstellung des Stadtmuseums St. Pölten, bearb. von Thomas Karl, St. Pölten, 1991

Ausst.-Kat. Maria Theresia 1980
Ausstellungskatalog »Maria Theresia und ihre Zeit«, Wien 1980

Ausst.-Kat. Schallaburg 1981
Ausstellungskatalog »Eine barocke Schatzkammer. Kunstgegenstände des Institutes der Englischen Fräulein in St. Pölten aus dem 18. Jahrhundert.« Sonderschau im Rahmen der Ausstellung »Adel-Bürger-Bauern im 18. Jahrhundert«, Schallaburg 1981 (= Katalog des Niederösterreichischen Landesmuseums N.F. 105, Wien 1981)

Ausst.-Kat. Stift Seitenstetten 1988
Ausstellungskatalog »Seitenstetten. Kunst und Mönchtum an der Wiege Österreichs« (NÖ. Landesausstellung 1988), Bad Vöslau 1988

Beinert, Handbuch der Marienkunde, 1984
Wolfgang Beinert / Heinrich Petri, Handbuch der Marienkunde, Regensburg 1984

Camerarius, Symbolum et emblematum, 1556
Joachim Camerarius, Symbolum et emblematum ex volatilibus et insectis ecc., Nürnberg 1556

Conrad, Ordensfrauen, 1986
Anne Conrad, Ordensfrauen ohne Klausur? Die katholische Frauenbewegung an der Wende zum 17. Jahrhundert, in: Feministische Studien 5, 1986

Conrad, Zwischen Kloster und Welt, 1991
Anne Conrad, Zwischen Kloster und Welt, Ursulinen und Jesuitinnen in der katholischen Reformbewegung des 16. / 17. Jahrhunderts (= Veröffentlichungen des Instituts für Europäische Geschichte 142: Abteilung Religionsgeschichte), Mainz 1991

Conrad, Frauen in der Zeit der Reformation und der katholischen Reform, 1999
Anne Conrad (Hg.), »In Christo ist weder Man noch Weyb«. Frauen in der Zeit der Reformation und der katholischen Reform (= Katholisches Leben und Kirchenreform im Zeitalter der Glaubensspaltung 59, Münster 1999)

Conrad, Stifterinnen und Lehrerinnen, 2000
Anne Conrad, Stifterinnen und Lehrerinnen. Der Anteil von Frauen am jesuitischen Bildungswesen, in: Rainer Berndt (Hg.), Peter Canisius SJ (1521–1597), Humanist und Europäer, Berlin 2000

Dehio NÖ 2003
Dehio-Handbuch Niederösterreich südlich der Donau, 2 Bände, Horn–Wien 2003

Fahrngruber, Aus St. Pölten, 1885
Johann Fahrngruber, Aus St. Pölten 1885, Bilder und Erinnerungen, St. Pölten 1885.

Fasching, Dom und Stift St. Pölten, 1985
Heinrich Fasching (Hg.), Dom und Stift St. Pölten und ihre Kunstschätze, St. Pölten–Wien 1985

Fasching, Propst Führer, 1991
Heinrich Fasching, Propst Johann Michael Führer von St. Pölten. Absetzung und letzte Lebensjahre (1739–1745) (= 4. Beiheft zu Hippolytus Neue Folge. St. Pöltner Hefte zur Diözesankunde), St. Pölten 1991

Festschrift Englische Fräulein 1905

Festschrift zur Feier des 200-jährigen Bestandes. Das Institut Beatae Mariae Virginis der Englischen Fräulein in St. Pölten 1706–1906, St. Pölten 1905

Festschrift Englische Fräulein 1956

250 Jahre Institut B.M.V. der Englischen Fräulein in St. Pölten 1706–1756, St. Pölten 1956

Feuchtmüller, Kremser Schmidt, 1989

Rupert Feuchtmüller, Der Kremser Schmidt 1718–1801, Innsbruck–Wien 1989

Frank, Barockfassade des Institutsgebäudes, 1956

Karl B. Frank, Die Barockfassade des Institutsgebäudes der Englischen Fräulein (B.M.V.) in St. Pölten und der Prandtauer-Kreis (250 Jahre Institut B.M.V. der Englischen Fräulein St. Pölten 1706–1956, St. Pölten 1956)

Fritzer, 300 Jahre Englische Fräulein in Österreich, 2005

Erika Fritzer / Christine Raßmann / Adolfine Treiber (Hgg.), 300 Jahre Englische Fräulein in Österreich. Wegbereiterinnen moderner Frauenbildung, Wien 2005

Fridl, Englische Tugend, 1732 (I, II)

Marco Fridl, Englische Tugend = Schul Mariä unter denen von Ihro Päbstlichen Heiligkeit Clemente XI. gutgeheißnen / und bestättigten Reglen deß von der Hochgebohrnen Frauen, Frauen Maria Ward, Als Stiffterin aufgerichteten Edlen Instituts Marie, insgemein unter dem Namen der Englischen Fräulein. Erster Theil. das ist; Wunder = volle Lebens = Beschreibung diser hochgebohrnen Englischen Frauen Stiffterin / und Seelen = eiffrigen Dienerin Gottes, Augspurg Anno 1732.
Zweyter Theil. das ist: Fernere historische Beschreibung der Tugenden und hohen Gnaden dieser grossen und Seelen = eiffrigen Dienerin Gottes: wie auch Von der Beschaffenheit des von Ihr aufgerichteten Edlen Institutes und verschidener Personen von grosser Tugend / und Gottseeligkeit so darinn gelebt: Ebenfalls aus verschiedenen glaubwürdigen Schrifften zusamm getragen / und durch eingestängte Stellen der Heil. Schrifft / Geschichten der heiligen Sitten = Lehr / auch denckwürdige Sprüch anderer Wissenschaften erkläret / und zum Truck gegeben. AUGSPURG Anno 1732

Gockerell, Il bambino Gesù, 1998

Nina Gockerell, Il bambino Gesù. Italienische Jesukindfiguren aus 3 Jahrhunderten. Sammlung Hiky Mayr (Ausst.-Kat. Harrachmuseum Wien), 1998

Hallensleben, Theologie der Sendung, 1994

Barbara Hallensleben, Theologie der Sendung. Die Ursprünge bei Ignatius von Loyola und Mary Ward (= Frankfurter theologische Studien 46), Frankfurt am Main 1994

Henkel – Schöne, Emblemata, 1967

Arthur Henkel / Albrecht Schöne, Emblemata. Handbuch zur Sinnbildkunst des 16. und 17. Jahrhunderts, Stuttgart 1967

Herrmann, St. Pölten, 1917

August Herrmann, Geschichte der l.-f. Stadt St. Pölten I, St. Pölten 1917

Hofmeister, Von den Nonnenklöstern, 1934

Philipp Hofmeister, Von den Nonnenklöstern, in: Archiv für katholisches Kirchenrecht, 114, 1934

IAStP

Instituts Archiv Sankt Pölten

Koppensteiner, Reslfeld, 1993

Erhard Koppensteiner, Der Garstener Stifts-Hof-Maler Johann Carl von Reslfeld (ca. 1658–1735), phil. Diss. Salzburg 1993

Lechner – Grünwald, Unter deinen Schutz, 2005

Gregor Martin Lechner / Michael Grünwald (Hgg.), »Unter deinen Schutz…« Das Marienbild in Göttweig. (Ausst.-Kat. Graphische Sammlung & Kunstsammlungen des Stifts- und Musikarchivs und der Stiftsbibliothek Göttweig), 2005

Lopez, Mary Ward

Alfredo Lopez Amat SJ, Mary Ward. Das Drama einer Vorkämpferin, o. O., o. J.

Maurer – Kolb, Marianisches Niederösterreich, 1899

Josef Maurer / P. Gregor Kolb, Marianisches Niederösterreich. Denkwürdigkeiten der Marienverehrung im Lande unter der Enns, Wien 1899

Niehoff, Maria allerorten, 1999

Franz Niehoff (Hg.), Maria allerorten. Die Muttergottes mit dem geneigten Haupt 1699–1999. Das Gnadenbild der Ursulinen zu Landshut – Altbayerische Marienfrömmigkeit im 18. Jahrhundert (= Schriften aus den Museen der Stadt Landshut 5), Landshut 1999

ÖKT St. Pölten 1999

Österreichische Kunsttopographie Bd. LIV, Die Kunstdenkmäler der Stadt St. Pölten, Horn 1999

O'Malley, Die ersten Jesuiten, 1995

John W. O'Malley, Die ersten Jesuiten, Würzburg 1995

Peters, Mary Ward, 1991
Henriette Peters IBMV, Mary Ward. Ihre Persönlichkeit und ihr Institut, Innsbruck–Wien 1991

Raff, Wallfahrt, 1984
Thomas Raff (Hg.), Wallfahrt kennt keine Grenzen (Ausst.Kat., Bayerisches Nationalmuseum München), München 1984

Regeln Augustini 1753
Die Regel des Heiligen Augustini, auf die Constitutionen der geistlichen Jungfrauen der Heiligen Ursulae gerichtet. Als ihrem Orden gemäß, für gültig und gut erkannt, durch den Apostolischen Stuhl im Jahr 1618… Aus dem Lateinischen in die Teutsche Sprach gebracht, Wien 1753

Ritter, Mutig Welten erschließen, 2001
Rosi Ritter (Hg.), Mutig Welten erschließen. 300 Jahre Englische Fräulein in Mindelheim, Lindenberg 2001

Schneider, Kloster als Lebensform, 2005
Christine Schneider, Kloster als Lebensform. Der Wiener Ursulinenkonvent in der zweiten Hälfte des 18. Jahrhunderts (1740–90) (= L'Homme Schriften 11), Wien–Köln–Weimar 2005

StAStP
Stadt Archiv St. Pölten

Unterberg, Maria von Ward, 1735
Johannes von Unterberg, Kurzer Begriff deß wunderbarlichen Lebens, der Ehrwürdigen und Hoch=Gebohrnen Frauen Frauen Maria von Ward, Stiffterin deß mehr als vor hundert Jahren angefangenen / und unter denen von Pabst Clemente den XI. gugeheissenen / und bestätigten Regeln / aufgerichteten edlen Instituts Mariae. Ins gemein unter dem Namen Der Englischen Fräulein genannt. Augspurg 1735

Wesemann, Die Anfänge des Amtes der Generaloberin, 1954
Paul Wesemann, Die Anfänge des Amtes der Generaloberin. Dargestellt an der verfassungsrechtlichen Entwicklung des Instituts der Englischen Fräulein bis zur Konstitution Papst Benedikts XIV. »Quamvis iusto« vom 30. 4. 1749 (= Münchener theologische Studien Abt. 3, 4), München 1954

Wright, Mary Ward's Institute, 1997
Mary Wright, Mary Ward's Institute, The Struggle for Identity, Sydney 1997

Wright, Mary Wards Institut, 2004
Mary Wright, Mary Wards Institut. Das Ringen um Identität, Hassfurt am Main 2004